New Advances in
Psychological Research Methods

心理学研究方法
新进展

辛自强◎著

北京师范大学出版集团
BEIJING NORMAL UNIVERSITY PUBLISHING GROUP
北京师范大学出版社

图书在版编目(CIP)数据

心理学研究方法新进展/辛自强著. —北京：北京师范大学出版社，2018.11
ISBN 978-7-303-23694-7

Ⅰ.①心… Ⅱ.①辛… Ⅲ.①心理学-研究 Ⅳ.①B84

中国版本图书馆 CIP 数据核字(2018)第 092788 号

营 销 中 心 电 话 010-58805072 58807651
北师大出版社高等教育与学术著作分社 http://xueda.bnup.com

XINLIXUE YANJIU FANGFA XINJINZHAN
出版发行：北京师范大学出版社 www.bnup.com
　　　　　北京市海淀区新街口外大街 19 号
　　　　　邮政编码：100875
印　　刷：北京京师印务有限公司
经　　销：全国新华书店
开　　本：730 mm×980 mm　1/16
印　　张：25.25
字　　数：300 千字
版　　次：2018 年 11 月第 1 版
印　　次：2018 年 11 月第 1 次印刷
定　　价：68.00 元

策划编辑：何 琳　　　　　责任编辑：王星星　葛子森
美术编辑：李向昕　　　　　装帧设计：尚世视觉
责任校对：李云虎　　　　　责任印制：马 洁

序　言

　　我对研究方法的兴趣由来已久。我所著的《心理学研究方法》这部教材2012年在北京师范大学出版社出版，该书渗透了我职业生涯的第一个十年对研究方法的所思所想，按照恩师林崇德先生的评价，这是一部"有思想"的教材，而非只是方法学知识的汇编。2017年，我对该教材进行增补修订后又出版了第2版。相比其他研究方法教材，我在写作该教材时渗透了大量对心理学研究方法论的个人见解。虽然如此，它毕竟是面向本科生的教材，内容体系必须尽量照顾心理学研究方法的"正统"，不能过于突出个性，必须侧重介绍基本方法学知识，不能过于专深。在该教材出版的前前后后，我一直没有停止对新兴研究方法的挖掘、整理和使用，也一直在思考一些研究方法论问题。只写这一部教材似乎还是"言不尽意"，需要更专门地介绍一些心理学研究的新方法，更详尽地阐述自己的方法论见解。于是，就有了呈现在读者面前的这本书——《心理学研究方法新进展》。

　　本书的写作以我以及我与课题组成员合作发表的18篇研究方法论文为基础。这些论文中最早的一篇发表于2002年，最新的发表于2018年。在写作本书时，我们对论文内容做了更新，补充了我们课题组以及其他学者的最新研究案例，更新了一些文献，增补了我们最新的见解，尽量删减了论文中晦涩艰深的内容，力求通俗易懂，适合更广泛的读者群。

本书题目之所以突出"新进展"的字样，是因为书中介绍了一些一般研究方法教科书未曾专门介绍而近年来又备受重视的新兴研究方法，如微观发生法、横断历史研究方法、文化进化研究方法、影像发声法、个体指向的统计方法等，此外，还有很多新的研究方法论思想，如心理学应用研究的方法论变革、心理学研究的结构主义思想、心理措辞学等。

除了内容"求新"之外，我更想在这里阐明本书背后的一个中心思想——寻找心理学研究方法论世界"失落的另一半"。科学的发展取决于方法论的进展，每一次方法和技术上的进步就如同点燃一盏明灯，让我们看到新的、未知的黑暗世界。研究方法的价值主要是其工具价值，即帮助我们解决科学问题，探求科学规律。方法本身无所谓好坏高下，我们不能高举一盏灯，而熄灭了其他的。然而，当前的心理学专业教育似乎在不断向学生传递所谓"正统方法"：必须采用某种思路设计研究，必须使用某种方法收集数据，必须按照某一套路统计数据，必须不越雷池地讨论结果。于是乎，方法论上的"套套主义"盛行。在研究方法上规矩日多，套路日盛，但创新不足，思想贫乏。很多学术期刊及其审稿人在研究方法论的多样性和包容性上同样不足，一些学生和学者不敢使用新方法、新思路，不敢有自己的思考。其结果是，随着方法论世界的一半成为"正统"，另一半则在不断失落。本书试图反思当下的心理学研究方法论，寻回失落的另一半，引导研究者保持方法论上的开放性和想象力。

第一章介绍心理学研究的总体方法论。关于如何做研究，每个研究者都奉行一套特定的研究模式。当前心理学惯常的研究模式存在着突出的方法论问题：忽视了"另一半"方法。例如，在选题论证时重视文献推导而忽视研究的现实立足点；在研究中对统计方法及其背后的假设演绎逻辑过分依赖并僵化地使用，而相对忽视归纳逻辑和理论建设；在因果关系的描述和理论解释方面简单模仿自然科学，而未能正视心理学的学科特殊性；在研究思路上倚重事实与逻辑，而忽视了隐喻和故事的作用。为此，本章指出要从八个方面变革心理学研究的方法论，并阐述了心理学因果关系与理论解释方面的特殊方法论困难，分析了心理学中的措辞问题，特别是隐喻和故事对心理学研究的意义。

第二章介绍文化心理学和社会心理学领域的新兴研究方法。该领域的研究往往会忽略"时间"因素，没有重视文化进化和心理变迁问题，因此本章专节介绍了三种文化进化的实验研究方法，以及心理变迁的横断历史研究方法。此外，还对当前热门的"启动"研究范式进行了技术介绍和"冷思考"，鼓励同行使用影像发声法开展行动研究，以有效促进个体和社会的改变。

第三章介绍发展科学研究的新方法和新思路。发展科学往往被误以为是探讨儿童心理的年龄差异，这是一种表浅的认识。发展科学主要研究心理在时间维度上的演化规律，我们可以借助微观发生法对心理的发生过程和机制做出更精细的描绘，而非以粗略的年龄差异分析代替对发展细节的深度洞察。发展的过程究竟是连续的还是非连续的，这涉及复杂的理论认识和鉴别方法，也非"年龄差异"这么简单。发展研究中时间维度的单向性决定了无法对其进行实验操控，也决定了"发展科学并非实验科学"。因此，第三章系统介绍了微观发生法这一新兴研究方法、发展非连续性的研究方法，以及发展科学的学科性质。

第四章介绍心理结构的研究方法。我们学习心理学史的时候，还学过构造主义、结构主义等一堆"主义"，然而，当下学术界的研究似乎与"主义"无关，只是变量分值大小与数量关系问题。心理的本质在很大程度上是由其内容的结构方式来决定或表现的，结构直接体现了心理"质"的差异。明确心理的结构本质，量化研究才有意义。因此，心理学有必要复兴这种结构主义的方法传统。本章所介绍的社会身份复杂性、社会认知复杂性、关系—表征复杂性等概念和理论，实际上都涉及心理结构及其复杂性的衡量方法。

第五章探讨量表设计方法。量表设计本来是一般心理学研究方法教科书中的内容，似乎并不复杂，但是，量表指导语的表述、项目的措辞、量尺的形式等方面都可能存在大量的无关变量，从而导致测量中的系统误差。本章专节介绍了量表中的语言表述方式所引起的"措辞效应"的类型及控制方法，并专门探讨量尺制作的方法学问题。这些内容试图告诉人们，用量表做研究一样是复杂的科学工作，必须高度重视无关变量的控制，确保测量的有效性。

第六章介绍了新兴的心理统计方法并反思了当下的统计实践。当前，心理学中主导的统计方法大多用于分析群组研究数据，采用"以变量为中心"的统计思路。本章介绍了与之互补的另一半统计思路和方法，一是单被试实验数据的统计方法，二是个体指向的统计方法。最后，还反思了当前统计实践存在的问题，指出了今后的努力方向。

如上所述，本书每节内容都是以我们之前发表的论文为基础修改而成的。这些论文中有一半是我个人撰写的，其余的则是我和自己曾经指导的博士生、硕士生合写的，他们是张丽、张梅、刘国芳、辛素飞、张玥、杨之旭、余小霞、曲映蓓、续志琦，他们有的早已参加工作，有的还在读，他们同样享有相应章节的著作权，我为每节标题都加了页下注标明原始论文作者和出处，以突出他们的贡献。在本书的写作中，除了他们参与文稿整理外，我指导的其他研究生，如宋晓星、孙冬青，也协助我做了文字整理工作。我感谢一批又一批学生与我一起开展学术研究，走过每一段艰辛的职业旅程。不过，书中如有错漏之处均由本人负责，或者是因为我自己修炼不够，或者是因为我对学生指导不力。

研究方法是照亮未知世界的明灯，掌握新的方法和方法论思想，则会点燃更多的明灯，指引我们探索更广袤、更深邃的未知世界。本书通过 6 章 18 节内容的阐述，试图向读者介绍心理学研究方法的新进展，寻回失落的另一半方法论世界。书中所介绍内容，适合心理学的研究生和研究者阅读，也适合其他领域的学习者、爱好者、从业者阅读。我衷心希望每位读者都能通过阅读本书，建构更为灯火通明的方法论世界。

是为序。

辛自强

2018 年 9 月 1 日

中央财经大学

第三章　发展科学研究方法 / 137

第一章

心理学研究方法论

关于如何做研究，每个学科的研究者都奉行一套特定的模式，这套研究模式往往是默会的、无意识的。我们日益发现，心理学惯常的研究模式存在突出的方法论问题：忽视了"另一半"方法。当下大多数心理学研究，在选题论证时重视文献推导而忽视研究的现实立足点；在研究中对统计方法及其背后的假设演绎逻辑过分依赖并僵化地使用，而相对忽视归纳逻辑和理论建设；在因果关系的描述和理论解释方面简单模仿自然科学，而未能正视心理学的学科特殊性；在研究思路上倚重事实与逻辑，而忽视了隐喻和故事的作用。本章第一节指出，要从八个方面变革心理学研究的方法论，改变"现实的心理学"，建设旨在"改变现实"的心理学；第二节专门阐述心理学因果关系与理论解释方面的十对概念，引导大家反思心理学面临的特殊方法论问题；第三节分析心理学中的措辞问题，重点探讨隐喻和故事对心理学研究的意义。

第一节　心理学研究的方法论变革*

> ▶**导言**：心理学需要回应国家和社会发展的现实需求，承担起理解尤其是改善现实的使命，为此，必须在方法论各层面进行必要的调整和变革。在研究理念层面，突出应用导向和改变现实的能力，以解决实际问题为己任；在实证研究方法层面，要以主观和客观变量的关系为研究内容，重视样本的多样性，提升研究的生态效度，合理使用各种统计方法；在理论思维方面，兼用"假设—演绎"逻辑和归纳逻辑，善于提出原创性理论。本节阐述这些方法论问题，呼吁建立旨在"改变现实"的心理学，加强应用研究。

一、引言：旨在改变现实的心理学

当前国家和社会对心理学的应用需求前所未有，心理学的学科和专业教育也对应用心理学、心理学的应用研究提出了新的要求。在这一背

---

* 本节内容根据我已发表的论文修改而成，原文参见：辛自强(2017). 改变现实的心理学：必要的方法论变革. 心理技术与应用，5(4)，245－256.

景下，无论是研究者还是学术期刊都要顺应时代发展潮流，承担起心理学"改变现实"的使命。

2017 年年初，我主编的《心理技术与应用》杂志发布了"改变现实的心理学"专题论文征稿启事，征集关于社会热点问题的心理学"研究快报""评论文章"，以及将心理学原理、方法、技术运用于各行业各领域或日常生活的应用方案、实际案例、咨询报告、政策建议等。之所以征集这类投稿，是要强调心理学在改变和改善现实方面的重大使命，以推动心理学研究成果在国家政策、企业管理、个人生活等层面的应用。这种征稿导向是办刊定位的要求，《心理技术与应用》定位为一本应用心理学专业学术期刊，发表各应用心理学领域的前沿学术研究成果，尤其是运用心理学原理、方法和技术探讨经济、社会、管理、健康、教育等领域真实问题的原创性研究成果。在《心理技术与应用》2016 年第 4 期，我撰文阐述了这一定位，强调我们要发表那些"旨在'理解'并（或）'改善'的应用心理学原创研究成果"（辛自强，2016，p. 194）。

无独有偶，《心理学报》2016 年 5 月发布公告，设立"以小拨大：行为决策助推社会发展"专栏并征稿。该专栏旨在立足中国现状，集中报告既有用又有趣的行为决策研究发现，重点评介这些充满奇思妙想的发现在提升人民的健康、财富、幸福等领域可提供的"小"技法和可发挥的"大"作用。

行为决策无疑是应用研究的重要领域，不仅如此，整个心理学领域都面临着"现实转向"的问题（林崇德，辛自强，2010），必须更多关注我国经济社会发展的现实需求。心理学只有承担起"改善现实"的使命，才能表现出自己的力量和价值，才能获得更广阔的发展空间。

实际上，我国的研究生教育已经开始因应这种现实需求，大力发展专业学位教育。现在全国有60多个单位可以招收应用心理硕士专业学位研究生(简称"应用心理"专硕),专硕教育蓬勃发展。例如,我所在的中央财经大学自2015年招收第一届应用心理专硕以来,每年考录比均超过10:1,一跃成为学校最热门的专业之一。这些年在推进并不断反思专硕教育的过程中,我们发现,不仅教学要适应专业学位教育的需求,而且更重要的是,整个心理学都面临挑战:若没有现实的关怀,不能承担"改善现实"的使命,心理学就难以获得持久的生命力。

虽然2010年我的恩师林崇德先生和我曾经撰文讨论过发展心理学的"现实转向"问题,但又历经了几年我才开始慢慢领悟,心理学现实转向的最大难点是方法论的转向和变革,只有在方法论层面改变心理学研究中一些未必妥当的习惯模式,才可能真正实现学科的现实转向。改变"现实的心理学",才可能有"改变现实"的心理学。要开展旨在改变现实的心理学研究,我们需要在方法论层面做哪些变革呢?本节略述管见以抛砖引玉。

二、八个方法论问题

(一)研究的价值导向

研究通常被区分为基础研究与应用研究,前者侧重回答"是什么""为什么"的问题,寻求描述、预见,特别是解释性的知识;后者侧重回答"应该如何""如何做好"的问题,旨在基于证据提出解决实际问题的行动方案或建议。就价值定位而言,前者以"求真"为导向,侧重提升人类对客观规律的"理解"；后者以"至善"为导向，帮助人类依循客观规律改变或改善现实。不理解客观规律，就难以有效改变现实，反之，以改变现实为目标的研究，也推动着对客观规律的探究，因此，二者相辅相成。

然而，只是讨论二者的辩证关系可能于事无补。当下的现状是：基础研究和应用研究之间存在巨大的差异，旨在理解的学问和旨在改变的学问之间存在巨大的鸿沟。这种鸿沟是学科历史和知识发展逻辑的结果，但很大程度上，也是偏见、学术评价体系造成的。心理学从创始人冯特开始，就充满偏见，冯特将心理学定位于基础科学，反对弟子研究应用问题。1879 年冯特建立实验室这个事件，严格来讲，只是标志着实验心理学的开端，把它当成整个"科学心理学"的开端，似乎显得实验心理学有些"傲慢"。发展心理学、应用心理学的很多分支学科，都有各自相对独立的学科起源和历史。以心理咨询为例，虽然它要从心理学这一母体学科中汲取学术营养，但是它走上了相对独立的发展轨道，表现为形成了独立的知识体系、研究范式和师承关系。

无论如何，现在是改变彼此偏见的时候了，我们应该认识到"理解"与"改变"的学问之间内在的逻辑联系（辛自强，2015）。在历史发展过程中，心理学的应用价值一再被提升到新的高度，正是巨大的应用空间，不断为心理学开辟了新的发展道路。我们做基础研究的人应该向做应用研究和应用工作的人表达充分的敬意，因为他们可以直接改变现实，让世界和生活变得更美好。反过来，没有对客观规律的"理解"，就无法合理地、系统地进行"改变"。心理学家卡尼曼因为对人类决策心理的研究获得了诺贝尔经济学奖，但他与合作者都承认，他们研究的那些规律，小商小贩早就在应用。然而，是他们这些学者让我们明白了小商小贩是如何进行经济决策的，没有他们的基础研究工作，我们就无法理解人类决策的本质，也谈不上有意识地用于指导决策。在应用工作中被个体自发使用的知识，只有被提炼、检验并系统化，才能成为自觉的知识，成为科学知识。今天，我们说哥伦布"发现"了美洲新大陆，但他"发现"之前，美洲大陆早就有人居住。虽然"发现"一词的使用，流露出浓郁的西方中心主义，然而，"是哥伦布把美洲大陆这个知识和人类科学的'主流知识'联系在了一起。'孤岛式知识'是不行的"（万维钢，2014，p.239）。

当前很多学术期刊已经试图推动基础研究和应用研究均衡发展，高校和科研院所的学术评价体系也日益兼顾旨在理解的成果和旨在改变的成果。就研究者个人而言，我们可以有所侧重，也同样可以兼顾两个方面。即便发表基础研究的论文时，我们也不应只是在论文"讨论"部分最后顺便提几句研究的应用价值了事，而是要更深入思考我们的发现离实际应用究竟有多远，具体如何将自己的成果做"工程化"的转化。例如，我们可以要求专业硕士研究生在学位论文的研究一中做一个小的基础研究，研究二将其结果转化为行动方案或项目，甚至实施该项目，并做项目评估。总之，我们要更多强调研究的应用价值，推动改变现实的研究。

（二）问题提出方式

研究始于问题。常用的问题提出方式有两种：有什么问题没有研究过？有什么实际问题需要解决？当前，我们往往只采用前一方式提出问题，而对后一方式考虑不多。

开展科学研究，必须思考并说明某个问题是否被研究过。科学的创新本质决定了研究者必须探讨新问题，用新的方法探讨问题，寻求新的发现。为了确定自己研究的创新性，要开展系统的文献综述，论证研究的新意，只要能证明自己的研究在某一方面超出了现有文献，就说明了研究的创新性和必要性。例如，很多论文的论证逻辑是这样的：关于变量 A 和 B 的关系已经被研究过，关于 B 和 C 的关系也有说法了，而关于 A 和 C 的关系，或者关于 A、B、C 三者的关系没有人研究，于是需要开展研究。对于纯粹学术问题，我们确实可以这样提出问题。

然而，我们不能只从推导文献出发提出问题，还要从观察和反思现实开始提出问题，要不断反问"有什么实际问题需要解决"。大致有三个层面的涉及心理学的问题需要关注。一是重大社会现实问题。人类社会，尤其是中国面临大量的社会现实问题，如医患信任、农民工身份认同、市场化进程对心理的影响。问题不仅是"负面问题"，还有很多是"如何变得更好"的问题，如民众获得感的增加、国民素质的提升等。二是各行业实践领域的问题。心理学可以广泛应用到有人类活动的各个部门、各个行业，包括政府与非政府机构、各类企业与行业、各类人群与团体。具体问题不胜枚举，如企业员工激励、投资心理分析、人才测评与选拔。三是个人层面的问题。心理学更直接的应用是解决个人生活中的问题，如心理健康问题、智力开发问题。

总之，我们的研究不能只是通过查阅和推导文献提出问题，而是要更多关注现实，研究实际问题，退而言之，至少要清楚地阐明所研究问题的现实立足点。现实问题可以是人类面临的普遍问题，也可以是我们国家面临的特定问题。所谓研究的"本土化"，就是要强调从中国实际出发，关注中国的现实问题，而非让研究停留在验证西方理论的层面。强调研究的应用导向和本土化思想是内在一致的。对我国当前的实际问题或现实问题提出新的理论解释，属于基础研究或应用基础研究；对实际问题的解决提出基于证据的思路和方案，这算作应用研究；若能直接开展行动来解决问题，则属于应用实践。应用研究应该是接地气的研究，接本土地气的研究。

（三）变量选择

我们鼓励旨在改变现实的研究，鼓励关于实际问题的研究，这就对研究方法提出了一系列新的要求。首先就是变量选择问题。我们认为，在一项心理学研究中既要有主观变量，也要有客观变量，因为心理学是研究主观变量与客观变量关系的科学。

心理学中的变量有两大类：主观变量和客观变量。主观变量是"心理"自身的，反映心理感受、心理活动等方面的变量，如情绪、推理等。客观变量来自三个方面：一是心理活动的产物，如行为表现、作业或作品、痕迹等，常用的变量包括行为发生情况（行为频次）、行为速度（反应时与问题解决时间）、行为强度（如博弈任务中的投资额度）、作业正确率或错误模式、作品质量、行为轨迹等；二是心理活动伴随的生理活动、生理表现方面的变量，如眼动特征、呼吸与心跳频率、腺体和血流特征、电生理特征（皮肤电与脑电等）、化学递质特征等；三是心理活动的外部条件，包括刺激特征（刺激的频次和结构、刺激的时间和强度、作业和任务类型）及环境条件等（如城乡背景、社会阶层、家庭结构、文化类型）。这三方面的客观变量，涵盖了心理活动的外部条件、行为和生理表现，笼统地说就是"刺激"（S）和"反应"（R）。

心理学是研究心理的科学，但鉴于心理变量本身是主观变量，被试心理无法直接由研究者观测（研究者可以对自身心理活动进行自我观测，但容易陷入相对主义的窘境），只能通过被试的主观内省和自我报告（如口语报告技术、自陈量表）来测量。这种测量虽然可以直逼内心，但有很强的主观性。在这种局面下，心理学反而在客观变量的操纵和测量方面进展巨大，因为客观变量的测量在客观性、精确性上更符合心理学作为科学的要求。20世纪初，行为主义者正是要用客观变量定义心理学的研究对象，用客观测量限定其研究方法。回顾心理学的历史可以发现，我们在客观测量方法方面已经有了长足的进展，但相比之下，迄今为止主观测量方法的进展仍然乏善可陈。

不仅是测量方法问题，心理学研究要"有力量"，要担当改变现实的使命，必须考虑客观变量，要么研究对客观世界的主观感受，要么研究心理对客观世界的作用。例如，心理物理学探讨人们对各种物理量的主观感受问题，试图在物理量（客观世界）和心理量（主观世界）之间建立函数关系。这方面的研究结果往往具有很强的现实应用价值。卡尼曼的研究只不过是将心理物理学的研究方法应用于经济领域，探讨金钱的主观效用问题，但研究结果有很强的现实解释力和应用空间（可以设想，如果卡尼曼只研究主观变量，他不可能获得诺贝尔经济学奖）。只有心理活动并不能改变客观世界，心理活动要借由行为及其产物来改变客观世界，因此，我们要更多关注心理的行为表现、行为后果。总之，心理学研究要么关注心理的前因（客观刺激），要么关注心理的后果（行为），只有说明心理的前因与后果，才能得到有现实解释力的发现，才能让心理学研究"有力量"。

一言以蔽之，心理学是研究主观变量和客观变量关系的科学。没有主观变量不是完整的心理学（如早期的行为主义），只有主观变量是没有力量的、存在科学性风险的心理学。例如，现在很多研究所选的自变量和因变量都是主观变量，甚至再加个主观变量作为中介变量，如此统计来统计去，是很难说清其中的因果逻辑的。不仅如此，这类研究结果也很难具有改变现实的力量，只是就主观论主观，无法说明主观世界与客观世界的关联，研究结果难以与现实对接。这种对客观变量，包括行为变量的忽视，已经引起一些学者的警觉。有研究者（Baumeister,Vohs, & Funder，2007）从1966年、1976年、1986年、1996年以及2006年这五年的《人格与社会心理学杂志》中，每年大致选择两期，分析了实证研究报告中的304项研究，统计这些研究是否包含实际行为变量（对行为的操纵、对行为的观测都可以算数），结果表明，在1976年，近80%的研究使用了行为变量，1986年后这个比例迅速下降，2006年已经低于20%。虽然心理学是研究心理和行为的科学，但我们今天已经没有耐心去现场观测和操纵真实的行为了，而是严重依赖被试在问卷和量表中的自陈报告，依赖在电脑上完成实验。由此，研究者用这样的文章题目表达了自己的忧虑——"心理学作为自陈报告和手指活动的科学"。

（四）样本选择

心理学研究样本的选择存在两个突出的问题。一是对大学生样本的过度依赖。二是对超大样本和单个被试的研究不足。为此，我们要充分重视样本性质（少用大学生被试）和规模（大样本、超大样本、单个案）的多样性。

对于心理学研究过度依赖大学生被试这一问题的诟病由来已久，但是今天不仅没有好转，反而问题似乎更严重了。大学生能否代表人类或某个总体，这可能要看问题的性质。例如，对于一些通则式规律（如格式塔学派发现的"完形"规律）的研究（辛自强，2013），随便找个被试都可以证明规律的存在及其普适性，甚至无须从样本推论总体。但心理学研究更多探讨概率性问题，需要从样本推论总体，显然在很多情况下，大学生不能代表全人类。有一次我参加博士论文答辩，该博士生的论文做的推理研究，每个子研究的被试都是一所国内著名大学的本科生和研究生，结果做得"很漂亮"，但总让人感觉这不是人类推理的一般状况。过于依赖同质样本，甚至根据某一标准选出一批"区组"被试，这有助于实验得到阳性结果，但却不利于结果的现实应用，因为现实中的人群更为复杂多样，个体间差异很大。因此，在论文评审和发表时，我们应该鼓励样本的多样性，鼓励选择合适的样本。必要时，可适当限制（甚至"惩罚"）那些对大学生样本过度使用的论文（这大多是出于研究者找被试的方便，或惰性），心理学不能都做成"大学生心理学"。我在和同事讨论专硕毕业论文的评审导向时，定了一条不成文的规则——学生必须到大学校园外找被试。只是"猫"在象牙塔里做研究，难以体现应用导向。

　　心理学家习惯的样本量往往是几十到几百人的规模（一般的大样本），也有些是上千人的规模，但很少涉及更大或超大的样本，也不太喜欢对单个被试或个案进行研究。全世界范围内由社会科学家开展的大型调查项目有很多，最著名的如"世界价值观调查"，它最近的调查从超过50个国家和地区取样，样本量达到七八万人。但心理学家很少主持这么大的调查项目。近年来兴起的大数据方法，激发了对一些超大型样本的研究。例如，彭凯平（2014）课题组基于大数据理念，通过搜索某年度新浪微博的所有数据来分析中国人幸福感的时空规律。心理学家应该更多关注那些大型调查数据以及官方统计数据的使用，并关注大数据方法。除了大数据、超大样本，心理学还应重视"被试量为1"（$N=1$）的研究，也就是单个案研究。它包括个案研究和单被试实验，前者大致是对个案的描述性、观察性研究，后者是对单个被试的实验研究。

稍微回顾一下历史，可能更有助于我们理解单个案研究的价值。在心理学的早期历史中，对单一被试或者少量被试的研究曾一度占据着核心的位置。不仅心理物理学研究使用少量被试，艾宾浩斯记忆研究的对象只是研究者本人，巴甫洛夫条件反射研究的被试是一条或几条狗，华生对情绪的研究也只是采用很少的被试（如小艾伯特），精神分析学派、格式塔学派也都依赖个案或少量被试。心理学家广泛使用实验设计、大样本和推论统计这些方法是很晚近的事情，这种转向要归因于英国统计学家费舍的《实验设计》一书在 1935 年的出版。20 世纪 30 年代开始，心理学期刊虽然还发表一些单个案的研究，但是这类研究的数量迅速减少，它们转而更多发表对大样本做统计分析的研究成果，有控制的群组设计逐渐成为主流范式，研究者依赖统计分析确定实验组与对照组的差异是否显著。这次转向后形成的方法学规范一直延续至今。然而，当我们将群组比较的结果推广到个体层面时未必妥当，因为行为作为一种现象发生在个体层面而非群组层面；心理学作为行为科学，必须理解"个体"如何与环境互动（Barker，McCarthy，Jones，& Moran，2011，p. 18）。因此，单个案研究的价值在今天需要被重新强调。

在很多情况下，单个案研究往往以更直观的方式启发研究者确立富有生态效度的研究结论。例如，一种临床干预方法若有效，它应该是在一个又一个个案身上"应验"过的，这种方法有效性的结论是在个案基础上概括出来的；然而，群组研究中，这个结果是以变量为中心在很多个案身上统计出的平均结果，未必适用于每个个案。因此，有学者认为，单被试实验更能证明某种"实践的有效性"（如咨询实践的疗效），而非刻意在实验室内考察"研究的有效性"（Yarnold，1992，p. 179）。当然，单个案研究不仅是样本量的问题，也有着与群组设计完全不同的推理逻辑，下文再论。

（五）实验的生态效度

虽然可能以偏概全，但大多数人认可，心理学作为一门科学的诞生，是以实验室建立和实验法的运用为标志的。实验法通过操纵自变量、控制无关变量、观测因变量这样的逻辑，确保得出因果性结论。心理学实验往往操纵客观变量，然后观测它对主观变量的影响，或者通过操纵客观变量间接操纵主观变量。"操纵"就代表着某种力量，心理学实验的结果可以启发人们如何在现实生活中操纵心理，改变现实。然而，每一项心理学实验的因果力（内部效度问题）和推广价值（外部效度问题）可能并不相同，这里重点讨论外部效度，特别是生态效度问题。因为心理学要具有改变现实的力量，必须确保实验结论能外推到现实生活中，这至少取决于如下两个因素。

一是实验处理效应的稳健程度。一项实验中设置的条件、处理、干预方法的效应有即时效应和延时（短期、长期）效应的区分。很多实验操纵有即时效应，但是否有延时效应呢？大多数研究者并未考虑，也未报告。如果一项研究能够不仅证明实验处理的即时效应，也证明其延时效应，就有助于实验结果的推广应用。早年间，可口可乐公司为了与百事可乐公司竞争，研究过配方改良问题。百事可乐更甜一点，可口可乐带点酸味。可口可乐公司做过实验，让消费者品尝各品牌的一小杯可乐，结果大多数人认为百事可乐更好喝。可口可乐公司根据所谓实验结果改良了配方，使之更像百事可乐，结果销售却惨遭失败。失败原因很多，其中之一是在实验室里喝一口，与拿回家去喝一瓶，感受是两码事。很多心理学实验发现了各种暂时的效应，但其推广价值存疑。有人形象地说："目前大多数的心理学实验，是'喝一口的心理学'，而不是'喝一瓶的心理学'(万维钢，2014，p. 246)。"实验处理效应不仅表现在持续性上，还表现在强度上。当采用特别敏感的观测指标时，或者使用特定的检测方法时，很多实验得到了阳性结果，但是这种实验处理的效应未必足够强劲和稳健，因而难以重复和推广。例如，近几十年，社会心理学领域有关启动效应的研究呈现井喷状态，但其结果的可重复性不断被质疑，原因之一就是这种启动效应往往很微弱(张玥，辛自强，2016)，其可被重复观察到的难度增大，更不用说在现实生活中推广应用了。

二是实验场所问题。实验可以在实验室里进行，也可以在现场，也就是一种心理和行为通常发生的真实场所中进行。实验室环境容易操控，但人为性很强，容易得出"伪结果"(人为，就是"伪"；辛自强，2012，p. 122)。社会心理发生在社会生活中，教育心理发生在学校中，消费心理发生在商场中，到这些真实的场景中做现场实验有助于提高心理学研究的生态效度和应用价值。例如，我们一项关于信任的实验，是在北京到烟台的 K285 次列车卧铺车厢里完成的，以旅客为被试(辛自强，辛素飞，2014)。火车是移动的优质实验室。更令人震撼的是下面这项研究。研究者在美国一家游乐园，以 11 万余名游客为被试，考察了他们是否愿意购买乘坐过山车时由实验员为其拍摄的照片作为纪念。自变量为定价方式(包括明码标价和自愿付钱)、捐赠与否(一半游客被告知照片销售收入的半数将捐赠给慈善机构)。结果表明，当游客能按照自己的意愿付钱时，同样的慈善因素让企业获益更多，因为游客通过自愿付钱表达了自己对企业社会责任的认可(Gneezy，Gneezy，Nelson，& Brown，2010)。这种大规模的现场实验得出的结论显然比实验室实验更有说服力，更有生态效度，而且这项实验做下来还多赚了很多钱。

大家热议的心理学实验"可重复性危机"，究其原因是很多结果是在实验室里"做出来的"，而且所发现的实验处理效应很微弱，缺乏持续性，这种不稳健的效应自然难以重复，也难以发挥心理学改善现实的作用。因此，我们应该充分鼓励对实验延时效应的考察，鼓励现场实验（如教育实验、社会实验），鼓励长期干预研究。心理学不能过分追求实验室研究的"小巧"，而应该展示实验干预的强大力量，甚至直接开展社会改造实验。

（六）统计方法

这里要讨论的不是统计方法本身，而是统计实践问题。统计方法只是研究的工具、研究目的不同，对于统计方法的需求和应用实践就有所差异。我在统计方法的学习方面，只是一知半解的水平，这里仅"随意"罗列几个问题供大家讨论。

第一，描述统计的重要性。描述统计是推论统计的基础，没有描述统计结果，推论统计的结果是很难理解的，因此论文要充分报告描述统计结果。如果一项研究被纳入元分析研究，也通常要求提取其描述统计结果以便做元分析。从传播效果上看，描述统计也很重要。特别是对于政策制定者、实践者和一般公众来说，用平均数、百分数、简单的图表来描述的结果，可能比复杂的变量关系模式图、拟合指数之类的结果，更容易被理解，也更有力量。

第二，"统计上显著"还不够。心理统计的核心逻辑是"零假设显著性检验"，即 p 值方法，根据 p 值大小决定是接受，还是拒绝零假设。

如果统计得到的 p 值比临界值小，如小于 0.05，就在 0.05 的显著性水平上拒绝零假设，而接受备择假设。这时我们只能表述某种结果"在统计上显著"。如果显著，则意味着随机因素不能解释这个结果，而只好归结为某种"必然性"（仍是统计上的必然性）。然而，p 值的大小，并不能说明研究结果的重要性或变量关系的强度。它只表示 p 值越小，拒绝零假设时可能犯错误的机会或概率越小。效果量（effect size）则表明了我们专业上所关心的效果和效应的大小，如实验处理效果如何，变量关系强度如何，这是 p 值所不能传递的信息（辛自强，2010）。因此，现在学术期刊都要求既报告统计检验结果是否显著，又报告效果量指标，如 d、η^2（Eta 平方）、r^2（决定系数）等。而且，我们应该更重视效果量指标，因为对于很多实验，特别是干预实验，实验组与对照组之间只是差异显著还是不够的，差异程度要足够大。否则，这种干预方法的现实应用价值，特别是经济价值就不足。假如我们在每位老人身上投入了 1千元，用于实施某种干预课程提高其幸福感，虽然最后实验组老人幸福感与对照组统计上有显著差异，但如果高出的程度，还不如直接发放给每位老人 1 千元的作用，那干预项目就没有真正的价值了。对于效果量如何算"大"，虽然有些建议性的解释"标准"（Kotrlik，Williams，& Jabor，2011），但并没有什么严格的临界值，这要根据以往类似干预研究的效果量大小、政策需求、项目要求等来解释。顺便说一句，同样是效果量指标 d，在单被试实验中要求的效果量通常比群组设计中大得多。例如，在群组设计中 d 值为 0.8 已经算是"较大的"效果量了，而在单被试实验中，这只能算"较小的"，d 值在 2、3 以上也是常有的（Barker et al.，2011，p.161）。

第三，兼顾变量指向的统计方法与个体指向的统计方法。当前心理学普遍使用的是变量指向的统计方法，如相关分析、方差分析、回归分析等，这些方法侧重描述变量关系，没有将个体看作整体，而是假设个体是可互换的单元，除了随机误差之外，他们在行为发展上不存在质或量的差异，即总体具有同质性。而事实上，在心理学中，总体中的个体常常是异质的，因此应该重视以个体为中心的完整分析（辛自强，2013）。个体指向的统计方法是一种"以个体为中心"的分析方法，它的任务是确定心理和行为发展的个体差异或异质性。它假定就变量如何相互关联而言，总体是异质的，样本中可能存在异质性的个体亚组。个体指向的统计方法，如聚类分析、配置频次分析、模式发展的探索式分析、基于模型的聚类分析等，可以识别被变量的关联模式描述的个体亚组，识别基于纵向轨迹模式的个体亚组，识别在不同时间点上的个体亚组，以考察模式结构的稳定性和个体的稳定性（详见杨之旭，辛自强，2016；或者本书第六章第二节）。以干预项目为例，可以用变量指向的统计方法揭示干预效果的一般趋势，而个体指向的统计方法可以识别出符合与不符合一般趋势的亚组并分析其原因，兼用两种方法将有助于全面评估干预项目的效果。

第四，"中介"和"调节"的是与非。在大陆心理学专业期刊里检索可见，2000 年前后，对研究结果做中介和调节模型分析的文献寥寥无几；2016 年仅文章标题中提到"中介"模型的文章就超过 200 篇，提到"调节"模型的超过 100 篇。现在打开任何一本心理学专业期刊，目录上到处都是"中介分析""调节作用"之类的字样。中介模型和调节模型让我们严肃地讨论三变量关系问题，无疑有助于科学认识的深化，很多研究者确实在这些方面做出了重要发现和贡献。但是，也有更多文章是经不起推敲的，只是做了点这方面的统计而已，离得出可靠的理论模型还差很远。尤其是中介模型，它意味着三变量形成一条"因果链"，而因果关系的确立有着严格的标准，如时间顺序、操控逻辑，通过问卷、量表测出的一堆主观变量之间何来顺序和操控逻辑，因此也很难确定中介关系。无论是中介还是调节模型以及其他模型，其建立都不是简单的统计问题，必须有理论和逻辑的考量（辛自强，2012，p.279）。目前这类套路化、仪式化的统计分析方式，已经在限制我们的思考，限制我们发现知识的能力。如果不能通过研究达成确实的认识，建立有效的模型，就谈不上应用的问题。

（七）推理逻辑

当前的心理学研究过度依赖"假设－演绎"的方法，对于如何观察现象，从经验资料中归纳假设（假说），形成理论认识这一归纳过程重视不够。这种推理逻辑的偏颇，不利于培养研究者对现实的敏感性和想象力。

心理学研究通常使用的是"假设－演绎"的逻辑。其思路是基于假设演绎出对经验事实的预测，然后考察实际观察到的经验事实是否符合预测，若符合，则确证了假设的合理性。因为，很多事实单纯凭猜测，能预测到的机会是很少的，然而，我们居然根据一个理论假说准确预测到了，这足以确证理论假说的合理性，甚至真理性。这种演绎过程的逻辑较为完备，可以验证已有假设，但不利于发现新知识（新假设），因为"假设－演绎"的结果是事先就料定的：如果假设验证了，就确认了这个知识；否则，我们只知道这个假设不对，但并不知道正确的是什么。

科学研究的关键是发现并提出假设，这就要求我们对现象有敏感性，善于根据零碎的线索做出归纳、猜想，从而形成理论假说。"虽然归纳本身常常难以保证逻辑上的完备性，然而，它对于科学发现的重要性并不亚于演绎，甚至更重要。因为对少量事实的归纳，是我们发现规律性、提出科学假说的基础。很多新思想的出现，往往是受到了某个事实的启发，受到了某个类比的启迪，受到了某个隐喻的暗示（辛自强，2012，p. 297）。"

心理学研究对统计方法的过度依赖和套路化使用，强化了其背后的"假设—演绎"逻辑在学科中的地位，而无意中抑制了归纳逻辑的使用，不利于科学猜想和科学发现。实际上，其他一些方法更好地体现了科学发现的逻辑，心理学应该予以重视。例如，扎根理论研究方法的创立，就是对常规研究方法的反叛，即反对通常使用的"假设—演绎"逻辑——基于理论形成假设，然后用新资料来检验。扎根理论研究认为，要尽量避免将研究者已有的理论范畴强加于资料之上，要通过对资料的灵活归纳，从资料中生成理论，这一研究过程是自下而上的归纳过程（Glaser & Strauss，1967）。运用扎根理论研究方法建构出的概念及它们之间的联系，不但是由资料中萌生出来，而且也被资料暂时性地验证过了。是故该方法建立的理论，可曰"扎根的理论"，或者"植根于经验资料的理论"，这样建立的理论是一种情境化理论，更具有生命力和现实解释力。

又如个案研究，也有助于形成假说和理论。如果单从统计推论的角度看，基于少量的个案获得的研究结果，无法摆脱个体差异的影响，难以推广到更大的总体上。不过，统计推论并不是获得一般性认识或规律性认识的唯一途径。如果在一个案例基础上推断出的一般性认识（如模式、法则），可以在其他案例中得到验证或重现，就可以增强我们对理论的信心。或者反过来说，如果在个案基础上形成的理论假说，尚没有被任何一个已知反例挑战或驳倒，那么它就是一个可以接受的理论。若一项个案研究为理论假说的建立、反驳与修正提供了良好的机会，当然有重要价值。

综上所述，心理学研究不仅要重视统计方法及其背后的"假设－演绎"逻辑的使用，也要重视基于个案归纳理论假说，扎根于经验资料建构情境化的理论。也就是说，我们既要重视假说的验证，又要重视新假说的归纳和新理论的建构，唯有如此，才能增强我国心理学研究的原创性，使研究成果更贴合实际（包括我国实际），提升其现实解释力。

（八）理论建设

科学研究并非只是为了积累事实，而且要建构理论。一部心理学的历史，除了经典的实验，就是观点各异的理论。要想在心理学历史上留下点什么，要么开展一项堪称经典的实验，要么创立一个伟大的理论。我国心理学要增加国际影响力，增强现实解释力，就必须重视原创理论的建设，而非停留在验证国外理论或现有理论的境地。建设理论并没有想象中那么困难，并非只有心理学的"大家"或大师才可以建立理论。我们大家（每个人）都可以在自己的研究中建立理论。了解了心理学理论的类型或形态，就会知道自己应该建立哪种理论以及如何去做（对这块内容的详细论述，见辛自强，2012，pp. 326-345）。

第一，描述事实和现象的理论。描述事实和现象是科学研究的基本功能之一，这种描述可以构成一种简单的理论。关于事实的理论可以描述一个事物的属性，也可以描述变量的关系。例如，米勒描述了短时记忆的容量，就是在描述一个事物的属性；艾宾浩斯遗忘曲线描述了记忆保存量和时间的函数关系，这是关于变量关系的理论。除了描述事实之外，还可以对所研究的现象进行简单概括，从而形成一种理论观点，如问题解决的"试误说""顿悟说"。能用一个术语或理论描述一种前人未曾发现或者未曾言明的现象，这是巨大的理论贡献。

第二，类型学理论。它用于区分并描述事物的不同类型。建立类型学理论首先要确定分类的维度，在此基础上划分并定义类型，然后描述该类事物的特征，并将这种类型划分用于实际观察，或者用实际观察结果检验这种类型划分。分类的标准或维度可以是单一的，也可以是双重维度或多种标准。例如，场独立与场依存、A型与B型人格都是单维上的类型划分；荣格对性格类型的划分，则采用内－外倾向和四种心理功能(感觉、思维、情感和直觉)两个维度结合划分出了八种性格类型。艾森克从外倾－内倾、神经质、精神质三个维度确定人格类型。类型学的研究，实际上是人类分析思维的表现。初步的认识是对事物的直觉把握，很少清晰分出维度。而分析出维度和类型使得我们可以深入认识每一类事物的具体特征。这种类型的划分可以通过思辨完成，也可以借助统计学的方式进行分类或类型的验证，如因素分析、聚类分析都有这种功能。

第三，过程理论。类型学理论侧重在空间上将事物划分为不同类型，以分析不同类型的特点。而过程理论主要与时间维度有关。这种过程，在心理学中主要体现为认知过程或信息加工过程、学习过程等。过程理论在时间维度上刻画事物变化的流程、经历的不同状态等。例如，早期行为主义者提出的"刺激－反应"(S－R)公式反映了一种最简单的"过程"；新行为主义者在刺激和反应之间加入了有机体变量(O)，提出了S－O－R的公式，这时过程的味道有所增加；后来，信息加工理论又将O分解成更多的环节，这样认知过程的意思就很明显了。由于每次认知活动都耗费一定时间，所以这个过程必然是时间过程。无论是认知还是学习，都是主体应对外部客观世界的过程，对外部刺激的处理需要耗费一定的时间。这里的时间，大多是小尺度上的时间，多要以毫秒、秒、小时、天等来计量，而且只衡量时间的长度，一般不关注时间的方向。

第四，发展理论。过程理论通常只关注时间的长度本质，而发展理论往往在更大的时间尺度上（如月、年）探讨事物在时间维度上的展开过程、演化过程，这里的时间是有方向的，不可逆转的。例如，对于发展心理学家、进化心理学家来讲，真正要解决的问题是心理如何随时间而发生和变化。发展理论通常有两种方法描述发展：关于发展的极性变量与里程碑顺序。"仅仅从低水平到高水平的数量方面的差异变量可以称为极性变量（polar variable），而那些性质上不同的转折点可以称为里程碑顺序（milestone sequences）。极性变量与里程碑顺序之间的差异是连续变量和非连续变量之间差异的扩展和发挥（卢文格，1998，p.52）。"通常，从极性变量的层面认识事物，是更直接、更直觉的把握方式；而看到并解释清楚里程碑式的间断性发展或直接说出阶段的本质差异，则是更深入也更困难的一步。例如，认知发展研究中，测量学派的通常做法是设计若干题目考察某个年龄儿童的通过率，会做的题目越多说明能力越高。在这个意义上，能力是可以累积的，因为研究者并不区分做对这道题和那道题有什么能力上的本质差异，做对每道题都得到同样的单位分数。而皮亚杰看到了这种分数差异背后的结构问题，认为那些在某个任务上表现良好与不好的孩子在认知结构上有根本的不同，由此，他提出了认知发展的结构观，对发展做了里程碑式的、阶段的描述。

第五，结构理论。"阶段"通常被泛泛地用作"发展水平"的同义语，然而，在严格的意义上，阶段指代由特定的结构决定的发展水平质的差异。结构是由要素之间的一系列联系或关系组成的，这种联系提供了一个整体，并赋予要素以意义，使要素成为整体中有意义的部分。要素之间的关系变化了，结构也就变化了；但是要素本身变化，结构不一定变化。结构是组织的形式而非内容。这么看来，"发展是由决定要素之间联系的基本规则的获得或变化组成的(卢文格，1998，p.32)"。在心理学中，皮亚杰是结构主义的代表人物，他用逻辑数学结构成功刻画了儿童的认知发展阶段，这种做法后来被科尔伯格、塞尔曼等人推广到道德推理、观点采择研究中。然而，并不是每个心理学家，都像皮亚杰那样理解结构，结构也并非只用于刻画发展阶段，即不只是"发生的"结构。心理学中的"结构"还有很多其他形式，像机械的结构(如弗洛伊德的人格"三我"理论)、统计学层面的结构(如人格与能力的因素结构)。

第六，功能理论。"结构"和"功能"往往是一个事物或系统的两个方面，它有结构，也必然有功能。所谓结构是系统内部要素的关系，所谓功能是系统与其之外的其他系统之间的关系。这两个定义只是在最抽象的意义上界定了"结构"和"功能"的内涵。就像"结构"一词具有多种含义那样，心理学家所说的"功能"的含义也至少有两类。一方面，它指心理功能。这里的"功能"有时被称作"机能"，有机体有各种心理方面的机能，或者心理功能。例如，在认知心理学中，智能就被定义为一系列的功能，包括符号或信息的输入、输出、存储、复制等。另一方面，它指心理的功用。心理的功用体现在三个方面：心理这个系统对其外的环境系统所发挥的作用，某种心理机能对其他心理机能或系统所起的作用，某种心理机能对现实生活的作用或应用价值。简单地说，心理的功用，就是心理功能的功能。例如，美国的那些机能主义者(如詹姆斯、杜威、安吉尔等)认为,心理或意识的主要机能是选择,最终是为了适应环境以求生存。

此外,心理学中的很多理论都属于"影响因素"理论,用于描述或解释事物发生的内部原因与外部条件。有的理论属于"层级"理论,如马斯洛的需要层次理论,将事物划分为不同层次或等级,并阐明每个层级的特点以及层级之间的关系。

综上所述,心理学研究和理论总是涉及世界的两个维度:时间(发展与过程)与空间(类型、层次、结构、功能、关系)。从时间方面来说,关于短时间尺度的是认知与学习过程理论,关于中等时间尺度的是毕生发展理论,关于宏观时间尺度的是心理进化理论与心理变迁理论。从空间方面来说,要么是关于元素的理论(描述事象的理论、类型学理论),要么是关于一个系统内部要素关系的理论(结构理论),要么是关于系统之间关系的理论(功能理论、影响因素理论、层级理论)。理论建构总是与时间或空间有关:以之为对象,在不同层次和侧面上进行理论建设。心理学研究要强化现实性与应用导向,就必须重视理论建设。我们要记住勒温的名言——"没有什么比一个好理论更实用了。"

三、小结:必要的方法论变革

为回应国家和社会发展对心理学的巨大需求,心理学研究者需要深入反思奉行的方法论,以及遵从的研究模式,做出必要的理念与方法调整。本文罗列的上述八个方面的方法论问题,可以归纳为三个层面。

首先是研究理念的变革。我们要推动基础研究和应用研究均衡发展，兼顾旨在理解的学术成果和旨在改变的学术成果，尤其要重视后者；提出问题时，不仅要根据文献选定尚无人研究过的问题，更要从现实出发，研究尚没有解决的实际问题。

其次是实证研究方法的变革。在变量选择方面，一项心理学研究既要有主观变量，也要有客观变量，以探讨两方面关系为己任；在被试选择方面，减少大学生样本的使用，增加样本的多样性，而且，除一般的大样本外，还要加强超大样本和单被试的研究；在研究生态效度的提升方面，需要增强实验处理效应的稳健性，重视现场实验；在数据统计层面，重视描述统计和效果量指标，兼顾变量指向的统计方法与个体指向的统计方法，注意中介和调节模型的理论分析。

最后是理论思维的变革。在推理逻辑方面，不仅要重视统计方法及其背后的"假设—演绎"逻辑的使用，更要重视归纳逻辑的使用，如基于个案归纳理论假说，扎根于经验资料建构情境化的理论，增加研究者的现实敏感性与想象力；在理论建设方面，掌握各种形态理论的建构方法，敢于并善于提出原创性理论。

总之，我们要在方法论的上述三个层面上，变革心理学学术研究共同体遵奉的一些不当规范和实践模式，通过改变"现实的心理学"，建设旨在"改变现实"的心理学学科，增强研究成果的现实解释力和应用价值。

第二节　心理学中的因果关系与理论解释*

> ▶**导言**：心理学作为实证科学，通过对观察资料和经验事实的概括确定因果关系，并对事实现象做出理论解释。然而，相比自然科学，心理学在因果关系与理论解释方面面临着特殊的困难和问题。本节阐述了有关因果关系与理论解释的十对概念，引导大家反思心理学面临的特殊方法论问题。

一、心理学中的因果关系

心理学作为实证科学，其研究有四大功能，即描述、解释、预测、控制。描述包括刻画变量的因果关系，解释主要是找原因，预测和控制也都离不开对因果关系的把握。可见，寻求因果关系的认识是心理学以及所有科学研究的主要目标。所谓原因就是能影响其他事物的事物，能导致现象产生的因素，而结果就是被影响、被导致的那个事物或现象。

关于确定因果关系的标准或条件，哲学家一直在关注并争论，如英

＊ 本节内容根据我已发表的论文修改而成，原文参见：辛自强（2013）. 实证社会科学中的因果关系与理论解释：我们需要理解的十对概念. 清华大学教育研究，34（3），7—15.

国哲学家休谟、穆勒以及德国哲学家康德都有自己的见解。现在，大部分方法学教科书上，采用的是英国哲学家穆勒（J. S. Mill，1806—1873）的观点。在他看来，要确定因果关系，一般而言必须满足如下三个条件：一是共变性，两个事件必须是共变或者一起变化的；二是时间顺序，一个事件必须在另一个事件之前发生；三是排除其他可能的解释（转引自本斯利，2005，p. 29）。这三个条件同时满足，才能确定因果关系。若只能确认两个变量（也就是事件）共变，二者未必是因果关系，相关关系也表现为两个变量共变。如果不仅知道共变，还能确定两个变量出现的先后顺序，则更有把握确定孰因孰果。因果关系不仅意味着两个变量有关系，而且因果决定的方向非常明确。然而，这时的风险是可能有未知的因素起作用或者干扰结果，这些因素被称为无关变量，科学研究中实验设计的核心内容就是控制无关变量，排除其他可能的解释，确保找到自变量和因变量之间确切的因果联系。然而，心理现象极为复杂，影响因素众多，由此在因果关系的确定上面临一些特殊的问题和困难。

（一）可操纵的因素与不可操纵的因素

如何确定原因和结果之间是否存在必然的联系呢？科林伍德（R. G. Collingwood）等提出了"活动理论"来解释因果关系（转引自王重鸣，1990，p. 29）。在一定的条件下，人们可以通过"操纵"特定的起因（如给出特定的变量值），来看某个特定的结果是否出现。因此，发现因果关系的过程变成了一种行为活动过程：通过操纵一个因素来观察是否能够导致某种结果，我们就可以区分因果关系与不属于因果关系的其他性质的规律性联系。这种以"操纵"行为或"操纵"活动确定因果关系的思想就是实验法所遵循的，心理学以及其他学科的实验都是如此。

　　实验意味着对自变量或影响因素的操纵，在心理实验中，最容易被操纵的变量多是环境因素或任务因素，如操纵不同的教学方式以考察对学生某方面学习的影响，操纵不同的灯光颜色以考察人们对其反应速度，最后所得因果结论本质上属于"刺激－反应"(S－R)模式，考察的是环境刺激和个体行为反应的关系。此外，心理学研究还要探讨被试特征与行为的关系，做"人的因素—行为反应"(P－R式)的研究。被试特征因素有两类，一类是可以操纵的个体特征，如情绪状态、饥饿程度、疲劳或兴奋程度等。这些因素的操控往往是间接实现的，即通过创设情境条件来操纵被试主体的这些因素，如通过音乐诱导情绪，让被试禁食24小时来制造饥饿状态，通过枯燥的认知作业造成疲劳状态等。在实验中，通过间接操纵个体的这些特征因素，就可以考察其与作为因变量的行为变量之间的因果关系。例如，可以操纵情绪状态，考察它对数学问题解决或认知决策的影响。无论是能直接操纵的环境刺激，还是能间接操纵的个体特征因素，只要能被操纵，就能通过实验研究确定它们与行为反应之间的因果关系。另一类个体特征，则难于操纵，如个体的人口学特征(年龄与性别)、人格、能力等，因此对于这些因素，严格讲不能进行实验研究，只能挑选具有这些特性的个体进行观察和比较，由此得出的结论只能是相关性结论，而不是因果性结论(王坚红，1991，p.142)。

　　在因素的操纵上，心理学研究面临一些特殊的困难(客观的)和误解(主观的)。一个常见的误解是混淆操纵因素与未操纵因素而得出错误的结论。例如，一个 2×2 的实验，第一个自变量是教学方法(A、B两种)，第二个自变量是性别(男、女)，研究者试图考察这两个因素对数学学习成绩的影响。统计结果表明两个因素的主效应都显著，这时如何下结论呢？我们可能会说："教学方法对学习成绩有影响，性别因素也对学习成绩有影响。""影响"是在表述一种因果关系。自变量教学方法被操纵后，确实观测到了因变量上的变化，这符合确定因果关系的条件；然而，性别并没有被操纵，并不具备成为原因变量的条件，所观测到的性别差异，并不意味着因果关系(不能说"因为性别不同，所以学习成绩不同")，而只是一种相关关系。在这样一个多因素实验中，不仅有可操纵的因素，还有不可操纵的因素，如果严格考虑，对两类因素与因变量的关系应该有不同的表述，需要区分出因果关系和相关关系。例如，我们可以说男性和女性在数学学习上是否有差别，但不能说这种差别是由于性别因素导致的。顺便说一句，如果这个实验中两个自变量交互影响因变量，我们应该把那个未被操纵的因素(性别)作为条件变量，分别考察该因素的不同水平上可操纵的自变量(教学方法)与因变量之间的因果关系。

这种操纵的逻辑也使得心理学研究面临特定的困难和盲区：重视外因，而忽视内因。基于"操纵"的实验研究，确定的原因，往往只是"外部原因"，即导致结果(亦即与原始状态相比的变化)的外来动力的发动者或是外来的影响力，然而，这是对原因的一个非常狭窄的理解(王天夫，2006)。最早的也是最典型的心理学实验就是那类心理物理学实验，即操纵一个物理量，考察它对心理量的影响。在行为主义的框架下，可以说是操纵一个刺激考察它对行为反应的影响。无论如何，能操纵的大都是外部因素或刺激条件。相比之下，很少有心理学实验，在操纵或者能够操纵内部原因，因为能操纵的主体内部因素非常有限。可以说，虽然在哲学理念上，我们相信"外因只是变化的条件，内因才是变化的根据"，然而实验研究并不善于考察一个心理系统的自组织演变过程，却很容易错误地将这种演变简单归结为某种外部力量。就内因而言，一个系统的当前状态与它的先前状态有关，状态的变化是结构演变所致的。在心理学研究中，对内因的探讨一直是很薄弱的，这方面的工具和方法也很少，因为内因通常难以操纵。即便有些内因可以操纵，这种操纵也都是通过操纵外部刺激条件间接实现的，这就大大提高了研究效度方面的风险。要证明操纵条件确实导致了某个心理因素的改变，而这个改变恰恰是结果变量改变的原因，并非易事。

（二）直接原因与间接原因

直接原因是不经过其他因素直接会导致结果发生的原因，即 A 直接影响 B。心理学研究中讨论的两变量因果关系，均是考察直接原因的影响，如探讨有无反馈这个因素对某项认知表现的直接影响。在很多情况下，存在原因背后的原因，是为间接原因，如 A 影响 B，B 影响 C，则 A 对 C 的影响是通过 B 这个中介变量间接实现的。心理学中基于 S—O—R(刺激—有机体的认知—反应或行为)范式的研究，就是在考察刺激和反应的间接因果关系。若中间的主体因素 O，继续分解，分解成 O_1、O_2、O_3 等，且它们从前到后依次有因果影响，这样从刺激 S 到反应 R 之间就可能存在一个较长的"因果链"。

当因果链拉得很长时，最初原因对最后结果的影响力可能会大打折扣，甚至根本没有意义了。历史学上有个有趣的命题：中国人修长城最终导致罗马帝国的衰亡。罗马帝国的存亡与中国人何干？其所谓"因果链"如下：由于中国人以修长城的方式抵御匈奴等所谓"野蛮"民族，阻挡了他们向东方发展，迫使他们不断向西迁徙和进军，最终打败了罗马帝国，致其衰亡。中国在秦、汉、唐等很多历史时期，确实不仅防御并且进攻过匈奴。例如，汉武帝采取过打击匈奴的政策，造成匈奴大规模西迁，带动欧亚大陆大批游牧民族进入欧洲，历时数百年后终于摧毁西罗马帝国。到唐朝，唐太宗决定打击突厥，造成突厥大规模西迁，近千年后突厥人建立奥斯曼土耳其帝国，摧毁东罗马(拜占庭)帝国。尽管中国与罗马帝国没有直接联系，但是汉、唐却以一种意想不到的方式戏剧化地改写了罗马帝国的历史。难道一只蝴蝶在中国扇动翅膀，真的能在欧洲掀起风暴?! 或许其间存在某种程度上的间接因果关系，但是这种因果链已经极其复杂而微妙，至少可以说，这种初始原因已经不是最终结果的"决定性"原因了。从法律上讲，中国人肯定不是罗马帝国灭亡的"肇事者"，就像张三和李四吵架，李四心情不好就喝"闷酒"，结果开车撞死了别人，李四是直接原因或肇事者，张三虽是间接原因，但法律上不能追究了。

然而，在科学研究中，有时对这种间接原因或原因背后的原因的寻求却有重要的价值，因为虽然因果链很长，但因果联系的强度未必衰减。比如，2008 年老百姓都在抱怨高涨的蔬菜价格，原因是发生了雨雪冰冻灾害，导致蔬菜减产，为什么有这种天气灾害？是因为大气环流出现异常，而大气运动受到海洋温度变化的影响，其中"拉尼娜"现象是导致天气异常的元凶之一。自 2007 年 8 月，赤道中东太平洋的海温进入拉尼娜状态，并迅速发展，至 2008 年 1 月，已连续 6 个月海表温度较常年同期偏低 0.5℃以上。分析表明，这次拉尼娜事件是 1951 年以来发展最为迅速的一次，也是较为严重的一次，由此导致 2008 年 1 月以来我国发生了 50 年一遇的大范围持续性低温雨雪冰冻天气灾害。总之，科学家的研究表明，蔬菜价格上涨与海洋温度的异常变化有某种间接的因果关系，这个结果有重要的实际价值，它提醒人们，拉尼娜事件再次出现时，就应该防范可能发生的灾害天气，注意调控农业生产，平抑物价。

关于因果链的研究，往往借助于"中介"模型的统计方法，然而，这里要指出的是，"中介"模型在统计上被检验，只是表明存在因果链的可能性，而是否确实存在因果联系，还要依赖于实验设计的逻辑（辛自强，2012，p. 279）。在心理学中，如果能对自变量进行操纵，观测中介变量，再操纵中介变量，观测因变量，而且确实表明每一步都有因果关系，才能确证这种因果链的存在。

（三）决定性因果关系与概率性因果关系

在形式逻辑层面，可以把原因分为充分原因、必要原因、充分必要原因以及非原因。形式逻辑是在"完全决定性的"意义上，说明原因和结果的必然联系，称为决定性因果关系。但是，在科学研究中，我们会碰见大量概率性的问题，在教育学、心理学、社会学等社会科学的研究中尤其如此。例如，在心理学中，若就普遍性变量关系而言，很少能找到一个因素既是必要条件又是充分条件，即很难找到结果的"充要"原因。因为百分之百发生的因果关系，即没有反例的因果规律，实在不多见。有学者就指出，社会科学中的因果关系往往牵涉到概率问题：当某些"因"存在时，与这些"因"不存在时比较，更有可能产生某些"果"（巴比，2002，p. 11）。我们知道，用功学习才会拿到好的考试成绩，这里"用功学习"好像是"好成绩"的必要条件，然而，并非总是如此。有时，用功学习了，成绩依然不理想。当有 A 未必有 B，且不必有 A 也可以有 B，但 A 的有无影响 B 的有无时，则 A 是 B 的部分原因。心理学研究经常是在概率性质上而非"完全决定性"的意义上说明两个变量之间有部分因果关系。我们可以这样表述：原因 A 的出现导致结果 B 出现的概率为 p，或者有多大的可能性（概率 p）原因 A 导致结果 B。

需要特别指出的是，这种基于统计方法得出的概率性因果关系，本质上也是一种"决定性"规律（虽然不是完全意义上的），只不过这种因果关系的表现具有随机性质。就像抛硬币，抛两三次，可能正面都朝上，但这并不足以否定抛硬币正面朝上的概率是 0.5 这一规律。这就是统计学上所谓的"大数定理"——当看似没有规律的事件大量出现时，随机性就会让位给决定论。抛硬币正面朝上的概率是 0.5 这一规律，虽然不意味着每次观测都完全如此，但是当抛硬币的次数足够多时，正面朝上的概率就会趋近 0.5。这个概率是多次观测结果的平均值，它代表了一种概率性规律。

对于概率性的规律而言，发现相反的个案或个别的反例，并不能否定这个规律，因为该规律也承认个别反例的存在。概率性规律的建立是通过大规模抽样观察方法建立起来的，其反驳也必须依赖于同样的方法或程序，但是人们总是倾向于在找到一个或少数反例后，就开始试图质疑或反驳概率性规律，这实际上是一种误解。生活中，人们并不是按照概率论的逻辑来推理的，而多采用直觉式的、启发式的推理，这时个别突出的反例会左右人们的推理，所以人们容易错误地理解概率性规律和反例的关系。

（四）相继的因果关系与发生的因果关系

关于因果性的理论有两种，它们是发生理论和相继理论，其区别在于如何对待原因及其与结果的关系。"在发生理论中，原因拥有产生结果的能力，并与结果联系在一起。在相继理论中，原因仅是通常在事件或状态以前，之所以被称为它的原因，是因为我们获得了一种预期在原因以后有这类结果的心理学倾向。可以用其他方式表达这两种理论的区别。对于发生理论而言，事件或状态之间的关系是因果性关系，这种关系是它们内在的，原因和结果并不彼此独立，没有原因不会发生结果。要是结果由不同原因引起，就不会这样。作为原因的事件是什么，部分就在于它是产生某一结果的事件。另外，相继理论将因果关系看作外在于如此联系的原因和结果。无须参照它有什么结果，也可以对原因做完备的描述，一个原因的结果也是可以独立规定的事件或状态，如果它曾自发发生，它就是它现在那样（哈瑞，1998，p.123）。"

例如，研究癌症的原因。相继论者会停留在发现癌症和吸烟在统计数字上的关联，而且认为寻找使它们真正联系起来的其他事件或中介事件是徒劳无益的，于是他们就转向对因果联系的心理学解释：这种观察事件的序列反映了心理上可以预期的因果性，即有吸烟在前，癌症在后，这就是因果关系。即便我们采用了有前后测的实验设计，证明让实验组的人开始吸烟并坚持十年后比一直没有吸烟的控制组有更大可能得癌症，但是这种研究所揭示的吸烟和癌症的因果联系并没有告诉我们这种联系发生的机制。

而发生论者并不满足于此，他们除了了解吸烟和癌症的外在关系外，还要进行生物化学的探讨和解释，弄清楚吸烟和机体癌变的作用机制。"对于相信发生因果性的人来说，统计数字的存在只是漫长研究过程的第一步，研究的终点是发现所研究的事物的本性，以及得出这些统计数字的理由。科学遵循的是因果性的发生理论，而不是相继理论（哈瑞，1998，p.125）。"也就是说，发现原因产生结果的机制是科学研究的中心部分，而找到两个事件在统计数字上的关联只是研究的开始。

再举个家庭教育的例子，我们可以确定父母酗酒通常造成他们的子女酗酒。确定二者外部的因果关系之后，要进一步寻找其内在发生机制，这可能是基因遗传的机制，也可能是模仿、学习的机制。由于不是所有酗酒者的子女都会酗酒，一旦揭示了二者联系的机制，我们就更可能了解问题的本质，确定在什么情况下，以何种方式两个现象能联系起来。

（五）因果关系与蕴含关系

研究者要注意区分因果关系和蕴含关系。举例来说，"$a=b$"与"$3a=3b$"是什么关系呢？我们可以说，"如果 $a=b$，那么 $3a=3b$"，但这并不表达一种因果关系。严格地讲，我们不能说"因为 $a=b$，所以 $3a=3b$"。前者并不是后者的原因，前者只是在含义上逻辑地蕴含了后者。因果关系存在的条件之一是"因在前果在后"。然而，"$a=b$"与"$3a=3b$"之间是不需要时间的，不存在顺序问题。只要"$a=b$"成立，就意味着"$3a=3b$"成立，前者和后者只是一个意义的不同表达。

逻辑学和数学不研究因果关系，而研究蕴含关系。逻辑学、数学上的各种推断、运算、证明都不是为了建立因果关系，只是建立命题之间的蕴含关系。由此，逻辑学和数学研究是不需要借助经验检验的，而只使用理性。但是心理学以及各种社会科学和自然科学都以寻找事物或现象的原因为己任，这些学科对因果关系的探求要建立在经验和观察的基础上，并借助逻辑等理性方法把握事物中的因果规律。

区分因果关系和蕴含关系，对于理解心理学的学科性质是非常重要的。心理学本身是科学，旨在探求因果规律，但是作为研究对象的意识本身，却也可能通过蕴含关系来刻画。皮亚杰曾对因果关系和蕴含关系做了明确的区分。他在论述"身心关系"问题时，认为意识及其机体构成一个实在的内外两个方面，但是这两个方面之间不可能有因果性的相互作用（皮亚杰反对身心的相互作用论。如果皮亚杰是对的，今日的认知神经科学可能是值得怀疑的），因为它们只是同一个实在的两种可能的表达，二者是平行的。意识和生理的性质不同，分别受制于不同的规则。他说："意识构成一个蕴含体系（在概念、情感价值等之间），神经系统构成一个因果体系，而心理生理平行论则构成蕴含体系和因果体系之间同构论的一种特殊情况（皮亚杰，1999，p.67）。"

如何理解"蕴含体系"与"因果体系"的不同？皮亚杰认为，各种意识状态之间的关系，不同于一般的真正的因果关系，而是一种广义的蕴含关系：一种意识状态主要表达一种意义，而一种意义并不是另一种意义的原因，但蕴含另一种意义（从逻辑上讲多少是如此）。例如，2 与 4 的概念不是 2+2＝4 这一命题的原因，但必然蕴含后者。很显然，皮亚杰在心身关系问题上，采用了二元论（这里是方法论意义上的，而非本体论意义上的）的立场。事实上，他的整个认识论都具有二元论的色彩。例如，他认为数学只去理解蕴含，但不做因果解释；而物理学研究物质事实，解释物质事实中的因果关系。也就是，概念的蕴含和物质的因果关系是平行的。这就可以说明，为什么皮亚杰要区分逻辑数学知识与物理知识，为什么用逻辑数学结构来说明思维的结构及其变化。事实上，逻辑数学结构就是思维本身，皮亚杰只不过是用已经形式化了的一般性的（集体性的或人类的）思维语言重新对个体的思维水平做了鉴别，用结构自身的变化来解释结构的成因和趋向。说白了，皮亚杰以高超的理性把握了有关思维发展的经验事实。如果皮亚杰的观点是对的，心理学家似乎不应过多地关注因果关系的研究（或者不应只做因果研究），然而，今天的大部分心理学家却以寻找因果规律为己任。现在很少有人像皮亚杰那样只是用数理逻辑的语言刻画思维结构，而不做因果解释。

二、心理学中的理论解释

心理学研究对象的特殊性决定了其在理论解释上会面临一些特殊的困难和问题。科学研究总是要寻求普遍性规律，即规律适用于所有的"同类"对象或事物。然而，心理学以及其他社会科学所说的"同类"和自然科学所说的"同类"往往差别很大，由此带来了理论解释的麻烦。

（一）同质类别与异质类别

研究结果的概括、理论解释的推广都要确定适用范围，知道谁可以纳入这个范围。只有确定研究对象是否属于一类，才能确定能否将从一部分样本上获得的规律推广到总体上。因此，正确地对事物进行分门别类，是概括研究结果、建立普遍规律的前提。根据美国的文化和发展心理学家瓦西纳（2007，pp.9-11）的观点，有两种不同性质的对范畴的建构或对事物的分类：同质类别和异质类别。

在同质类别中，类别里的每一个成员或样本与同类别中任何其他成员或样本，在特性上都是完全相同的，具有完全相同的"原型"，彼此不存在差异。汽车生产线上做出的某个型号的每辆汽车与同型号的任何其他汽车都是完全相同的，有相同的特性，如性能和结构。否则，这辆汽车就是瑕疵品。

在异质类别中，类别里至少有一个成员或样本与其他成员或样本存在差异。分类就是用一个一般性称谓体现整个类别成员的共有属性。异质类别中的成员彼此相似（所以有一般性称谓），却并不相同。异质类别的成员间出现差异是很正常的。例如，所有人都属于"人"这个类别，具有人的一般特性，而不管是大人还是小孩，是男人还是女人，是白人还是黑人。

在同质类别中，所有成员都应该是该类别合适的代表，如果某个成员有所不同，则是"错误的"，如产品中的次品；然而在异质类别中，类别内部的变异性是类别的重要特征，而不是"错误"。在心理学研究中，建构的范畴或类别通常是这种异质类别。比如，研究者从学生中区分出一类"学习障碍"的学生，它们虽然有共同特征，但是也有很强的异质性，在具体的障碍表现、成因上都有明显差异。在根据某些特征对被试做聚类分析时，这些用作分类指标的特征并不能解释所有的被试变异或差异，也就是说，研究对象总是存在类别本身不能说明的其他特征。

异质类别内部的这种变异，可能是其成员的个体间差异，也可能是一种发展性差异。我们如果找出自己从儿时到成年不同年龄时段的照片就会发现，照片上的"我"前后差异很大，当然也有稳定不变的特征，所以我们把所有照片都归到"我"的照片这一类。将这些照片按照时间顺序排列，就可以看出期间变异的轨迹，这就是一种发展性差异，是发展的结果。如果我们能对心理现象进行拍照的话，也能够看到某个心理类别共同的或稳定的属性以及那些变异所在。

在心理学、教育学等社会科学中，很少像在自然科学中那样存在同质类别，几乎都是异质类别。然而，研究者普遍有将异质类别简化为同质类别的倾向。在理论上，过分强调类别的共性，而忽略了类别内的异质性。在统计上，过分依赖反映变量集中趋势的度量指标，如平均数，而不重视分析变异程度及其成因；过分依赖变量（变量只体现了类别的某一共性）中心的分析，而忽略了以个人为中心的多角度完整分析［目前研究者还很少重视"以人为中心"的统计方法，即个体指向方法（person-oriented approach）］。这种"简化"的一个重要表现就是喜爱做各种方便的类别比较，如比较性别差异、城乡差异、正常与异常群体的差异，而往往忽略了每个类别内部的巨大个体差异。虽然分类是深化或简化认识的重要方法，但我们要记住"个体差异永远大于类别差异"。

（二）个性解释与共性解释

个性解释是指对某一独特事件或个人行为的解释，即对其特殊性或独特性的解释（袁方，王汉生，1997，p. 84）。例如，对戊戌变法原因的解释，属于对特定历史事件发生原因的个性化解释。对某位名人心理的传记研究，则是一种个案研究，只能得出个性化的解释。

共性解释则试图解释一类事物或个体的特点，试图确定普遍适用的一般规律或规则，即建立通则式规律。例如，在牛顿范式的物理学中，重力规律适用于地球上的任何时间、地点、物体，而与具体的物体、操作物体的人、气候条件都无关。在共性解释中，一般借助抽象的、有概括性的术语来表达规律。例如，"物体"就是这样的术语，在重力规律中使用这个词时，并不需要注明是什么物体，无论是铁球还是羽毛都遵循同样的重力规律下落。

在心理学中，这种通则式规律也存在，虽然不像物理学里那么普遍。格式塔学派的心理学家们一直热衷于发现人类知觉组织的一般规律，即知觉的"完形"特征。例如，人们倾向于将三个点知觉为一个整体的三角形，而不是三个孤立的点。此外，他们发现了很多知觉规律或原则，如"邻近性原则""简单性原则""共同命运原则"，等等。机能主义和行为主义学派也在寻找各种普遍规律，如练习律、强化理论。

心理学研究试图建立通则式规律，寻求共性解释。然而，它通常只能研究有限的或少数的样本，在此基础上做推论，以建立适用于总体的普遍规律。最少的样本，就是个案。一次研究少数几个个案，可以帮助我们深入认识个案，但是难以在其基础上证明一种普遍的规律。个案研究对于发现规律、建立理论有很好的启发性。例如，皮亚杰就是通过对少数个案的研究，建立了其理论体系，而且被后续的研究不断证明其正确性（虽然也偶有例外）。然而，仅仅根据个案的表现和特点而建立普遍规律和共性解释，会冒很大的风险。虽然个案鲜活生动，相关信息容易为人理解和记忆（因而成为一种宣传和说服的材料），但是个案导致错误理论认识的情况比比皆是。如果研究样本增加到足够大的数量，就可能避免少数个案带来的偏差结果，获得相对普遍化的结果，建立通则式规律。例如，在北京，哪个市民明天出行会乘坐地铁，这是很难具体预测的，但是我们可以确定在全体市民中每天乘坐地铁的人数大致有多少，占多大比例，这就是规律——一种统计意义上的规律。这个规律是可靠的，也是有用的。比如，我们可以根据市民选择各种交通方式的比例，确定交通建设规划或调整运力安排。

在物理学中，通常无所谓"个案"与"总体"的问题，基于对一个铁球下落过程的观察所建立的规律，我们可以毫不犹豫地说是"自由落体定律"，而不需要讨论是哪种物体的下落，这时作为"物体"，各种物体构成了"同质类别"。然而，在心理学、教育学、社会学等社会科学中，不同个案之间除了有共性，还有很大差异，即个性，这时即便我们把它们概括为一类，也只是"异质类别"。根据个案或很多个案组成的样本建立适用于总体的规律时，都要非常谨慎。恰恰因为心理学研究的对象是异质类别，所以如何从个案或样本出发，建立共性解释，就是个复杂的问题。

（三）循环论证的解释与有效的解释

心理学所研究的多为异质类别，这种"异质性"，不仅体现在研究对象方面，即个案之间的差异性上，还体现在研究内容的差异性上：一种心理和另一种心理是不可比的，缺乏相同的测量单位。所以，严格来讲，心理学自身不存在等距变量和等比变量，因为心理学难以为所测量的内容找到相同的单位。找不到共同单位，就表明心理本身是异质的，难以根据观察结果由果溯因地找到其原因，从而建立有效的因果解释（辛自强，2010）。此外，缺乏测量心理的单位，也意味着难以直接观测心理本身，因此研究往往需要借助心理的外在表现，如行为或其他效应物上的表现，来间接推论心理本身有何特点。由此，带来了心理学理论解释中循环论证的风险。瓦西纳（2007，p.3）曾列举过如下两种具体的表现。

一是以表面特征来解释现象的本质特征。学校教育者或儿童心理学家观察到一个孩子在打同伴，可能将这种行为划分到"攻击行为"中，并宣称这种行为"表达了孩子的攻击倾向"。似乎说明"攻击行为是攻击倾向的体现"，就能有效解释孩子打人这个现象的本质了。这种做法就好比基于可知觉属性"咸"这种味道对"盐"这一事物的本质进行解释，这样并不能让人明白盐的化学本质。只有当描述化学物质成分和结构的抽象公式发明后，化学才有解释力。就像我们知道液态的水、固态的冰、气态的蒸汽在化学本质上是相同的，都是"氢二氧一"（H_2O）。因此，我们不能停留在以表面特征来解释现象的本质上，"攻击行为"和"攻击性倾向"的关系并不构成解释关系，因为它们是彼此循环定义的，是一码事。然而，这类情况在心理学中并不少见，把"手心出汗，两股战战"归结为这人有"焦虑特质"，把"有好人缘，善于交谈"归结为人格上的"宜人性"。这些做法都停留在循环论证的水平上，并没有确立真正的理论解释。这就类似，当一个人吃了感冒药后会昏昏欲睡，这时医生解释"因为药里有催眠药成分"，这个解释并没有告诉人们更多的信息。研究者或医生需要说明"催眠药成分"究竟是什么成分，其化学构成、作用机制都要搞清楚。

二是以研究现象的方法来解释现象。这种做法在智力测验中由来已久。比奈是第一份智力测验（1905 年）的发明者，从一开始他就拒绝给智力下一个定义，他于 1908 年解释道，这是"一个可怕而复杂的问题"，并做了这样一番辩解："一些心理学家确信智力是可以被测量的，另外一些则宣称智力是不可被测量的。但是还有一些更博学的人，他们忽略了这些理论讨论并投身于实际问题的解决（转引自 Cairns & Cairns，2006）。"从此以后，号称"博学的"智力测验专家们都埋头编制测验，并用于实际的测试，甚至以给人做测验来赚钱，似乎在"实际问题的解决"上大有进展，然而关于智力的本质问题并没有令人满意的解答，到现在他们仍然只能说，智力就是"智力测验所测量到的东西"。以研究现象的方法解释现象的本质，这种做法在心理学中很普遍。对于很多心理现象，研究者拿不出令人信服的理论定义和解释，就权且以操作定义或测量方法来代替。虽然这样做有时候是不得已的，但我们依然要去寻找能有效解释现象本质的途径。因果解释、发生的解释、还原的解释、整体论的解释都可能是有效的解释，总之，研究者必须破除循环论证，找到有效的解释途径。

（四）还原论的解释与整体论的解释

循环论证的解释通常难以提供有价值的知识，而还原论的解释则有助于打破这种循环。后者用低一层的机制解释高一层的现象，有助于阐明现象背后的微观机制。

捷塞尔（R. Jessor，1924—　）曾就心理学中的还原论提出四个假设：①各门科学是有层次安排的，最下层是物理学，然后是化学、生物化学、生理学、心理学以及最高层的社会学。②一门科学的定律和概念可以转化成在层次排列上相邻的另一门科学的定律和概念。③从一门科学向另一门科学的转化是单方向的，即只能从高一级科学还原到低一级科学。④任何科学解释所用的概念术语的等级越低，这一解释就越是基本的、坚实的（转引自荆其诚，1990，p. 12）。在强调还原时，研究者必须首先假定一个科学链，即确定由简单到复杂、由特殊到一般的科学层级；然后，在科学链上进行由高一级向低一级的还原。例如，用更基本的化学机制解释生理现象，用生理机制解释心理现象。捷塞尔这种还原论的思想是从实证主义的代表人物孔德那里流传下来的，唯一的不同是孔德那时还不同意科学链中有心理学的位置（因为孔德的时代，心理学还没有使用实验方法而不算科学）。

心理学研究中的还原论思想是屡见不鲜的，甚至有人认为任何真正意义的解释都必须是还原的。例如，现代某些关于人类认知的脑科学研究试图用脑电、血流情况等解释认知活动，就是地道的还原论思想的体现。还原是必要的，可以加深对心理的低一层机制的分析，然而它是很有限度的，因为大脑的生理活动和心理现象之间有很大的距离，二者无法等同。这就如拆开一个钟表，我们可以搞清楚齿轮、发条等部件是如何组装的，但是拆开后的钟表已经丧失了其真正的功能。而心理活动更为复杂，在系统水平上的很多特性不是元素特性的累加，而还原常意味着把复杂的问题简单化、机械化，在很多情况下于事无补。

除了这种还原论的解释，还存在整体论的解释，就是从事物的整体结构、功能层面进行解释。结构主义、功能主义、系统论的理论解释都与还原论的解释思路不同，属于整体论的解释。"结构"和"功能"往往是一个事物或系统的两个方面，它有结构，也必然有功能。所谓结构是系统内部要素的关系，所谓功能是系统与其之外的系统之间的关系。这个界定只是在最抽象的意义上大致界定了"结构"和"功能"的内涵。无论是结构主义的解释还是功能主义的解释，都不对一个系统进行还原，而只是分析系统的内部结构和外部功能，从系统自身的组织及其与上位系统的关系上来说明问题。例如，在心理学中，皮亚杰对一般认知发展的解释、科尔伯格关于道德推理发展的解释、塞尔曼对观点采择能力发展的解释都采用了结构主义的视角。这里需要指出的是，当前的心理学研究过分使用了还原论解释，而相对忽视或不擅长整体论的解释。

（五）功能解释与目的论解释

"功能"一词的含义是很复杂的。心理学家所说的"功能"的含义至少有两类。一类指心理功能。这里的"功能"有时被称作"机能"，意指有机体的功能，就像人或动物的肺，它的存在是要发挥呼吸的功能，有机体也有各种心理方面的机能，或者心理功能。例如，注意、记忆都是一种心理功能。另一类指心理的功用。心理的功用体现在三个方面：心理这个系统对其外的环境系统所发挥的作用，某种心理机能对其他心理机能或系统所起的作用，某种心理机能对现实生活的作用或应用价值。简单地说，心理的功用，就是心理功能的功能。

在美国的那些机能主义者（如詹姆斯、杜威、安吉尔等）看来，心理或意识的主要机能是选择，最终是为了适应环境以求生存。瑞士心理学家皮亚杰是个结构主义者，也是个机能主义者，他认为不同年龄儿童的认知结构是发展变化的，但是其功能却是不变的，就是为了适应环境。同化和顺应只是适应机能下的两个次级机能，是适应活动的两个侧面；同化和顺应的动态平衡，实现了认知主体对客观环境的良好适应（李其维，1999，p.148）。总之，心理、意识、认知、智力的本质功能都是"适应"，适应外部环境，保证个体生存。而当前的进化心理学更是大大拓展了这种自达尔文时代就被人们接受的"适应"观点，认为人类的各种心理和行为都是为了适应"进化史上"的某种环境，以保证个体，更一般地说，是保证个体的基因能够有繁衍的机会。

除了终极意义上的适应功能以外，各种心理机能还有具体的功用。例如，注意的功能是选择目标刺激并抑制无关刺激，动机具有激活、引导、调节和维持个体行为活动的功能，情绪具有信号功能。这些"功能"，都指心理具体能做什么。不仅如此，这些心理机能还在现实生活中发挥着具体的功用。心理是人同外界环境交往的桥梁，它为某种现实目的（如认识世界、解决问题）服务，发挥着功利性、工具性的作用。

建立事物的功能理论或功能模型，是认识事物本质，特别是该事物与其组成部分以及其他事物的关系的重要方法。例如，要认识肺，就要了解其结构特征与相应功能的对应关系：大量的气体可渗入的小室，就是肺泡，它周围包裹着血管网络并且连接着气管，这种结构负载的功能是向血液传输氧气。由此，结构和功能被统一说明了。

然而，功能解释很容易演变成目的论的解释，而并没有真正解释事物发生的因果机制。杜尔凯姆在《社会学方法的规则》一书中指出："在解释一个社会现象的时候，我们必须区分导致这一现象的充分原因和这一现象所发挥的功能（转引自袁方，王汉生，1997，p. 88）。"不仅在社会科学中，在心理学以及其他学科中，我们都要区分因果解释和功能解释。功能解释不是解释变量间的因果联系机制，而是通过刻画一个事物对其他事物的功能和作用来解释该现象的存在。不过，功能解释很容易演变成一种目的论的解释，成为循环论证或同义反复。如果采用功能解释，那么某种事物之所以存在，或者它之所以具有某种结构，只是因为要发挥一种功能，要达成某种目的或实现某种作用。这种功能解释，好像假定该事物是带着某种目的而存在的，存在就是合理的，就是有用的、合理的或有用的就一定要存在。很显然，这里面有循环论证的意思，并没有解释事物的发生机制。

综上所述，描述因果关系、寻求理论解释是心理学这类实证社会科学的两大功能或任务，然而，社会科学和自然科学有所不同，特别是研究对象并非同质类别，缺乏完全决定性的因果规律等都为这方面的研究带来了困难和问题，作为心理学以及所有社会科学领域的研究者，我们必须认识到社会科学中因果关系和理论解释上的特殊性以及常见的问题，尤其要理解上面讨论的"十对"概念，找到学术研究的正确方法和前进路径。

第三节　心理学的措辞：隐喻和故事的意义 *

▶▶**导言**：措辞学，也称"修辞学"，如今已经不单纯是语言学的分支。对某一学科和研究领域的科学哲学分析，正经历着"措辞学的转向"：除了对科学发展的历史分析、逻辑分析这些传统的做法之外，还有必要进行措辞学的研究。本节首先介绍措辞学的概念及历史兴衰，以说明科学研究特别是心理学研究对措辞学的需要；然后，以美国经济学家麦克洛斯基从对经济学的措辞研究中提出的措辞学"四纲要"为理论框架，分析心理学中的措辞问题，重点探讨隐喻和故事的意义。

一、从历史的角度审视措辞学的意义

"措辞"这一术语有多种不同的含义，而且在"措辞学"发展的不同历史时期，它的含义不尽相同，在同一时期学者们的看法也可能不一致。

---

* 本节内容根据我已发表的论文修改而成，原文参见：辛自强(2005). 心理学的措辞：隐喻和故事的意义. 华东师范大学学报(教育科学版)，23(2)，63—69.

在西方，措辞学的悠久历史最早可以追溯到公元前 5 世纪和公元前 4 世纪的智者，这些人善于"迂说曲辩旁敲侧击"（尼尔逊，梅基尔，麦克洛斯基，2000，p.11）。苏格拉底是智者的代表人物。但是，他的学生柏拉图并不欣赏措辞学，他将辩士描述成不顾知识和智力而自吹自擂的家伙。在柏拉图的理想国中，是没有辩士和诗人的地位的，因为他反对这些人使用隐喻和措辞。然而，"柏拉图是一个诗人和神秘主义者，也是哲学家和论辩家。他以罕见的程度把逻辑分析和抽象思维的巨大力量，同令人惊奇的诗意的想象和深邃的神秘情感结合起来"（梯利，2000，p.61）。也就是说，柏拉图名义上反对措辞学，而事实上，他是最出色的措辞专家。

柏拉图的学生亚里士多德，则很欣赏措辞学，他的《措辞学》一书是最早研究措辞的著作。在该书的开头，他把措辞学定义为"研究各种如何说服人的可行方法"。当然，这里面包括讲话者如何用不太光彩的计谋打动听众，或利用科学术语糊弄读者，把肤浅的见解说得深奥无比。然而，亚里士多德的研究不止于此，他讨论的是各种论辩的基本方式，或说服别人的基本方法。例如，人们日常用的"省略三段论"，即说出一个关于结论的断言，以及支持这个断言的理由，而并不严格遵循形式逻辑。在公元前 50 年前后，又出现了几位古典措辞学家，他们是西塞罗、昆体良等。例如，昆体良著有《演辩教育》，认为隐喻这种修辞方法具有艺术升华的作用。

在梳理了古典措辞学的发展后，我们可以简单总结一下"措辞"或"措辞学"的含义了。首先，它可能是一个贬义词。"措辞学"（rhetoric）这个词，本来就有"花言巧语"的意思。如果我们称某种论述为"措辞而已"，是说它"纯粹是辞令"，而毫无实质内容，甚至论述者的品德也值得怀疑。例如，当我们要分析某篇论文的"措辞"时，好像是揭露其内容中的修辞诡计或不实之处。在这个意义上，确实应该而且要善于揭露这些学术论文的本来面目，防止学术被"措辞"污染（比历克，2000，pp. 33-35）。

然而，措辞还有第二种含义，那就是所有的沟通和论述行为都具有措辞性质（比历克，2000，pp. 36-40）。正如尼尔逊等人指出的，"学术运用论辩说证，而论辩说证运用措辞。'措辞'不是纯粹的润饰、摆弄或花招，而是古代所云的说服论述。由数学推证到文学批评，学者都是措文弄辞地写作"（尼尔逊等，2000，p. 7）。比如，一篇学术论文，总要坚持某种观点，反对某种观点，为此就要论述一种观点的合理性而贬抑其他观点，这种论说的过程中体现的艺术就是"措辞"。因此，一篇真正的好文章不是避免措辞的所谓"污染"，而是要善于措辞。在这种意义上，就有一门专门的学问，研究如何进行良好的沟通，如何进行合理的论述，这就是"措辞学"。

虽然措辞学如此重要，但是在 17 世纪它完全被忽略或否定了。哲学上对措辞学的轻视始于笛卡儿，后来的笛卡儿主义者沿袭了这种传统。"从 17 世纪开始，我们面临主客体的二分法。它把真理和理性放在一边，跟另一边的对话和措辞对立起来（尼尔逊等，2000，p. 12）。"新的科学主义方法，也日益使人屈服于证明或方法的统治之下，而措辞却被忽视。例如，在 17 世纪下半叶，英国皇家学会郑重宣称：那些"华而不实的比喻和形象说法"，不论在过去多么合理，而今都必须被彻底清除出"一切文明社会"，因为这些东西会"给我们的知识带来模糊性和不确定性"，时代所急需的说话方式是"尽可能地接近数学语言的明确性……"（艾布拉姆斯，1989，p. 458）。很显然，这一历史性的宣告，影响的不仅是科学家，而是所有的语言域。从此，一切"学科"的语言表达方式似乎都必须变成"科学的"（逻各斯中心主义的）语言表达才能合法生存。于是，人文知识系统就陷入了对科学的语言方式的追求和模仿之中，人文世界也就快速变成了科学主义表演的世界（张祥云，2002）。更加遗憾的是，这种措辞学的衰微延续到了现代社会中。由此，有研究者感慨道："人类走到现代，终于印证了柏拉图理想国的理想咒语，隐喻衰微了，诗人上吊了（张祥云，2002，p.33）。"

然而，历史证明，"逻辑的权力"是有限的，在征服"外在事物"上可以显示其力量的强大，在征服"内在的心理"上力量却是有限的，在征服"内在的灵魂"上则更加困难，或者说极其困难。对于这一点，心理学发展的历史做了最好的印证。

关于科学心理学诞生的标志，大多数心理学家公认的是1879年冯特在德国的莱比锡大学建立心理学实验室，用来自自然科学的实验方法研究意识问题。为什么以建立实验室这种事件作为标志呢？当然，是否采用实验法是区分"哲学心理学"和"科学心理学"的重要标志；更深层的问题是，心理学家的意识或潜意识里，充满了对实证主义和自然科学的向往之情。后来兴起的"行为主义"，干脆把难以用实验方法研究的"意识""知识"等问题暂且抛开，而只研究可观察的行为。这种思想不仅支配了20世纪上半期的心理学，而且其影响波及整个人文社会科学。隐藏在行为主义背后的哲学仍然是形形色色的实证主义（逻辑实证主义、操作主义等），可见，行为主义者又一次也更彻底地表达了对自然科学的向往。然而，随着实证主义、科学主义统治地位的衰落，人们日益注意到了心理学的其他方面。例如，人们发现心理学不仅需要事实和逻辑，还需要论辩和措辞。由此，像心理学这种社会科学，甚至人文科学，对措辞学就非常需要。

至此，有必要简要说明现代措辞学的复兴问题。20世纪中期，哲学的笛卡儿主义基础渐渐衰弱，来自不同学科领域的思想家重新复兴了措辞学，这方面的人物至少有十几位：尼采、海德格尔、杜威、维特根斯坦、伽达默尔、哈贝马斯等。例如，维特根斯坦(1996)就强烈地批评了科学主义的局限，他说："我们觉得即使一切可能的科学问题都能解答，我们的生命问题还是仍然没有触及(转引自张祥云，2002，p.34)。"生命的问题、很大部分的心理学的问题都是狭义的"科学"所无能为力的，它们属于人文的世界，属于意义的世界。措辞学在这方面或许是有用的。

真正的现代措辞学的复兴以1958年出版的两本书为标志：它们是比利孟和奥班治-泰特加的《新措辞学》以及图尔明《论辩的运用》。这种现代措辞学一举覆盖"沟通了什么""怎样沟通""沟通时发生了什么""怎样沟通得更好"以及"什么是一般意义下的沟通"等问题(尼尔逊等，2000，p.28)。

如今，不同领域的专家都意识到了措辞学的重要性，并从各自领域加以探讨和运用。现代措辞学已经不单纯探讨语言学的问题，它还与科学哲学研究结合起来，使后者出现了"措辞学的转向"(郭贵春，2004)：除了对科学发展的历史分析、逻辑分析这些传统的做法之外，学者们开始对科学本质进行措辞学的研究。正像比历克(2000，p.38)指出的："科学本身也被视为一种内在地具有措辞性格和以说服人为目的的活动。因此，对科学做出措辞分析，不再仅是一种揭露，而且是一种研究科学家如何论辩和讨论科学事例的分析。"下文将介绍麦克洛斯基就经济学研究提出的措辞学"四纲要"观点，借以分析心理学的措辞问题。

二、措辞学四纲要

美国经济学家麦克洛斯基（D. N. McCloskey，1942— ）根据对经济学的研究提出了措辞的四种方式，她说："事实和逻辑，加上比喻和故事，堪称措辞四纲要（rhetorical tetrad）（麦克洛斯基，2000，p. 137）。"要使理论合情合理，这四纲要缺一不可。

传统的经济学及各种自然科学研究，依据的是实证主义与理性主义，倚重于以事实和逻辑来论证。"事实便是每件被看见的事物，逻辑即一组被设定的联系（麦克洛斯基，2000，p. 135）。"然而，只有逻辑和事实并没有减少科学上的分歧，每当有争辩之时各方都坚持逻辑和事实在自己这边，好像真理就在自己这边。科学上的分歧显示仅有事实和逻辑是不够的。

科学论证同样需要故事和比喻。例如，麦克洛斯基（2000，p. 137）就经济学专业这样说："我所要强调的是经济学专家，就如同诗人用比喻，好比小说家采用故事，非是为了润饰文章，也非仅为了教学所需，而正是为了从事科研本身。"事实上，对于任何领域的科学家都是如此。

麦克洛斯基（2000，pp. 137-138）以"人力资本"理论的提出为例，来说明科研对比喻的倚重。诺贝尔经济学奖得主舒尔茨在1946年花了一学期时间访问美国亚拉巴马州的农民。一天，他访问了一对穷苦的农场老夫妇，见到他们安贫乐道的精神状态，甚是诧异，就问道："为什么这样贫苦，你们也能怡然自得？"夫妇二人答道："教授，您错了，我们不穷！我们把农场耗尽，供四个孩子上大学，把肥沃良田和围栏内贮存良多的家畜变成了法律和拉丁文等知识。受教育的孩子身上有了这些不同的财富，我们从中得到快乐。我们其实很富裕。"这对夫妇的谈话让舒尔茨意识到了一个问题："实物资本"向"人力资本"的转化。以前的实物资本（如家畜），现在已变成存放在孩子们脑海里和父母心坎上的人力资本，因此，这对农场夫妇仍然是富裕的。在这个例子中，就用到了比喻。所谓比喻，通过类比而喻之。"喻"，可以使自己明白，也可以让别人明白。舒尔茨听农场夫妇的谈话受到启发，提出了"人力资本"的理论；而舒尔茨再给其他人讲这个比喻的时候，别人就明白了。一般的经济学家在明白之后，也就愿意接受人力资本这种既简单又深刻的新发现。

科学家还时常用到讲故事的方法。故事不是自然界创造的事实，科学家可以根据相同的事实，以不同的方式来讲故事。普林斯曾经给"最基本的故事"下过如下定义：三个相连的事件。第一事件和第三事件诉说一种存在的状态（如"约翰很穷"），第二事件是导致转变的因素（如"后来约翰发现一坛黄金"），而且第三事件与第一事件相反（如"约翰富了"）。这三个事件被相连的特征以下列的方式所连接：①时间上，第一事件先于第二事件，第二事件先于第三事件，以及②第二事件导致了第三事件（转引自麦克洛斯基，2000，p.143）。按照这个定义，经济学家时常讲故事，虽然他们自己不一定承认。例如，原来经济不景气，于是施行了扩大内需的政策，结果经济就繁荣了。诸如此类，有很多。

值得注意的是，比喻和故事是相互矛盾的，也是相辅相成的。比喻因简单而适应性广，故事因详尽而更加可信。麦克洛斯基指出，科学研究必须综合使用四种措辞方式。措辞四纲要的每一部分均会制约其他部分，使其不致过分。如果太过热衷于单纯的故事或比喻（或者只是逻辑或事实），就会在其他部分说出愚蠢和危险的话来。例如，第二次世界大战时，希特勒及一帮科学家利用所谓的"进化理论"（主要是人种学）的研究成果附会成有关种族命运的故事，结果导致了种族迫害。这就如同单纯使用每个人都是"经济人"这一比喻，似乎就可以用500条方程式的模型等同美国的经济体制，而实则将研究和经济政策带向歧途。所以，最好能适当合理地忠于观察真切的事实，依循真切的逻辑，讲述真切的故事，建构真切的比喻，这样能互相检查对方的滥用（麦克洛斯基，2000，p.151）。四者兼备便可得出有价值的科学真理。

不仅经济学大量使用比喻和故事，在其他学科的研究和学术交流中也是如此。例如，自然科学中的"电流""星座"等概念都有比喻的性质。然而，并不是每个学者都意识到比喻、故事这些方法的重要性，他们甚至只相信除了事实和逻辑之外，无法获得理性的认识。例如，在心理学研究中，有的研究报告仅仅罗列一堆数据就完事，以为这就完成了科学的使命，以为只用逻辑和事实就可以解决科学问题。这类所谓理性的做法是有问题的，对此，麦克洛斯基尖锐地指出："以理性的名义缩窄我们论证的立足点，此一现代主义的计划，就是非理性。现在，承认比喻和故事也在人类理性中扮演一定角色，不是说要变得较非理性。相反，要的是更多的理性思考（麦克洛斯基，2000，p.152）。"

事实和逻辑对于科学研究的重要性，自不必多言。比喻和故事的意义，却不容易被意识到。因此，下文以心理学研究为对象，分析其中使用的比喻和故事，以此来说明麦克洛斯基关于经济学专业的措辞学"四纲要"，同样也适用于心理学。

三、心理学中的隐喻：以认知研究为例

通常所说的"比喻"是一种修辞方式，即打比方，用某些有类似特点的事物来比拟想要说明的一种事物。比喻，有明暗之分。一般的比喻，特别是隐喻（暗喻），除了在日常生活中经常用到外，科学研究中也用得着，虽然后者一般不被意识到，或者不被重视。实际上，近代西方自然科学研究中一直在使用比喻或隐喻。最主要的一个就是"钟表"的隐喻，即把自然或宇宙设想成精确运行的钟表，从而研究隐藏于其中的运作规律和机制，显然，这个隐喻传递出来的是机械主义和决定论思想。科学心理学的诞生也与这种思想不无关系——只有认为心理的运作也像钟表一样包含着某种决定性和机械原理，才有可能对它进行实验研究，否则，心理学只能停留在猜测和思辨水平上。

通常，隐喻的使用并不是因为它更具客观性或者因为它是通常要求的科学交流方式，实际上，它是艺术和语言中的诗的形式。然而，在学术圈里，客观性和逻辑性备受重视，对隐喻的意义通常避而不谈（Goo-drow，Lim，& Murphy，1997）。有学者却指出，"我们用以思考和行动的通常的概念系统，在本质上基本是隐喻性的"（Lakoff & Johnson，1980，p. 3）。由此看来，麦克洛斯基把比喻作为经济措辞学四纲要之一，实在是很有见解。心理学也使用这四纲要，比喻在心理学研究和理论中也有重要位置，我们可以用认知研究作为例子。

在认知研究中，心理学家大量使用隐喻，而且以不同的隐喻为基础，提出了不同的理论模型。美国认知心理学家斯腾伯格

(R. J. Sternberg)指出，大部分的智力理论（也就是认知理论）可以归结到如下七个隐喻中（Sternberg，2002，pp. 1-5）。

(1)地理学隐喻。关于智力的测量学派或因素分析学派认为，一个智力理论应该提供一幅心理的地图。智力应被定义为潜在的心理因素，这些因素就像理解心理如何工作的经纬线，为理解智力行为提供了参照框架。

(2)计算隐喻。在信息加工理论范式中，把"人脑"类比为"电脑"那样的计算装置，把人类认知类比为计算机的信息加工，把各种心理过程类比为计算机的操作，这样就可以用信息加工的性能和效率标志人的聪明程度。

(3)生物学隐喻。这一隐喻，试图从大脑的工作来理解智力，用大脑的生理活动说明行为层面的活动。现代的认知神经科学、进化心理学采用了这条思路。

(4)认识论隐喻。这主要是皮亚杰及其追随者在发生认识论框架下进行的各种研究工作所采用的隐喻。这个隐喻，主要探讨儿童作为朴素的科学家，如何通过同化和顺应之平衡过程获得关于自然和社会的认识。

(5)人类学隐喻。根据这个观点，智力被视为文化的创造、文化的功能；而且一个文化中视为智慧的行为，未必在其他文化中如此。很多关于智力的跨文化研究，都采用了这个隐喻。

(6)社会学的隐喻。它主要考虑社会化如何影响智力发展。例如，考察儿童在人际交往背景下如何内化初次遇到的经验。目前，很多在维果茨基的社会历史文化学派思想影响下的研究者（如社会建构主义者），都沿着这一思路工作。

(7)系统的隐喻。这个隐喻，试图理解智力的各个方面是如何作为一个系统整体运作的。斯腾伯格自认为他使用的是系统的隐喻，把上述智力研究的各种取向系统地整合了。

这些比喻或隐喻被心理学家或明或暗，或自觉或不自觉地使用着，以这些隐喻为基础形成了各种理论观点，乃至新的学科。例如，其中最有影响的"计算隐喻"，不仅促成了信息加工心理学这样一门关于智能（人类智能）的新学科，而且以此为基础形成了更广泛的认知科学（如人工智能研究），甚至已经被推而广之，成为"计算主义的世界观"：不仅认知和生命被看作计算过程，而且整个宇宙都可以被看作一个巨大的计算系统（李建会，2004）。

除了认知研究中有很多比喻，其他心理学分支或理论也是如此。例如，社会心理学的归因研究中有"朴素科学家"的比喻，勒温的场理论以电磁场作为隐喻，管理心理学中有"经济人""社会人"的比喻。有学者分析发现，心理学术语中大量使用隐喻性典故来使一个个复杂的心理现象变得简单易懂，其先河是弗洛伊德使用"俄狄浦斯情结"来描述男孩性与道德发展过程中的恋母情结（吴夏娜，2016）。心理学中所使用的隐喻性典故主要有以下五个来源：①希腊神话，如"俄狄浦斯情结"和"皮格马利翁效应"（期待效应）；②圣经故事，如描述强者越强弱者越弱的"马太效应"；③文学作品，如描述环境会使好人犯下暴行的"路西法效应"，以及解释外界阻碍和反对会使情侣越爱越深的"罗密欧与朱丽叶效应"；④历史人物或社会事件，如"司汤达综合征"；⑤自然现象，如反映从众的"羊群效应"和描述越接近高风险地点心理越平静的"心理台风眼效应"。可以这么说，如果一个心理学家能够对某个重要的理论问题，提出自己的隐喻，那就可能意味着重要的理论发现和成就。

科学研究之所以如此倚重隐喻,是因为它在认识世界、交流思想的过程中发挥着重要的作用。科学家使用隐喻,一方面可以启发自己,另一方面也启发了别人。

一方面,隐喻是认识世界的重要方式。据统计,人一生大约使用470万个新颖的隐喻,2140万个定型化的隐喻,语言本身就是一个大隐喻(刘振前,时小英,2002)。它之所以在日常生活和科学研究中都如此重要,是因为它是一种重要的认知方式。世界是不断变化的,语言的变化总是紧随其后,当原有的概念、范畴无法用于理解世界时,就需要用常规的语言表示不常规的事物,这个过程就是隐喻或比喻。"因为我们要认识和描写以前未知的事物,必须依赖我们已经知道的概念及其语言表达方式,由此及彼,由表及里,这个过程正是'隐喻'的核心。在'隐喻'的两端,喻体作为用以解释的现象一般是人们较为熟知的东西,而本体亦即被解释的现象,一般是较为生疏的东西。'隐喻'思维的一个主要特征就在于,它是利用某种知道得较为清楚的东西作为'透镜',来洞察、发现和解释另一种复杂而不甚了解的本体(张祥云,2002,p.35)。"

由于比喻是人类认识世界的"拐棍",所以在日常生活和科学研究中都用得上。尤其是在科学研究中,科学家所面临的是无限的未知世界,而所知道的总是有限的,要认识世界,就必须"以其所知,喻其不知",在比喻的启发下认识世界的本质。在心理学中,把"人脑"类比为"电脑"(从词汇意义本身看,二者有复杂的相互比喻关系),把人类认识类比为计算机的信息加工过程,就可以帮助我们认识人类智能的本质;当然,也可以通过研究人类认知的特点,仿照它来设计人工智能系统。例如,通过研究人类专家(如医生)的认知特点,造出"机器的"专家系统(如医疗诊断系统)。反过来,研究人类认知时使用的计算机模拟方法,也是一种比喻和类比。既然是比喻，在本体和喻体之间总是不会完全相同，这就使得比喻具有了模糊性、差异性、矛盾性，使得比喻思维具有了跳跃性、发散性、创造性，这样非常有利于启发出有价值的科学发现。从这个角度讲，比喻或隐喻有利于促进科学的进程。

另一方面，隐喻是思想交流的重要方式。使用隐喻或比喻不仅是为了"让自己明白"，它还有"让别人明白"的功能。在科学思想的交流中，通常是某个领域的专家对他所在领域更精通、更熟悉，而其他领域的专家以及民众并非如此，因此，要把自己的思想传递给别人，并且让人明白，使用比喻是一种重要的方式。这一点，只要对比一下以同行专家为受众的学术研讨会与以大众为对象的科普会议，就可以发现其差别：为了让人明白，在后一种情况下，要使用更多的比喻和隐喻。与此有关，在教学中，使用比喻也是很重要的。作为中国古代最早的教育哲学著作之一的《学记》，非常明确地指出："君子之教，喻也。"衡量一个教师的标准就是"善喻"。在各个国家和文化的教育中，比喻都是必不可少的。

四、心理学中的故事：以心理治疗等为例

如果根据普林斯关于"故事"的定义来反观心理学，就可以发现，心理学也大量使用故事。心理学是关于人的科学，人在时间维度上展开的一系列的事件就连贯成了故事。我们可以通过故事去了解别人的心理，也可以通过故事让别人明白人类心理的奥秘。例如，传记法、个案法这些心理学研究常用的方法，无非是为了了解被试的故事，然后以此为基础概括出关于心理的一般规律。如果用普林斯关于"故事"的定义硬套，

实验法就是一个故事，实验报告都是在讲故事。实验通常包括这样一些基本的"情节"：一开始，实验组和对照组在某个变量上处于同一个水平；然后，对实验组加以干预或处理；最后，两个组的结果不同了。由此，写实验报告难道不是在讲故事吗？我这么说，那些实验心理学专家可能不高兴。

除了把故事作为研究的方法外，在心理治疗中，故事也是一种治疗方法。例如，德国心理学家佩塞施基安在他的积极心理治疗理论和实践中，大量使用故事（特别是来自东方社会，如伊朗、中国的故事）作为治疗工具（佩塞施基安，1998，p.243）。在他看来，故事（神话故事、寓言故事等）可以当作治疗手段，用以反映有问题的态度和行为，激发患者的联想并促成患者和治疗师就有关冲突领域进行交谈，让故事成为治疗师和患者之间的媒介或桥梁。故事还是治疗的催化剂：它们帮助治疗师控制疗程，如果运用得当，还能加速疗程。甚至，在治疗结束后，患者也能回忆起故事的内容，用于检验和指导他们的生活。

前面提到比喻的功能时，指出它有助于研究者自己认识世界，也有助于让其他人明白研究者的想法，故事也有同样的功能。故事因其形象性和丰富性，让人们一看就懂，过目不忘，记忆深刻。例如，玛格丽特·米德在有关青春期的研究中，就搜集并整理了在萨摩亚九个月的详细生活资料，通过故事的方式描述萨摩亚姑娘从出生到死亡整个一生的生活进程，呈现她们需要解决的问题以及她们解决问题时依据何种价值观（转引自施铁如，2009），阐释了青春期是现代文化的产物这一观点。可见，撰写研究报告时，不只需要严格的逻辑、确实的数据，同样需要恰到好处地"讲故事"。例如，要说明某种心理治疗手段有多成功，只要举一个"糟糕的"个案的故事，然后再说明白用这种手段如何让他重获新生，那就很容易让别人明白了，别人也就信服了。在有关教育心理学的报告和书籍中，也有很多这种讲故事的手法。例如，"多元智能"教育理论中就频繁采用讲故事的方法。对于作者加德纳(1999，pp.14-37)而言，故事既是研究时采用的富有启发性的工具，也是让人相信他的理论的沟通和宣传方法。如果说人有音乐智能，就讲讲音乐家梅纽因的故事好了，当然莫扎特、卡拉扬也可以；如果说人有语言智能，诗人艾略特就是最好的故事主人公了；如果说空间智能，就讲西太平洋卡罗林群岛上的土著居民不用仪器也能航海的故事……总之，个案故事启发加德纳提出了七种智能(乃至更多智能)的想法，也让很多人相信了他的观念。斯腾伯格(1999，pp.4-5)也是活生生的例子。为了说明他的"成功智力"观点的合理性，斯腾伯格甚至不惜"现身说法"，说自己小时候如何因为受了 IQ 测验的误判而心灰意冷，后来如何意识到自己的聪明并发愤图强，最后成就了一番事业，这不是最典型的"成功"故事吗？这种故事成了学术交流中令人信服的手法。当然，心理学中的"故事"有很多，没必要一一列举了。

故事之所以对于心理学很重要，或许与心理的本质、心理学的本质有关系。例如，许多学者认识到心理存在本质上有"叙述"或"叙事"的性质(Rossiter，1999)，叙述是个人赋予他们的经验以意义的一种方式(Polkinghorne，1988，p.11)。人们通过叙述形成了对生命意义的理解并且把日常行为和事件组织成情节单元，叙述提供了理解过去生活事件和计划将来行动的框架，它是使人类存在变得有意义的基本方式。故事就是心理意义的表达和叙述，在这个意义上，故事就代表了心理本体，具有本体论意义：心理即故事。

故事对于心理科学发展和科学论辩还具有方法论意义。我们发现，心理学研究的历史进展可以体现为"论辩"结构的转换。科学作为知识体系，包含着矛盾和论辩；同时，它还是一种探索过程，这种探索具有论辩和争辩性质。科学结构是各种观点的正推反演，是各种观点的分合演变，不同观点的论辩是科学发展的"表现"和"动力"。

这里以"群体与冒险关系"的研究为例来说明。这方面的研究源自一个常识问题：群体是否会比个体做出更冒险的决定？在常识中答案可以是肯定的，也可以是否定的。而科学家们试图用实验证据来做出明确的回答。回顾这个问题的研究历史可以发现，初步的研究结果认为群体比个体更愿冒较大的风险，群体具有"强化冒险倾向"；此后的研究却证明，群体比个体更为谨慎，群体具有"强化保守倾向"。而有的研究则认为，两种可能性都有，即个体进入群体后心理行为会变得较为极端：无论是趋于保守还是冒险，总之，群体使个体变得两极化；两极化的观点同样催生了它的对立面——有人宣称"去两极化"现象的存在。人们只好继续比较研究两极化、去两极化的观点各自的合理性。由此，有学者指出，如果说常识具有一种论辩的结构，即内部隐藏着合理但矛盾的元素，那么社会心理学研究也是一样的，也就是说，社会心理学与常识同样具有一种论辩的结构（Billig，1990）。这就决定了心理学必须借助于措辞学的帮助，为论辩服务。例如，论文和报告总要涉及相反的观点，涉及别人的研究，那就要论辩，我们要借助故事以及隐喻等多种措辞方法加以论辩。由此，心理学作为科学，需要措辞学。总结来说，心理学研究，以及其他学科的研究，可能都需要麦克洛斯基所说的措辞学"四纲要"——事实、逻辑、比喻和故事，四者综合运用。

文化与社会心理研究方法

在文化心理与社会心理的研究中，我们往往会忽略掉"时间"因素，没有重视文化进化和心理变迁问题。在传统的研究中，文化往往只是作为影响心理的固定的背景特征，然而，文化也是一种不断形成和演化的群体社会心理现象。随着文化和社会的变迁，心理也在变迁，需要定量考察社会变迁背景下的心理变迁问题。因此，本章第一节介绍了三种文化进化的实验研究方法，第二节介绍了心理变迁的横断历史研究方法。

除了这些宏观的文化进化和心理变迁问题，各种看似微弱的"启动效应"却普遍存在于社会心理现象中，成为当前研究的热点，本章第三节详细介绍了各种常用的启动研究范式和技术。利用启动技术来改变心理，可以体现出心理学研究的精妙，而要促进现实的改变可能还需要更强有力的方法。研究者通过组织当事人或行动者拍摄特定主题的照片，对照片进行小组讨论，思考问题成因和对策，则可以有效促进个体和社会的改变，这就是第四节介绍的影像发声法的思路。

第一节　文化进化的实验研究方法[*]

> ▶**导言**：很多文化和社会心理现象会随着时间而形成、演化或变迁，传统的社会心理学实验方法并不擅长探讨这类问题，而这正是文化进化实验研究方法的长处。文化进化的研究者认为各种文化和社会心理的形成演化是通过文化传递，即文化学习机制实现的，可以使用真人实验模拟方法(包括传递链方法、置换方法和固定组方法)进行研究。本节结合一些案例介绍文化进化常用的实验研究方法。

一、文化进化概述

进化论自创立以来对人类思想产生了深远影响，其影响力波及心理学、人类学等社会科学领域。在文化进化领域，学者们尝试借用生物进化的视角来看待文化的发展，将文化定义为影响个体行为的信息，这些

---

[*]　本节内容根据我们已发表的论文修改而成，原文参见：辛自强，刘国芳(2012). 文化进化的实验与非实验研究方法. 北京师范大学学报(社会科学版)，(3)，5—13.

信息是通过传授、模仿或其他形式的社会传递从他者那里获得的（Mesoudi，2005）。从进化的视角看，文化可被区分为"唤起的文化"和"传播的文化"（巴斯，2007，p.458）。所谓唤起的文化，是指那些因环境条件不同而产生的群体差异现象，侧重指代群体固有的文化特点。所谓传播的文化，是指各种表征和观念，它们起初至少存在于一个人身上，然后通过观察和相互作用传递到了其他人的心智当中从而形成的文化。这二者，尤其是"传播的文化"成为文化进化研究者关注的核心内容。

针对文化传播或传递的机制，研究者认为它遵循着与生物进化类似的方式，文化领域的信息经常以与物种变异相类似的进程发生改变，即通过对优势文化的选择性保留以及其他非选择过程（如借助军事征服强行灌输某种文化）而实现，这主要是基于文化的社会学习机制实现的文化传递。文化学习机制分为内容偏差和背景偏差两种（Henrich & Henrich，2006）。内容偏差指向文化的具体内容，意指某些文化具有更强的适应力或吸引力，因而个体会更愿意接受该文化，使众多文化向该文化汇聚。而背景偏差则指向选择的文化学习对象及文化的流行度，并不考虑文化的具体内容。背景偏差可以进一步分为成功—威望偏差和顺从者传递。成功—威望偏差指人们倾向于选择学习那些看起来更加成功、地位更高的个体或文化；而顺从者传递指的是人们进行文化学习时会努力与群体保持一致，采用群体中应用最广泛的行为策略。

社会心理现象中有相当一部分，如信任、腐败、潜规则等，可以被视为传播的文化，因而，这里所介绍的研究方法既适用于广义的文化，又适用于社会心理现象的研究。实际上，社会学习理论也是文化进化理论的重要理论来源。针对文化和社会心理现象的学习与传递机制，研究者发明了多种实验研究方法，主要有传递链方法、置换方法和固定组方法三种，它们各自适用于研究不同的问题，也可以根据研究问题进行相互借鉴。有学者曾总结过文化进化的三种实验研究方法（Mesoudi，2007），下文在此基础上并主要结合我们自己的研究成果重新进行阐述。

二、传递链方法

（一）方法概述

1932 年，英国心理学家巴特利特在记忆心理研究中首先使用传递链方法（或称系列再现法）研究了记忆材料在人际传递中的保持问题，发现不同的记忆材料具有不同的传递效果：神话故事比新闻报道、科学文章等得到了更完整和正确的传递（巴特利特，1998）。传递链方法指的是不同被试依次记忆并传递某种信息或文本材料，传递链上的第一个被试阅读或听记一份文字材料，然后接受一个分心任务或经过一段时间间隔，再试图回忆它，回忆结果传递给第二个被试，第二个被试同样重复前者的程序，如此继续传递给第三个被试，不断进行下去（见图 2-1）。这份材料会在传递中发生变化，不同类型的材料会发生不同比率的"衰变"，这样就可以揭示文化（如口头文学）传递过程中的系统偏差，探明变异的来源。该方法在提出后得到了一些研究者的使用，然而由于那时及此后心理学中行为主义和认知主义先后处于支配地位，学者们对群体层面的心理过程关注较少，因而沉寂了下去（Mesoudi，Whiten，& Dunbar，2006）。近年来，该方法在社会学和文化进化领域重新得到了研究者的重视，并在标准化操作、多条平行传递链、定量统计技术等方面予以了改进。

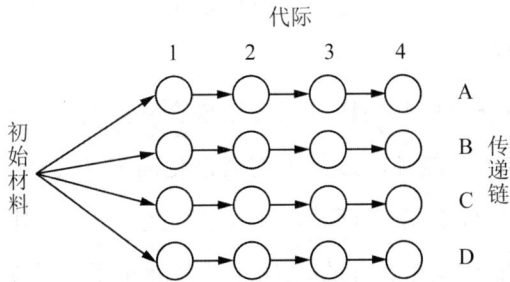

图 2-1　传递链方法

注：该图中包括 A、B、C、D 四条传递链，每条传递链包含 4 个个体或经过四代传递。初始材料首先由个体 1 进行学习或记忆，然后个体 1 将所记忆的材料依序呈现给个体 2，如此直至传递链结束。这样的过程可以研究文化在传递中的正确率、质量以及其他偏差等，解释文化传递的过程。

作为文化传递的一种实验模拟方法，尽管传递链方法将真实世界中的文化传递大大简化了，却依然可以揭示诸多文化传递机制。例如，有学者（Byrne & Whiten，1998）曾基于考古方法、比较方法等得到的证据，提出了大脑进化的"马基雅弗利式智力假说"[Machiavellian intelligence，根据 15 到 16 世纪意大利政治学家尼古拉·马基雅弗利（Niccolò Machiavelli）的名字命名]，认为人类和灵长类动物的大脑是由于需要处理复杂的社会问题才得以进化的（即形成了社会智力或政治智力），而绝非单单为了处理物理环境和技术上的问题。后来的一项研究使用传递链方法模拟了不同类型信息的传递过程，检验了马基雅弗利式智力假说（Mesoudi et al.，2006）。该研究发现，社会信息的确比非社会信息更易于传播，在传递数量和正确性方面都表现得更好。为了避免该结果是由于实验中的社会信息更加富有等级性和具有易于记忆的结构而造成的，他们继而使用了具有同样结构的社会和非社会信息开展实验，发现社会信息依然比非社会信息得到了更好的传递，这就为马基雅弗利式智力假说提供了更强的证据。

人类语言的进化机制同样可以使用该方法进行模拟和解释。语言是在人类适应恶劣的自然环境过程中逐渐进化而来的，为了更好地适应环境，人类必须进行合作，而语言正是为此目的而诞生的（Dunbar，1998）。人们是如何学习语言的，而语言在进化中又会展现出怎样的变化呢？有一项研究使用传递链方法在实验室中模拟了语言的累积性进化（Kirby，Cornish，& Smith，2008）。研究者使用的材料为一系列无意义音节组合（人工语言）与某一包含形状、颜色和运动方式的实体的一一对应，他们假设在这种对应关系的传递中，语言会逐渐变得更加富有结构性，更加易于学习。在研究中，他们给传递链中的第一个被试呈现部分语言与实体的对应，称为学习阶段，在测试阶段让该被试给一系列特定实体提供一种语言进行配对。传递链中的第二个被试在第一个被试做出反应的基础上继续此过程，直至传递链结束。研究发现，正如假设的那样，在传递中这种人工语言会变得更加富有结构性，更易于学习。

（二）应用案例

已有研究发现，他人的不道德行为会降低旁观者的道德水准，即坏苹果效应（Gino，Ayal，& Ariely，2009）。这一发现在信任中可能同样存在，即个体的信任水平可能受到他人行为的影响。我们课题组（刘国芳，2014；刘国芳，辛自强，林崇德，2017）基于投资博弈对传递链方法进行了改编，研究了第三者的可信性水平对观察者信任水平的影响及其传递。

在投资博弈中，被试被随机分配为 A 和 B 两组，分别担任信任者和被信任者的角色，所有被试都拥有总量为 S 的初始资金（本实验中为

10元人民币）。在博弈中，由信任者 A 来决定投资 X（0≤X≤S）给匿名的被信任者 B，B 会获得 3X 的收益。在 B 获得收益后可以返还 Y（0≤Y≤3X）给 A。A 的收益为 S−X＋Y，B 的收益为 S＋3X−Y。X 反映的是 A 的信任水平，Y 反映的则是 B 的可信性。

实验设置了可信与不可信两种实验条件。每种实验条件下共包含 9 条传递链，每条传递链进行 4 代（见图 2-2）。每一代的传递链中都需要信任者与三名被信任者分别进行配对并各完成一次投资博弈，即每名被试完成三次博弈，三次博弈的平均收益作为被试的最终收益。在实验开始时，信任者可以看到并参考前一代信任者的所有博弈记录，然后开始进行自己的博弈。传递链上的第一代信任者被呈现给一份虚假的前一代信任者的博弈记录表，其中呈现给可信组被试的记录表中的被信任者具有较高水平的可信性，即对其信任者的返还额较高（如表 2-1）；呈现给不可信组被试的记录表中的被信任者具有较低水平的可信性，即对其信任者的返还额较低（如表 2-2）。信任者在与表 2-1 相同格式的空白表格上记录他们的三次博弈过程。然后，第二代的被试按照同样的程序进行投资博弈，所不同的是，呈现给第二代至第四代信任者的是真实的上一代信任者的博弈记录。按照这样的程序直至第四代传递链结束。

代际

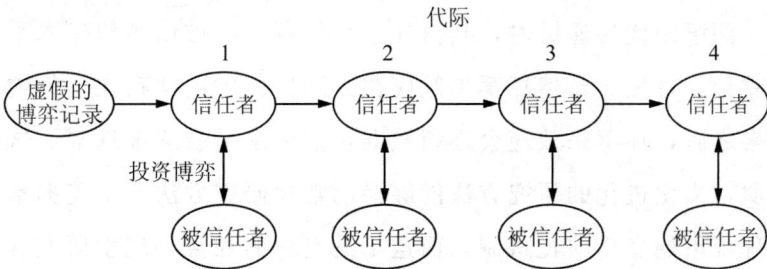

图 2-2　投资博弈的传递链方法

（资料来源：刘国芳等，2017）

第二章　文化与社会心理研究方法

表 2-1　"可信的"第三者的历史博弈信息(元)

轮次	投资金额	预期返还金额	对方实际返还金额	你的收益
第一轮	5	7	9	14
第二轮	2	5	5	13
第三轮	8	10	14	16

（资料来源：刘国芳，2014）

表 2-2　"不可信的"第三者的历史博弈信息(元)

轮次	投资金额	预期返还金额	对方实际返还金额	你的收益
第一轮	5	7	2	7
第二轮	2	5	0	8
第三轮	8	10	1	3

（资料来源：刘国芳，2014）

　　两组被试在四代传递链上的信任水平见表 2-3。统计检验发现，第一代传递链上不可信组被试的信任水平要显著低于可信组的，即第三者的不可信行为破坏了旁观者的信任；但随着传递链的进行，被试的信任水平有线性增长趋势，且不可信组被试的信任水平增长幅度要更大，到第四代传递链时，其信任水平与可信组被试的信任水平已无明显差异。可见，虽然坏苹果效应在人际信任中同样存在，但纳入时间因素之后，坏苹果效应会逐渐减弱，信任水平会逐渐恢复。这一结果证明，文化进化的研究方法能够揭示常规研究方法所不能揭示的社会心理现象的发生演化机制，而这正是当前的社会心理学研究普遍忽视的内容。

表 2-3 两组被试在四代传递链上的信任水平($M \pm SD$)

	代次			
	一	二	三	四
可信组	6.59 ± 1.32	7.81 ± 2.07	8.11 ± 2.02	8.07 ± 1.89
不可信组	4.45 ± 2.05	4.63 ± 1.70	6.63 ± 2.98	7.96 ± 1.88

(资料来源：刘国芳，2014)

三、置换方法

（一）方法概述

传递链方法主要针对文化或社会心理内容一对一的传递问题，而现实中的文化传递往往有多人参与，这就成为传递链方法的最大局限所在。很早之前有学者开发了置换方法（Gerard，Kluckhohn，& Rapoport，1956），它引入群体水平的传递从而克服了传递链方法的上述局限，适用于研究一个群体中规范或偏见的建立和维持。在置换方法中，首先将个体分成不同的群体，群体成员需要完成一个实验任务，每一次任务完成后进行群体成员的置换。在置换过程中，用新的、未经训练的被试逐一替换原来的被试，每次替换代表了文化上的"一代"（成员有新陈代谢）。在连续的替换或换代中，这种规范在人群中的保持程度就体现了文化或某种社会心理向新成员传递的状况（见图 2-3）。

代际

1	2	3	4
A	B	C	D
B	C	D	E
C	D	E	F
D	E	F	G

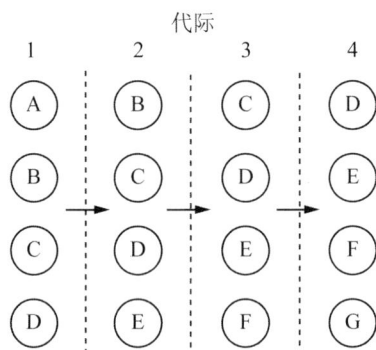

图 2-3　置换方法

注：该图展示了一个群体经历的四代置换过程，最初的群体包含 A、B、C、D 四个个体，在第二代时由 E 替换 A 继续进行，如此继续下去，在第四代时群体中的成员由 D、E、F、G 组成。使用该方法，可以研究群体内规则的形成以及规则在群体成员发生改变时的维持。

置换方法在群体规则进化的研究中得到了较多应用。例如，一项研究使用该方法探讨了规则维持问题（Jacobs & Campbell，1961）。在研究中，几个人组成一个小组，但是在最初的小组中只有一个真实被试，他们需要依次公开估计一个黑暗背景中固定亮点的运动情况。第一回合，其他被试的估计会与真实被试的估计相左，在每一回合结束后，小组中的一个假被试会被一个新的真实被试所替换。结果发现，真实被试的估计会被小组中其他成员的估计所影响而出现规则一致性，即改变自己的判断与群体保持一致，这种倾向在小组中完全是真实被试时依然会维持数回合。另一项研究使用该方法考察了在折飞机任务中不同学习情境下规则的累积性进化（Caldwell & Millen，2009）。该任务的目的是使本组所折飞机的飞行距离尽可能大于其他小组。在研究中，他们对置换方法进行了改进，设置了新加入者学习折飞机方法的不同实验情境：观察小组其他成员折飞机的过程，观察他人所折飞机的飞行结果，由其他成员直接进行传授，以及三种学习方法的各种组合。结果发现，随着任务的进行，各学习条件下的飞机飞行距离都会不断增加，发生了文化的累积性进化。当仅存在一种学习方法时，传授方法的效果要好于其他方法；当可以存在两种方法时，观察"过程"（观察小组成员折飞机的过程）与传授方法的组合要好于其他组合；三种方法都存在时的效果最好。这提示我们，文化的累积性进化途径是多样的，不同途径的进化效力存在差异。

使用该方法不仅可以为文化进化的机制与途径提供证据，而且有助于探讨人类文化的独特性、文化进化的条件等问题。例如，有学者使用置换方法研究了在建造高塔任务中的文化累积性进化（Caldwell & Millen，2010）。他们设置了两种实验条件，一种条件是在高塔建造完毕后立即测量高塔高度，另一种是建造完毕五分钟后测量其高度。他们推论，第二种条件由于要面临高塔倒塌的更大可能，结果更不易预测，因而会使得个体更加倾向于社会学习，即学习他人的策略，这会带来更大的文化累积性进化。然而，研究结果却与此相反。这是为什么呢？研究者解释道，文化的累积性进化指的是由于所传递行为的累积性更新，行为表现在不同代的学习者间不断进步，这需要两个条件，一是社会学习，二是个体创新。在第二种实验条件下，由于结果的不可预测性，个体创新成本提高，更倾向于社会学习，由于个体创新的缺乏而阻碍了文化的累积性进化。可以看出，该方法对理解个体的社会化过程、研究教育心理和创造心理问题等都有重要意义。

（二）应用案例

个体习得特定社会规则的过程就是社会化过程，不同领域的学者从多种角度对个体的社会化过程进行了研究。由于社会化是一个逐渐展开的过程，因而只有追踪研究才能够真正揭示其机制。追踪研究的难处是显而易见的，置换方法则可以通过模拟的方法既研究社会规则的形成与传递过程，又克服追踪研究的困难。有一项经典的置换方法研究展现了某一简单的社会规则在群体中是如何形成的，以及新加入者是如何习得社会规则的（Baum，Richerson，Efferson，& Paciotti，2004）。

在他们的研究中，每 4 名被试组成一个小组，通过群体决策的方式决定解决两类字母组词任务（红或蓝）中的一种。字母组词任务是将一些包含 5 个字母的英文单词打乱顺序呈现给被试，5 个字母按其中的一种顺序打乱：14253、25314、31425、42513 或 53142。解决每一个字母组词任务平均需用时一分钟。每一个字母组词任务都以红色或蓝色呈现，解决不同颜色的任务会给被试带来不同的收益。如果他们解决一个红色的任务，每名小组成员会得到 10 美分的奖励，接着可以进行下一个任务；如果他们成功解决一个蓝色的任务，每名小组成员会得到 25 美分的奖励，但需要等待一段时间（1、2 或 3 分钟）才能继续进行下一个任务。所以，如果间隔时间是 1 分钟，解决蓝色任务将带来更高收益；如果间隔时间是 2 或 3 分钟，解决红色任务将带来更高收益。如上，实验实际上包含三种条件，即间隔 1 分钟、间隔 2 分钟、间隔 3 分钟，考察的则是在不同实验条件下小组对红色任务的偏好。被试并不知道蓝色任务后会间隔多久，因而需要讨论决定解决何种任务。

每 4 名被试组成一个小组开始实验，每代进行 12 分钟的实验。实验中，主试首先请小组选择红色或蓝色任务，然后询问"每个人都同意吗"。接下来，由小组完成各自的字母组词任务并做好记录。完成任务后，根据实验条件给予不同的时间间隔。然后，重复进行新一轮的字母组词任务。在第一代的 12 分钟时间结束时，如果小组正在进行字母组词任务，则继续完成任务后进行人员置换，如果小组正处在时间间隔中，则直接进行人员置换。人员置换完成后，第二代的小组重复进行 12 分钟的实验任务。实验中各小组进行了 10~15 代不等。每名被试完成自己的实验后，还需完成一个问卷测验，包含他们对实验的感知、小组中是否形成领导、人口学变量等，并支付各自的报酬。

结果发现，在间隔 3 分钟的实验条件中，小组在 3 轮置换后已形成了最稳定的对红色任务的偏好；间隔 2 分钟的实验条件中，小组偏好有较大波动，但还是有对红色任务的偏好；间隔 1 分钟的实验条件中，并不存在明显的偏好。这种对红色任务的偏好程度与小组的收益趋势一致。接下来研究者分析了不同条件下的小组保守程度或社会规则的强度，研究者计算了小组中实际上从未经历过其他颜色任务的人数，由于为 4 人小组，每一代中该类人为 0~4 个，人数越多说明社会规则的强度越高，小组越保守。由图 2-4 可以看出，间隔时间越长，小组越保守，间隔时间能够显著预测小组的保守程度。

研究还发现，小组成员会向新加入者传授社会规则，哪怕所传授的社会规则并非最优的。社会化过程是复杂的，既有社会化，也有再社会化、反向社会化等，置换方法通过对这一过程的真人模拟研究，对其过程可以有丰富的揭示，也可以根据研究者关注的核心问题而灵活进行研究与分析。

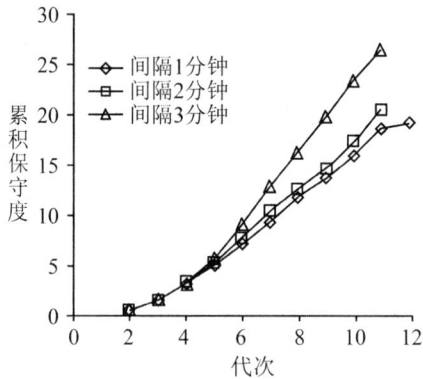

图 2-4 不同实验条件下的小组保守度

（资料来源：Baum et al.，2004）

四、固定组方法

（一）方法概述

传递链方法和置换方法中的文化传递参与者在一定程度上是被动的参与者，要么被动地接受并传递接收到的信息，要么被动地接受群体已经形成的规则和文化，这里存在第三种实验方法——固定组方法，可以用来描述在不置换群体成员时群体内部的文化传递现象。在这种实验方法中，同样需要有几个不同的群体，群体中所有个体需要完成一个任务或做一个游戏，他们可以使用自己的方法或策略单独完成任务，也可以复制群体内一个或多个其他成员的策略完成任务，与置换方法不同，在每回合任务完成后并不更新群体成员，而是原有成员继续完成新的任务

（见图 2-5）。使用该方法，可以考察人们何时会学习别人的策略，以及他们向哪些对象学习。

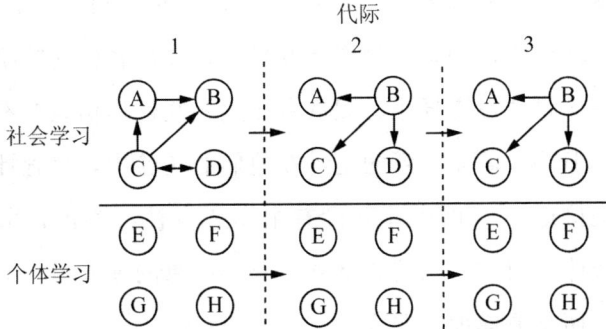

图 2-5　固定组方法

注：该图展示了两个群体的群体内文化传递现象，每个群体分别由 4 个成员组成，可以分为社会学习和个体学习两种文化传递方法。在社会学习中，群体内的成员间可以自由选择学习的对象，箭头方向代表学习方向，第一代中 B 学习 A，A 和 B 学习 C，C 和 D 互相学习，在第二代中 A、C、D 都选择 B 作为学习对象；在个体学习中，每个个体从自己的经验中进行学习，因而并无向他人的学习。使用该方法，可以研究在群体内部成员之间的文化传递现象。

有研究者使用固定组方法探讨了 6～10 人小组在不确定环境中如何决定种植哪种作物的问题（McElreath et al.，2005）。他们控制个体学习的难度以及不同作物产量的波动频率作为环境不确定性的指标，比较了个体学习策略和三种社会学习策略（线性模仿、确认策略和顺从者传递）的效果。所谓线性模仿指的是随机选择群体成员中的一人作为模仿对象，该策略不会引起群体策略分布的变化，是一种无偏差传递；确认策略指的是随机选择一个群体成员作为比较对象，如果该成员上回合采用的策略与自己的一致，则继续采用该策略，否则采用个体学习策略；顺从者传递即模仿群体中使用最多的策略，是一种偏差传递。结果发现，线性模仿和顺从者传递策略在不确定环境中是有效的策略，要好于个体学习和确认策略。当环境稳定时，线性模仿策略要好于顺从者传递策略；在不确定环境中，如果作物产量变异大，顺从者传递策略是一种有效策略，如果作物产量变异小，顺从者传递和线性模仿策略都可以取得较好的效果。但是，需要注意的是，在他们的实验中，尽管社会学习具有优势，但是接近40％的个体并没有主动进行社会学习，由此得出社会学习优于个体学习的结果需要格外小心，结果的差异很可能不是学习策略造成的，而是取样偏差造成的。

下面这项研究更好地对比了个体学习策略和社会学习策略对群体文化差异的影响，而且很好地用实验研究结果解释了考古学发现。考古研究发现，在北美大盆地中的史前内华达人群中，他们使用的各个石质梭镖头在基本特征上（长度、宽度、高度）表现出较高程度的一致性，而这一大盆地中加利福尼亚人群中所用的梭镖头表现出了较大的差异(Bettinger & Eerkens，1999)。研究者这样解释这种群体文化的差异：内华达地区的人们采用"复制成功者"的策略，广泛选择那些最成功的个体作为学习对象，即存在"成功—威望"偏差，这会导致群体成员使用相似的行为策略；而加利福尼亚人群中采用的是"有指导的变异"策略，即个体随机选择一个他人作为模仿对象，并通过"尝试—错误"改进学习到的行为策略，由于个体能力和经验的异质性导致成员间策略的多样性。正是由于文化传递机制的不同，两个群体最终发展出了迥异的文化。为检验这种理论解释，有学者使用固定组方法开展实验，模拟了古人在梭镖头制作技术上群体文化差异的形成过程(Mesoudi & O-Brien，2008)。研究者设计了制作梭镖头的电脑游戏，以大学生为被试6人一组开展实验，模拟古人设定梭镖头在五种基本特征上的数据，包括长度、宽度、厚度、形状、颜色，然后进入虚拟的"狩猎环境"检验梭镖的威力，他们设定的数值越接近一个"理想值"，就越容易获得"卡路里"(代表猎物)。研究分为三个阶段：在第一个阶段个体只能采用"复制成功者"的策略(一种社会学习策略)，所模仿的对象是前一代游戏参与者中的成功者；在第二个阶段，只允许他们使用"有指导的变异"策略(一种个体学习策略)，被试自己通过"尝试—错误"的过程学习制作梭镖头，而不能观察小组其他成员的做法；第三个阶段依然是只能使用"复制成功者"的策略，但模仿的对象是他们自己这一代游戏参与者中的成功者。结果表明，在第一阶段，被试制作的梭镖头在基本特征上相关系数很高；在第二阶段相关度降低，差异性增大；第三阶段，相关度再次提高。可见，确实如先前的考古发现证明的那样，"复制成功者"这种社会学习策略导致了文化的趋同，而"有指导的变异"这种个体学习策略，带来了文化的差异性或多样性。

（二）应用案例

潜规则是一种重要的社会现象，对个体心理和社会心理有巨大的消极影响。当前对潜规则的研究主要是以历史资料分析和逻辑思辨的方式进行的，实际上，潜规则可被视为一种传播的文化，在偶然出现之后逐渐在社会中流传开来，成为群体文化。我们课题组(辛素飞，2015)基于公共物品博弈对固定组方法进行了改编，研究了潜规则的演化过程，并考察了潜规则文化对信任的破坏作用。

在公共物品博弈中，若干被试(本研究中是 6 人一组，代号为 A、B、C、D、E、F)组成一个小组，每个被试拥有 S 的初始资金(本研究中为 10 元人民币），他们可以决定向"公共物品"捐赠 X(0≤X≤S)，公共物品获得的量将是 3X，每个被试捐赠的 X 在乘 3 并汇总后，在所有小组成员间进行平均分配。每个小组成员的收益等于 $10 - X + (3X_A + 3X_B + 3X_C + 3X_D + 3X_E + 3X_F)/6$。在该博弈中，如果所有人都全部捐赠自己的资金，每个人都将获利最大。但是，如果一个被试不捐赠，而其他人捐赠，该被试将拥有最高获利。

实验设置了实验组和控制组两种条件，实验组中包含 30 名真被试和 1 名假被试，30 名真被试随机分为 6 个小组，每小组 6 人，都是由该假被试和 5 名真被试组成。控制组只包含 30 名真被试，被随机分成 5 个小组。博弈规定每个人必须向"公共物品"捐赠一定数额的钱（大于 0 元），在下一轮开始前给被试呈现上一轮小组成员的捐赠和收益情况。实验组中的假被试在第二轮博弈时不再向"公共物品"捐赠，由于该行为违背了明确要求的博弈规则，因而被视为一种潜规则。控制组被试继续按原博弈规则进行。当某实验组的 6 人中有半数以上成员选择捐赠 0 元时就终止博弈，认定小组已经形成潜规则文化。由实验者根据实验组的博弈轮次决定何时终止控制组的博弈，以使两种实验条件下的博弈轮次相等。最后，使用 6 点计分量表测量被试的一般信任、制度信任和情境信任。

结果发现，实验组中有一组到第四轮出现捐 0 元人数过半，各有两组分别到第五轮和第六轮出现捐 0 元人数过半，一组到第七轮出现捐 0 元人数过半。实验组中捐 0 元的被试（21 人）要显著多于不捐 0 元的被试（9 人），实验组被试对潜规则的认同也要显著高于控制组被试；实验组被试的一般信任、制度信任、情境信任水平全部要低于控制组被试，可见群体中形成的潜规则文化破坏了被试的信任。该方法通过真人模拟实验再现了潜规则的形成与流行过程，为基于历史资料和理论思辨的研究结果增加了科学证据；同时，由于能够控制诸多相关因素，因而能够得到更具因果效力的结论。

五、三种方法的比较与评价

传递链方法、置换方法和固定组方法这三种实验研究方法，可以有效揭示文化进化的机制和影响因素，这恰恰是传统社会心理学研究所忽视的方面。然而，这三种方法各有自己的特点及优劣，表 2-4 对此做了比较分析，可作为将来选用方法时的参考。

表 2-4　三种文化进化的实验方法比较

实验方法	文化传递的主体	主体间传递或主体内传递	文化传递内容	传递中的个体主动性	可扩展方向
传递链方法	个体	个体间传递	知识性文化	被动	群体间传递
置换方法	群体	主体间传递	规则性文化	被动	新加入者的影响
固定组方法	群体	群体内传递	策略性文化	主动	群体间交流

由表 2-4 可见，三种方法在传递主体（可以指个体，也可以是群体）、内容、性质（个体间传递与群体间传递）以及个体的能动性等方面存在一些差异。传递链方法主要关注文化（如记忆材料）在个体层面的传递过程与机制；置换方法和固定组方法则多关注群体层面的文化传递现象，所不同的是置换方法中的文化传递在群体间和个体间都发生了（统称"主体间的传递"），而固定组方法中文化传递仅发生在一个群体内部的不同个体之间。此外，三种方法所关注的文化内容也有所不同，传递

链方法主要关注知识性文化的传递，置换方法多应用于规则性文化的研究，而固定组方法则关注在问题解决中策略性文化的传递。

三种方法的另一个区别在于文化传递中主体的能动性。固定组方法中个体可以自主选择是否向他人学习以及选择谁作为学习对象，而传递链方法和置换方法中主体则处于相对被动的地位：传递链方法中尽管个体可以基于自己的知识背景等对所传递的文化进行记忆或改造，然而其所接受的文化只能是经过其他传递者加工的材料；在置换方法中多强调群体中已形成的规则对新加入者的影响，对于新加入者来说，更多时候只能被动地遵守该群体中业已形成的规则。事实上，我们必须考虑到个体间的双向相互作用对文化传递的影响。正如有研究所发现的，当允许个体间进行交流时，信息将得到更准确的传递(Tan & Fay，2011)。

尽管三种方法被独立地用来研究文化进化，但它们并非相互排斥，而是可以相互借鉴，取长补短，正如我们在表 2-4 中所列出的三种方法的可扩展方向一样，这些可以扩展的方向正是来源于对其他方法的借鉴。比如，传递链方法中的文化传递主体不一定必须是个体，也可以是群体，传递内容也可以是策略性知识或规则性知识；置换方法同样可以吸取固定组方法对个体主动性的强调，关注新加入者对群体已形成规则的影响；固定组方法中尽管没有发生群体成员的改变，但是如果允许不同的群体进行交流，那么就可以研究这种群体交流对群体内文化的影响，固定组方法也就与传递链方法产生了有益的结合。需要指出的是，这些可扩展方向只是我们对于三种方法的相互借鉴提出了一些可能的思路而已，具体如何应用各种方法以及实现何种借鉴还需依研究者关注的具体问题而定。

本节介绍的各种方法尽管是从文化进化的视角来讲的，但是不难看出其与心理学的紧密联系，而且有的方法本身就是心理学的内容。例如，传递链方法最初是由心理学家研究记忆时提出来的，置换方法和固定组方法也被广泛用来研究规则、服从等社会心理学话题。从某种意义上讲，文化本身就是一种社会心理现象，群体层面的社会心理现象（如潜规则）也往往以文化的形式存在。心理学家要做的不仅是探明在当前的社会文化背景下出现了何种社会心理现象，即文化如何塑造了心理，还要知道文化作为群体心理如何超越个体心理而形成和演化。我们期待也相信文化进化的实验研究方法能够在社会心理学、文化心理学等心理学的分支学科中得到广泛应用。

第二节　横断历史研究 *

> ▶**导言**：在一个历史时期，如果每年或每几年都有一些关于个体心理的同类研究，采用同一测试工具或实验任务收集了同一类被试的心理变量方面的数据，那么我们就可能将这些孤立的研究按照年代顺序连贯起来考察心理变量得分或变量关系的历年变化趋势。每个孤立的研究都完成了对历史时期的一次横断取样，虽然每个研究无意于此，采用元分析则可以将它们综合起来进行横断历史研究。本节介绍横断历史研究的方法原理、功能以及使用方法。

一、横断历史研究概述

横断历史研究，也称为"横断历史的元分析"，它是一种特殊的元分析方法。因此，我们对横断历史研究的介绍，将从元分析方法和元分析研究中屡屡发现的"年代效应"说起。

---

* 本节内容根据我们已发表的论文修改而成，原文参见：辛自强，池丽萍(2008)．横断历史研究：以元分析考察社会变迁中的心理发展．华东师范大学学报(教育科学版)，26(2)，44—51.

（一）元分析与年代效应

随着科学的发展，在一个领域必然会积累大量类似的文献。有研究者总结发现，心理学仅对性别差异的研究，到 1973 年就有 1600 种文献（Glass，McGaw，& Smith，1981，p. 11），而如今这方面的文献仍在以几何级数快速增长，我们无法想象一个研究者，甚至天才的研究者能够系统综述这些文献，因此，做定量的元分析非常必要，这样我们才能看到现有研究结果的全貌和共性。

元分析方法的提出应归功于美国心理学家格拉斯（G. V. Glass）。他于 1976 年首先在一篇不足 6 页的论文中提出了"元分析"（meta-analysis）这一概念，而且还明确指出应以效果量（effect size）作为评价研究成果的客观指标。1980 年，他在美国教育研究协会的大会上，发表了用元分析方法进行的一项有关心理治疗手段效果的评价报告，在教育和心理学界引起了巨大反响。1981 年，他又与人合作出版了《社会研究中的元分析》一书，系统介绍了元分析方法，从而促使该方法迅速应用于教育学、心理学、行为科学、医学等诸多领域的研究中。

元分析是一种定量的文献研究方法，通过对多项相互独立但具有共同目标的研究结果进行定量合并分析，考察所有研究平均的效果量，并剖析造成研究结果差异的原因，从而综合评价研究结果，得出一个普遍性的结论。简而言之，元分析是对历史上一段时期内发表的文献中的研究结果（非原始数据）进行再次统计分析的一种研究范式。例如，对于同样一种心理治疗方法的疗效，有的研究得到的是阳性结果，有的发现它没有作用，有的甚至得出阴性结果；即便都是阳性结果，每项研究中所发现的"疗效"或效果大小也可能不同。如何综合评价这一疗法的作用呢？这时就要用到元分析方法。对于这类干预研究或实验研究，衡量干预或实验处理效果的常用统计指标为 d。用实验组因变量的平均数（M_e）减去控制组的平均数（M_c）再除以两组共同标准差（S），所得结果即效果量 d（它也可以理解为实验组与控制组平均数差异的标准分）。如果我们从每项原始研究文献中提取了每组（实验组、对照组或其他类似的分组）的平均数、标准差、样本量这些信息，就可以计算出每个研究的效果量；然后，再计算所有研究平均的效果量，从而可以针对实验处理对因变量的影响程度（有无影响、影响大小）做出最有代表性的估计。通常，元分析能有效整合同类研究结果，它所得结果比某一单独的研究所得结果更有普遍性和稳定性。

最近几十年，元分析方法在国内外都得到了广泛的应用，而且很多研究发现了一个有趣的现象——"出版年代效应"，即研究结果与数据收集（或出版）年代有关的现象。例如，有研究者（Bond & Smith，1996）对来自 17 个国家的有关"从众"心理的 133 项研究进行了元分析，这些研究都采用了社会心理学家阿希（S. Asch）在 20 世纪 50 年代用过的线条长度判断任务考察被试是否在完成任务时容易跟从他人的判断而表现出从众现象。对这些研究的元分析发现在美国被试身上存在明显的出版年代效应：自 20 世纪 50 年代以来，美国被试的从众性不断下降。另一项关于智力研究的元分析（Uttl & Alstine，2003）则发现，用韦克斯勒成人智力测验测得的言语智商也表现出明显的出版年代效应：对于中年人而言，每十年（不是说个体年龄增加，而是 10 年前后的同一类人群相比）智商提高 1.52 分，而老年人群体的智商则能提高 4.79 分。

目前大多数元分析研究有一个共同特点：当发现研究中的效果量或某一心理量得分存在出版年代效应时，均停下了分析和思考的脚步，笼统地以"原因尚不清楚"等方式结束了研究进程。总结一下，元分析者对于年代效应的处理，目前有三种方式。

第一种，发现年代效应后并不进一步讨论其原因，这时分析者通常并不期望出现这种效应，而想当然地忽略它或视之如随机误差，对其干脆"存而不论"。可以推测，研究者部分受到了元分析现有假设的局限。目前的元分析侧重于讨论所有被分析的研究平均效果量的大小。单个研究受到自变量之外的干扰变量影响，研究结果因此受到影响，由此，作为元分析对象的若干个"同类"研究（"同类"的研究只是有相对可比性而已，所谓研究的"可重复性"并不能绝对化地理解）之间必然存在变异。每个研究得到的效果量 d 值（或 r 值）之间的变异越大，d 值的平均数的代表性也就越小。做元分析的目的通常是寻找自变量与因变量之间稳定的关系，而忽略每个研究中二者关系强度甚至性质上的差异或变异。如果秉持这一目的，当然不愿意看到效果量有明显变异。很多元分析者无意识地抵制甚至有选择地忽略了这种变异，更不愿意往前再走一步去寻找变异的来源。然而，当年代效应能解释某一心理变量 10％、20％，甚至 50％ 的变异时，还视其为随机因素，或存而不论，这似乎是让人难以忍受的——我们相信其中必有缘由。可见，发现出版年代或数据收集年代对心理变量的预测或解释作用，只是看到了问题的表面，更重要的问题是，这时应该进一步思考为什么如此，背后的或深层的原因是什么。

第二种做法则深入到了原因的探讨上，即在研究报告的"结果"部分通过相关或回归统计方法得出了出版年代效应后，在后面的"讨论"部分再引经据典地论证一番，推测出其中可能的缘由，如社会变迁、人们想法的变化等。上述列举的元分析的两个例子，已经做到了这一点。虽然

第二章　文化与社会心理研究方法

对原因的"讨论"能部分地满足我们的好奇心，但我们并不确切知道每种社会变迁因素究竟起了多大作用，以及实际上是否真的如此。

第三种做法，把第二种做法中"讨论"部分的工作，提前到"结果"部分，通过统计方法定量地揭示有关社会变迁因素如何造成了心理变量的年代效应。毕竟年代与心理变量的相关只是一个表象，年代是社会变迁的一种"标记"，是社会变迁导致了心理变量或研究效果的变异，确定二者的定量关系，问题才能最终澄清。这种做法，就是"横断历史研究"的做法。

（二）横断历史研究的提出和应用

之所以很多研究都发现了出版年代效应，是因为不同年代的研究收集了来自不同出生组被试的数据，决定数据差异的并非只是数据收集或出版年代，更重要的是每一批被试出生年代的差异，这让他们经历了特定的社会历史文化环境，由此影响了他们在某个心理变量上的得分情况。假定同样采用大五人格量表测定被试"对经验的开放性"，今天的大学生的表现同十年前或许不同，这种不同恰恰是因为两代大学生或两个出生组决定的他们各自的独特社会经历。因此，出版年代效应也可以并且经常被代之以"出生组效应"。无论在纵向研究中，还是元分析中，关于出生组效应的讨论都有很漫长的历史。而横断历史研究，不仅同样关注出生组效应问题，而且又向前推进了一步，侧重定量考察导致出生组效应的各种社会变迁因素所发挥的作用。

在一个历史时期，如果每年或每几年都有一些关于个体心理的同类研究，采用同一测试工具或实验任务收集了同一类被试的心理变量方面的数据，那么我们就可能将这些孤立的研究按照年代顺序连贯起来，以考察某个心理变量或心理变量之间关系的变化趋势。每个孤立的研究都相当于对历史时期的一次横断取样，虽然每个研究无意于此，采用元分析则可以将它们综合起来进行研究。基于这一思路，针对元分析中存在的"年代效应"问题，美国圣地亚哥州立大学的顿芝(J. M. Twenge)在20世纪90年代后期提出了一种特殊的元分析技术，她称之为"横断历史的元分析"(cross-temporal meta-analysis)，我们也称之为"横断历史研究"(辛自强，池丽萍，2008)。

横断历史研究是采用横断研究"设计"对大跨度时间、时代(或历史发展)有关的差异或变异进行元分析研究的方法。不过，这里的"设计"并非像通常关于个体发展的横断研究那样预先构造好了方法，而是"事后追认的"，即将现有孤立的研究按照时间顺序加以连贯，从而使得已有研究成为关于历史发展的横断取样。虽然这种横断历史研究是一种元分析，但与一般的元分析思想有所不同。一般的元分析考察某个时期的同类研究结果的共同之处，其中时代的发展、社会的变迁所导致的变化通常作为研究变异中的误差项处理，而在横断历史研究中时代发展、社会变迁被作为研究的主要内容，着重考察心理量的平均分数随时代发展发生的变化。换言之，一般的元分析寻求的是同类研究中有代表性的或共同的结果，不期望研究之间有变异，而横断历史研究关心的恰恰是通过元分析发现了出版年代效应或出生组效应之后，再寻找这种变异背后的社会变迁因素所起的作用(辛自强，池丽萍，2008)。

在全世界范围内，对心理变迁的横断历史研究最系统的研究来自两个课题组。一是顿芝教授带领的课题组。从1997年开始，他们的课题组发表了一系列横断历史研究成果，系统考察了美国人对待妇女的态度、男性与女性气质、焦虑、自尊、心理控制点、社会赞许性需要、自恋人格、精神疾病等十几项心理特征随年代的变迁而变化的特点，这些研究均表明，时代变迁对个体的心理特点具有重要影响（可参考有关综述，Twenge，2011）。另一个就是我们课题组。在国内，我们率先引入并详细介绍了横断历史研究方法（辛自强，池丽萍，2008）。例如，我们在 2008 年出版的专著《社会变迁中的青少年》一书系统介绍了该方法以及我们开展的第一批横断历史研究成果。截至目前，我们已经采用该方法考察了青少年、大学生、农民工、一般居民等群体的心理健康、焦虑、抑郁、自尊、信任、孤独感、社会支持、生育意愿等心理变量的变化轨迹及其与社会变迁指标的关系，为最终确定中国各群体关键心理指标变迁"总图谱"不断积累实证资料。在这两个课题组的推动下，虽然先前无人涉足，如今"横断历史研究""心理变迁"这些概念和研究方法已经进入了心理学教科书，并推广至人口学、管理学等领域。该方法及相关研究成果，正不断引起同行学者的兴趣，使得心理变迁的横断历史研究成果迅速增加。

（三）横断历史研究的方法论意义

一般认为，横断历史研究的应用基于这样一个假设：社会现实与个体心理结构之间存在着某种对应关系，即所谓心智图式正是社会现实的体现。随着个体不断接触社会世界，逐渐内化现有社会环境，并为个体打上经过调整定型的心智图式及外在现实约束的烙印，在这个过程中，个体逐渐被灌输进一整套"性情倾向"（布迪厄，华康德，1998，p.12）。这种倾向可以表现为个体的认知风格、归因模式、思维习惯、定势、情感表达规则等心理特征，它较为持久地影响了个体对外界社会环境的认知和行为反应，甚至内化为个体的人格特质。这就实现了社会对个体的教化过程，个体通过这个社会化的过程获得符合社会期望的、被广泛认可的心理行为特征。横断历史研究就是要考察在不同历史时期、不同社会环境中出生成长的、带有明显时代烙印的个体(或群体)在某些共同的心理变量，如人格特质、态度、行为上有什么样的差异，这些差异也正体现了社会环境和现实对个体的影响。由此，这一方法的提出有重要的方法论意义。

首先，在横断历史研究中，社会变迁不再被错误地归于随机误差，而被视为一种有价值的系统"误差"，即重要的自变量。以往我们在研究某个心理变量的变异来源时，通常会从遗传和家庭环境的影响等方面寻找原因，但大量实证研究的结果发现，仅这些方面的因素很难为心理变量的变异提供充分的解释(Twenge，2000)。例如，关于个体焦虑的变异源研究表明，遗传因素的最大解释率为40%，家庭环境大约能解释10%，剩下的50%的变异是目前的心理学研究模式所无法解释的，通常被当作误差项来处理。但是，对于严肃的心理学工作者来说，将测验分数的一半变异作为误差来处理的做法是很难被接受的，他们认为应该致力于发现并分离出误差项中的内容。而横断历史研究，正好可以从所谓的"误差"中，进一步分离出社会变迁的作用，并专门定量考察各种社会变迁因素的具体贡献。

其次，为回答一些传统的理论问题提供了方法论可能。其实，社会环境随时代发展所发生的变化会对生活于其中的个体产生影响这一问题，在布朗芬布伦纳的生态系统理论以及其他一些理论中已多有论述，但由于缺少操作定义、恰当的研究范式和数据处理方法，时代发展与变迁对个体发展的影响始终没有得到心理学研究者的定量考察。后来，虽然越来越多的实证研究发现，在精神病理、态度和个性等方面的许多变量上(如外向性、抑郁、焦虑、自尊、男子气、对工作和家庭的态度、对女性的态度等)都存在出生组效应(参见 Twenge,2000),但通常的研究缺乏对造成这种出生组效应的特定社会变迁因素的深入统计分析,而横断历史研究以此为目标,可探明出生组效应的成因。

再次,通过将时代变迁的影响从总变异中分离出来,横断历史研究有助于解释某些相互矛盾的研究结果。例如,在人格研究中,追踪研究经常发现人格特质随年龄发展表现出相当的稳定性,而横断研究却经常得到在人格特质上存在显著年龄差异的结果。横断历史研究能够解释这种矛盾:在横断研究中不同年龄的个体出生在不同的年代,研究所得到的年龄差异可能有相当一部分可以由时代变化(或出生组差异)来解释,换言之,横断研究可能高估了年龄差异。

最后,也是最重要的,横断历史研究可能将社会变量和心理变量联系起来,而不是分别由社会学和心理学各自为战地来考察。通常,心理学仅研究个体层面的心理现象,对于心理变量的变异源的分析也仅限于个体内部因素(如早期发展状况、其他心理变量的影响等)以及家庭、学校、工作场所、媒体等容易界定和测量的外部环境因素,而不能将其与宏观的社会环境变化联系起来。这导致我们能够从经验上体会到时代变迁对个体心理发展的影响,却不能在实证研究中发现和再现这种影响。而横断历史研究能够帮助我们在宏观的社会环境变化或社会变迁与微观的个体心理发展两个层面之间建立起联系。这种联系能够深化我们对社会与个体关系的认识,从而搭建起社会学和心理学学科交叉的新平台。

总之,横断历史研究的提出为有关社会变迁背景下心理发展的实证研究提供新的思路,使我们可以方便地考察社会历史进程中的心理变迁,从而为理解当前人们的心理状态提供历史参照系。正如有研究者

(Thernstrom，1973)在关于美国波士顿居民社会流动性的研究报告中指出的："对社会现象进行历史分析并不只是那些对历史感兴趣的人所专有的奢侈品。如果想要研究当前，却忽略背后所依托之发展演变的过程，则此种研究必然陷于肤浅，止于皮毛（转引自桑普森，劳布，2006，序言，p.3)。"社会学家米尔斯则从方法论的角度正面阐明了个人心理、社会结构、历史进程三者综合研究的必要。他说："社会科学探讨的是个人生活历程、历史和它们在社会结构中交织的问题。这三者(个人生活历程、历史和社会)是方向正确的人研究的坐标点……我们时代的诸种问题，现在包括人的本质这一问题，如果不能一直把历史视为社会研究的主轴，不能一直认识到需要深入发展以社会学为基础、与历史相联系的关于人的心理学，就不可能得到充分的描述（米尔斯，2001，p.154)。"横断历史研究可以让我们看到心理的纵向变迁趋势及其与社会结构、历史进程的关联，在实证研究层面有效综合了心理学、社会学、历史学等学科的视角。

二、横断历史研究的功能

横断历史研究主要通过对现有文献的元分析定量揭示心理变量的历年变化，然后通过对心理变量与社会变量关系的统计分析，揭示个体心理发展与社会变迁的关系。具体说，它有如下五个方面的功能。

第一，横断历史研究的首要功能是确定心理量随年代变迁的趋势或规律。与普通元分析不同，在计算方法上横断历史研究分析的重点不是效果量 d，而是不同年代心理量(如焦虑、自尊)的均值 M 的变化趋势。

例如，我们对我国中学生自尊、焦虑、抑郁等心理健康指标的研究发现，中学生的心理健康十几年来在缓慢下降(Liu & Xin, 2015；Xin, Niu, & Chi, 2012；Xin, Zhang, & Liu, 2010)。用SCL－90所测的中学生的各种心理问题得分在1992年到2005年不断增加，表明其心理健康水平在缓慢降低(辛自强，张梅，2009)。而对采用罗特(J. B. Rotter)人际信任量表调查大学生人际信任水平的53篇研究报告进行的元分析表明，我国大学生的人际信任水平不断降低(见图2-6)，相比1998年，2009年时大学生的人际信任水平下降了1.19个标准差(辛自强，周正，2011)。总之，利用横断历史研究方法，可以揭示研究结果随年代连续变化的过程，弥补单个实证研究的局限，并为单个研究中无法解释或当作误差项处理的内容提供新的分析视角。

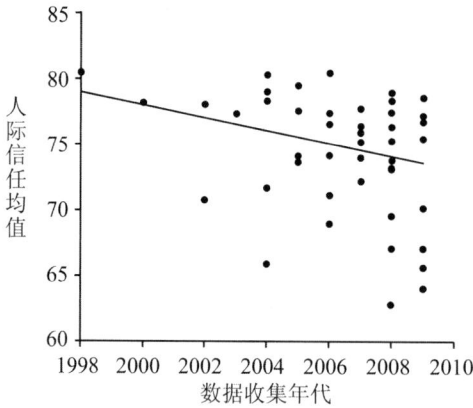

图2-6　1998—2009年我国大学生人际信任与年代的相关

(资料来源：辛自强，周正，2011)

第二，考察两个心理变量的因果关系。在横断历史研究的数据统计方面，可以利用某些心理变量发展的相对"滞后性"来澄清它们与其他变量之间的因果关系。例如，社会心理学中有个经典的争论——态度改变行为，还是行为改变态度？以往单个的实证研究无法考察态度和行为随时间发展而发生的变化，以及变化出现的先后顺序和变化模式，故而，态度改变先于行为、行为改变先于态度和两者同时发生这三种不同的观点都能从以往文献中找到。横断历史研究通过对较大时间跨度内的大量实证研究数据的"滞后"分析方法来澄清这种变化关系，即在处理数据过程中，分别在多种匹配条件下考察两个变量之间的关系，如将一个变量分别与五个不同时期内收集到的另一变量数据建立相关。例如，为了考察美国青年人性行为和性态度究竟哪一个先发生改变或者两者是否同时发生变化，研究者（Wells & Twenge，2005）在其滞后分析中将行为数据分别与五个不同时期收集到的态度数据相匹配，五个时期分别是：行为数据收集当年、此前 10 年、此前 5 年、此后 5 年和此后 10 年。举例来说，1970 年收集到的行为得分要分别与 1960 年、1965 年、1970 年、1975 年和 1980 年收集到的态度得分匹配，这样就能够根据回归分析推定究竟是过去的态度预测了未来的行为，还是过去的行为预测了未来的态度，或者两者同时发生变化。最后该研究发现，对女性被试而言，过去的态度会预测目前的行为，目前的行为也能预测未来的态度，这说明两者是同时发生变化、互为因果的；而男性被试童年期（10 年前）的态度可以预测他们目前的行为，其他时间点的态度与其行为没有关系。当然，两个心理变量数据滞后匹配的方式、时间间隔都可以依据具体研究问题而定。例如，我们（Xin & Xin，2016）为确定大学生孤独感和其社会支持之间的因果关系，将孤独感得分分别与数据收集前一年、当年、后一年的社会支持平均分相匹配，发现前一年和当下的社会支持水平（尤其是客观社会支持）可以预测当下大学生的孤独感，但是孤独感并不能预测社会支持。由此可以推论，应该是社会支持的下降造成了大学生孤独感的上升。

第三，考察重大社会事件与个体心理发展的关系。横断历史研究方法可以刻画重大社会事件以及与该事件相关的社会政策如何影响社会文化，浸染于社会文化中的个体又怎样将社会变化内化为人格特质或其他心理特征。例如，顿芝（Twenge，2001）应用该方法对 1931 年到 1993年有关美国女大学生果断性或支配性人格特质的 158 项研究的元分析表明，这些女大学生的果断性随时间发展而呈曲线变化模式：第二次世界大战之前果断性一直上升，第二次世界大战之后到 20 世纪 60 年代中期持续下降，自 60 年代后期又开始稳步上升（见图 2-7）。由此可见，第二次世界大战作为一个关键的社会事件改变了女性人格变迁的方向。不仅如此，研究者还发现能标志女性社会地位的指标（如受教育水平、工作性质或从业地位）以及能反映女性性别角色的指标（如女性的初婚年龄、媒体中的女性形象）这些社会变迁因素也有类似的曲线变化模式，这些因素可以作为女性果断性人格特质历年得分的有效预测变量。

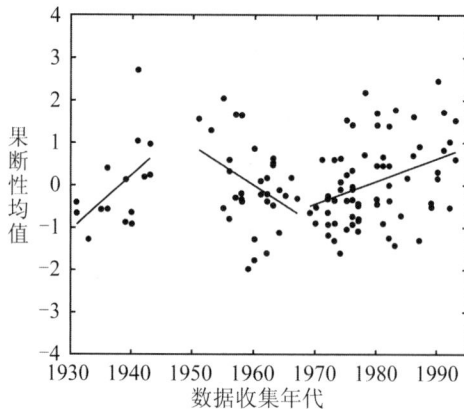

图 2-7　1931—1993 年美国女大学生果断性人格与年代的相关

（资料来源：Twenge，2001）

第四，考察社会变迁和个体心理发展之间的因果关系。社会对心理的影响，不仅表现在重大社会事件的影响上，很多社会指标与心理变量之间可能有某种连续的共变关系或因果关系。在横断历史研究中，采用滞后分析的基本逻辑，除了考察个体心理变量之间的关系外，还能够帮助我们解释社会变迁和个体心理发展之间的因果关系，这时利用的依然是个体心理发展相对于社会变迁（或者反过来）而言的"滞后性"。社会制度或政策的变化以及重大社会事件的发生，通常要经过一定的历史时期才能体现出它对个体心理行为发展的影响，因此某种心理发展特点的出现比造成它的社会原因出现的时间更为滞后，这种相对滞后性有助于揭示社会变迁对个体发展的因果性影响。例如，辛自强和张梅（2009）对1992年以来中学生心理健康变迁的研究发现，当年（1992—2005年）个体SCL－90的各因子（如躯体化、焦虑等）可以由5年前（1987—2000年）的社会统计指标来预测（尤其是离婚率、失业率等）。反过来，也可以检验个体某些心理或行为变量是否会影响社会发展。例如，考察1980年大学生的某种观念或人格特征是否能预测1985年和1990年的社会统计指标。由此，利用滞后分析有助于建立社会变迁和个体发展的因果模式。这种研究的重要意义在于，为我们根据社会发展趋势预测个体心理特点，或者反过来为根据个体心理特点预测未来社会走向提供了可能。

第五，区分考察社会变迁对特定人群心理的影响。虽然很多社会环境因素及其变迁会影响整个时代的人，但这种影响以及人们所表现出的心理变迁趋势会因个体所属地位和类型不同而表现出差异，也就是说，在横断历史研究中时代发展与类别变量（如性别、地区、职业类型等）可能会交互作用于心理变迁。总之，在考察社会变迁和个体发展的关系时，应该考虑到这些类别变量可能的调节作用，即它们是否会改变或调节二者关系的性质或强度。例如，我们的研究（辛自强，张梅，何琳，2012）表明，1986—2010 年，我国大学生心理健康的整体水平逐步提高。但是，这种提高主要体现在大学一年级以上的学生身上，而且重点大学学生（较之非重点大学）、城市生源学生（较之农村）、男生（较之女生）的心理健康改善更快。由此可见，大学生的性别、年级、生源地、学校类型是大学生心理变迁的重要调节变量。又如，我们（侯佳伟，黄四林，辛自强，孙铃，张红川，窦东徽，2014）对中国人生育意愿的横断历史研究，分别考察了城市和农村人口理想的子女个数，结果表明，20 世纪 80 年代以来，城市人口理想子女数基本稳定在 1.55 人左右，没有明显的逐年变化趋势；而农村人口理想子女数却呈显著下降趋势，平均理想子女数从 20 世纪 80 年代的 2.18 人降至 2000 年之后的 1.82 人，理想子女数显著减少，目前已经和城市人口的理想子女数趋近（见图 2-8）。

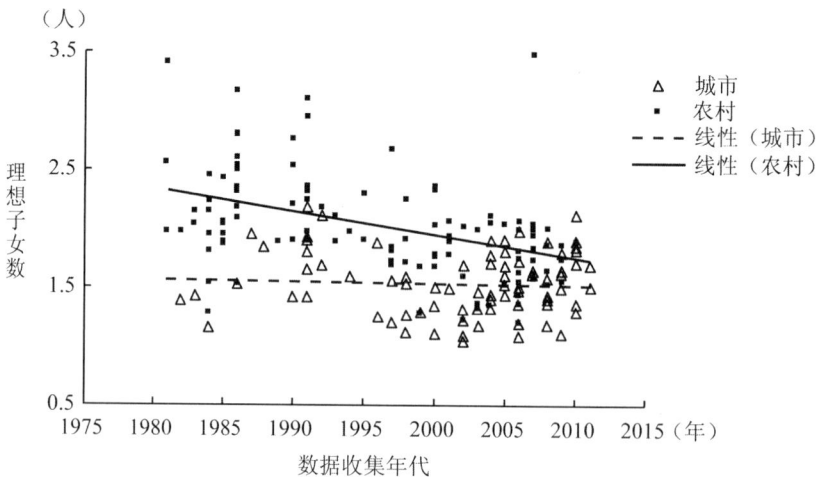

图 2-8　1981—2011 年我国城市和农村人口的理想子女数

（资料来源．侯佳伟等，2014）

综上所述，横断历史研究作为一种特殊的元分析，可以用于考察以往众多研究所发现的某个心理变量的平均水平（甚至变异程度，如方差）以及两个心理变量的关系等方面的历年变化情况；在揭示了心理变量的年代效应后，再进一步探究这种心理变量的变化与社会变迁因素，如各种社会指标、重大社会历史事件的因果关联，并分别考察不同亚群体的心理变迁趋势。这种研究方法不再像传统的元分析那样草率地将"出版年代效应"视为误差因素，而是专注于考察随着社会变迁个体心理变量是否出现变化。这种研究方法通过在时间维度上将社会变量与心理变量关联起来，不仅揭示以往单个实证研究无法发现的规律，也让我们看到了实现社会学和心理学学科交叉融合的新方式。

三、横断历史研究的步骤和做法

　　从研究过程来看，横断历史研究通常包括文献检索、文献编码与数据库的建立、数据统计及结果呈现三个阶段，下文分别介绍每个阶段的要求和做法。

（一）文献检索

　　横断历史研究本质上属于元分析，这种元分析对某一领域同类研究，尤其是使用同一测量工具的同类研究数量有一定要求。在同一测量工具中，以量表最常见，故下文以量表为例说明；若研究采用共同的实验任务、实验范式，也可能用作元分析，虽然这种情况偏少。为了能够得到足够的数据源，一般在确定研究主题后，会在这一主题下选择使用率较高或最高的量表作为研究切入点，通常的选择标准是该量表在这一领域研究中的使用率在 50% 以上，或者使用量很大（至少 30 篇以上）。然后，以选定的主题或量表名称为关键词检索文献，并根据标准筛选出可用作元分析的研究文献。

其中，文献查阅要遵循如下基本原则。

一是文献的同质性。横断历史研究作为一种元分析，只能对同类研究的结果进行综合，各种文献所采用的被试群体、实验方法、测量工具等要尽量做到有可比性。例如，都采用 SCL－90 量表对青少年（中学生）进行的测量，其结果才能综合计算效果量或考察历年平均分的变化。把明显不同类的文献放在一起做元分析是没有意义的，因为这就如同不能把橘子和苹果放在一起比较。

二是文献的全面性。为了避免文献选择的偏差，务必要将确定范围内的所有同类研究都搜集到，并以其为元分析对象。在期刊、会议论文、学位论文、论文集或专著中公开发表的研究成果都要搜集，另外，还要尽量收集未发表的手稿或其他内部资料。因为论文发表时，通常更有利于阳性结果（有显著差异的，或者实验处理效应明显的），而那些阴性结果或不理想的结果则只好放在文件柜里了。因此，只对公开发表的论文进行元分析，可能会高估研究的效果量，不过，这个问题在横断历史研究中不像在一般元分析中那么突出，因为横断历史研究关注的主要是研究变量得分（如平均值）的变迁，而非实验处理效应。但无论如何，我们都应努力提高文献搜集的全面性（查全率）和准确性（查准率）。一般而言，用作元分析的文献的理想样本量要在 70 篇以上，抽样的话也要在 30 篇以上，但这都只是建议性的标准，具体要以研究问题而定。例如，要分析特定历史时期某个心理指标的变迁，每个年份中应该有 2～

3篇或更多的文献，这样获得的结果才更加稳定。这个标准在我国并不容易达到，因为规范的学术研究的历史很短暂，大多数领域都很难找到足够多的同类研究报告。

为了有效搜集到适用的心理学文献，要事先制定明确的文献入选标准。筛选文献的标准因研究内容及分析目的的不同可能有所侧重，但通常包括以下几个基本条件：①研究使用了统一的数据收集工具或程序。②被试特征，如性别、年龄、健康状况、国籍或地区符合分析计划。③备选研究中被试量至少为20人（其中至少10个男性被试和10个女性被试）。④研究必须报告了整体和分组的平均值（M）、标准差（SD）、样本量（N）等基本数据，且清晰无误。⑤选定的研究样本必须有明确的研究样本组成信息（如被试的年龄、种族、民族、性别、地区、社会经济地位等），这些信息能够帮助研究者在分析中合理控制某些人口统计学变量的影响，以辨别社会环境的影响主要作用于哪些群体（如社会文化环境对不同性别群体的影响、对中国东部和西部及城市和农村人口影响的差异）。⑥研究方法上不存在明显的特殊性。例如，研究测试时间不在平时，在特殊节日或是在某项可能产生影响的政策出台之后的某段时间，这样的数据就不能代表通常的情况。

（二）文献编码与数据库的建立

对搜集到的文献应该仔细阅读，并根据确定的编码体系进行信息提取和编码工作。可以使用 Excel、SPSS、Stata 等软件建立心理变量数据库，数据库的每一行是一篇文献，每一列是一个变量。

首先是自变量和控制变量的编码。横断历史研究关注心理变迁，出版年代（将来转化为数据收集年代，作为出生组的代替指标）就是重要的自变量；若要考察不同亚群体的心理变迁趋势，用于划分亚群体的人口统计学特征就是自变量或调节变量；而我们不感兴趣的，但可能影响结果的因素就是控制变量，对于各种控制变量要尽量编码，以便于对其影响做统计控制或分离其影响。需要编码的自变量和控制变量等通常包括，但不限于如下内容。

（1）研究编号。给每个研究一个唯一的编号，该编号作为数据库中该研究的代码，这一编号也用于给用作元分析的电子版文献或纸质文件命名。

（2）子研究编号。如果一个研究包括了不同性别、年级分组的描述统计结果，则视其为有多个子研究，每个子研究分别编号。

（3）数据收集年代。在后续分析中要以数据收集年代为自变量，若文献中明确报告了数据收集的时间，则以此为准；若没有报告，通常将出版年代减去 2 年作为数据收集年代。因此，要对每个用于分析的研究（包括子研究）都编码数据收集年代信息。当然，也可以编码"出版年代"，将来再重新编码为"数据收集年代"。

（4）研究报告的质量。例如，中文文献要区分核心刊物、一般刊物、学位论文或论文集以及其他来源（如未发表的、无法确定的）的文献，以控制文献质量的影响。

（5）被试的来源地。例如，划分成东部地区（包括北京、天津、河北、上海、江苏、浙江、福建、山东、广东和海南 10 个省市）、东北地区（包括黑龙江、吉林和辽宁 3 个省份）、中部地区（包括山西、安徽、江西、河南、湖南和湖北 6 个省份）、西部地区（包括广西、重庆、四川、贵州、云南、西藏、陕西、甘肃、青海、宁夏、新疆和内蒙古 12 个省市）。当然，如何区分被试所在地区，取决于研究者对什么样的区域划分感兴趣。

(6)城乡信息。在中国这样一个城乡"二元结构"的社会中，城乡差异往往很重要，对被试来源于城市还是农村进行编码，可便于考察心理特点的城乡差异。

(7)被试的性别分布。如果被试性别分布可能影响研究结果，可以对性别分布进行编码，如将女性被试数除以该研究被试总数得到女性比例，这样可以考察性别差异问题。当然，可以类似地考察被试中少数民族比例或其他特征的影响。

(8)每个研究的被试人数。每个研究的被试人数包括样本总人数以及每个分组(子研究)的样本人数。通常样本量越大，其结果的代表性就越好，因此在横断历史研究中往往要以样本量为权重对所研究变量得分进行加权计算，为此，必须对每个研究的被试人数或样本量进行编码。

(9)子研究的划分代码。例如，某个关于中学生的研究，可以根据性别(男与女)、年级(初一到高三)分出多个子研究。

其次，因变量的提取和录入。横断历史研究通常分析某个心理变量平均值的历年变化趋势，此外，也分析心理变量变异程度、效果量等指标的历年变化趋势。

(1)每个因变量的平均值。这时要注意每个研究的计分体系(如维度总分还是维度均分)、量尺点数及数值(如 0~4 或 1~5 都是 5 点量尺，但数值要转换后才可比)，确保数据的可比性。

(2)每个因变量的标准差。无论是否考察因变量标准差的变迁趋势，标准差信息都是必须采集的。例如，要估计两个年代平均数变化的效果量，就要以标准差为基础计算效果量。在数据编码时，要注意区分方差和标准差。

（3）效果量 d 或者 r。如果要考察两个变量的关系如何随着年代变化，可以计算出反映两组（如实验组和控制组，或男性和女性）被试差异的效果量 d，或者两个变量相关系数 r（注意是否积差相关，如果是偏相关或其他性质的相关则要转换）。如果是其他检验方式，则可以转换成 r 或者 d 数据。

在录入因变量后，要对数据进行必要的检查，找出可能的奇异值。一种情况为奇异值是错误的，这就需要予以纠正或剔除。对所有收集到的数据进行认真细致的核查，以确保不出现录入错误。另一种情况，奇异值是真实的，且对总体规律的认识判断不产生本质上的影响，一般建议保留。还有一种情况，奇异值是真实的，但是对总体规律的认识判断会产生本质上的影响，建议剔除，或者采用降低其权重的方法处理（侯佳伟，辛自强，黄四林，张梅，窦东徽，2015；Liu & Xin，2015）。

此外，为了考察社会变迁指标的影响，还要建立专门的社会指标数据库。在社会统计变量的选择和收集方面，一方面要选择在研究者的假设中与所选心理变量有关的、能敏感反映社会发展趋势的指标；另一方面，为了达到数据统计要求，需要尽可能选择可以量化为连续数据的社会统计变量。例如，若我们认为社会安全程度是影响焦虑的因素，可以用犯罪率作为社会安全指标；若认为家庭完整度可以影响心理健康，可以用离婚率作为整个社会的家庭完整性指标。这些社会统计变量可以从政府统计年鉴中提取，也可以从专门的研究文献中提取。例如，衡量社会财富分配分化程度的基尼系数，政府统计年鉴可能会报告，有的经济学论文中也会专门报告。在完成上述编码或信息提取后，可以建立专门的社会指标数据库。若要分析社会指标和心理变量的关系，则要合并建立联合数据库。通常，某个社会指标每年只有一个数据，而当年用作元分析的文献可能有多篇，在对二者匹配时要将该年的社会指标与每个研究的平均分逐一进行匹配，有多少个研究就匹配多少次（辛自强，张梅，2009；Twenge & Im，2007）。

（三）数据统计分析

通过上述方式建立的心理变量数据库可以用于一般的元分析，但这不是我们关注的重点，不做详述。这里结合前面提到的横断历史研究的基本用途，简要说明相应的统计方法。

第一，年代和心理变量的相关及回归分析。横断历史研究的首要功能是发现心理变量是否随年代发展而变化，并确定这种变化的程度。对此一般采用相关分析方法来检验数据收集年代和心理变量之间的关联。结果中除了报告二者相关系数外，还应报告更加直观的散点图，以表明是线性还是曲线变化。

如果是线性关系，可以在发现年代和心理变量之间存在显著相关的基础上，进一步做回归分析，确定年代对心理变量的预测作用大小和解释率。在回归分析中，可以通过样本量加权的方式体现样本量的作用；而对于其他可能影响因变量的控制变量，则将其直接作为自变量纳入回归方程，考察与这些控制变量一起预测时年代自身对心理变量的预测作用，这时年代的标准回归系数 β 就代表了它与心理变量的相关程度。如果是曲线相关，则要分段进行线性回归分析，或者直接做曲线估计。例如，顿芝（Twenge，2001）绘制的 1931—1993 年美国女大学生果断性人格特质得分与年代的散点图（见图 2-7）显示了二者为曲线相关模式，于是她做了一个"三次曲线"回归模型，计算出二者的相关系数为 0.45；她还根据变化趋势分成三段做了 3 个线性回归模型，画出图 2-7 中的 3 条回归直线，并根据这三个线性回归方程分别计算出了在每一个时代（1931—1945 年、1946—1967 年、1968—1993 年）果断性人格的变化量。

为检验历年心理变量平均水平变化的大小，通常采用回归分析方法，以年代为自变量对心理变量平均值建立回归方程，即 $y = bx + c$，其中 x 为年代，y 为每个研究的心理变量平均分，b 为未标准化的回归系数，c 为常数。根据该方程可以确定起始年和终止年的心理变量平均值；然后，通过将所有研究的标准差求算数平均数而得到平均标准差；起始年和终止年的两个心理变量平均值之差除以平均标准差，就是效果量 d。d 值反映了在这个年代范围内心理变量平均水平的变化程度，代表了年代的效果量。

如果要考察不同亚群体的心理变迁趋势是否有所不同，则需要针对这些亚群体分别建立回归方程，最后来比较各个方程中标准化回归系数 β、年代效果量 d 等指标，确定各亚群体在心理变迁趋势和程度上的差异。

第二，社会统计量和心理变量的相关及滞后相关分析。在对心理变量随年代变化的基本事实进行描述之后，就要寻找变化的原因了。横断历史研究假设社会文化环境能够部分地解释心理变量的变化，因此，研究中可以选择某些重要的社会统计量与心理变量建立相关，因为社会统计量是社会文化环境的体现。例如，高犯罪率意味着社会上有更多的人可能成为受害者，它给人们带来不安全感，并可以影响焦虑、信任等心理变量。因此，考察犯罪率这类社会统计量与心理变量的关系就能部分说明社会变迁对人们心理的影响。

为了考察究竟是社会文化环境更多地影响了人们的心理变量，还是人们的心理行为更多地影响了社会环境的走向，可以采用滞后相关分析。例如，在处理数据过程中，将五年前的社会变量与心理变量匹配，再将五年后的社会变量与心理变量匹配，考察其滞后相关，以确定是社会变量预测心理变量，还是心理变量预测社会变量。此外，对于两个心理变量之间的因果关系问题，同样可以采取这种滞后相关分析的技术来考察。

在滞后相关分析中，两类变量的数据滞后匹配的方式、时间间隔都可以依据具体研究问题而定，我们弄清楚了这一做法的逻辑，方能运用自如。其基本逻辑是：对于因果关系而言，原因变量一定在前，结果变量一定在后。如果 A 在 B 之前且 A 能预测 B，那么就能相信 A 可能是 B 的原因，退而言之，统计上至少可以确定 A 是 B 的预测变量。如果从"相继的因果观"来看，这就是一种粗略的因果关系了：承继 A 之后出现了 B，且二者有较强的相关或回归关系，在没有找到其他可能的原因之前，我们倾向于相信 A 是 B 的原因。总之，基于这种逻辑（相关系数或回归系数的统计，再加上时间或顺序因素，即"滞后"），就可能确定 A 和 B 之间的单向或双向因果关系。不过做因果推论时，要谨慎注意两点：其一，如果可能还应该在相继的因果关系基础上，探讨这种关系发生的具体机制（寻找发生的因果关系），这样解释才更有说服力；其二，横断历史研究所面对的是一种集合数据，它所揭示的因果关系可能与个体层面的具体表现有所不同，因此做推论时对这一点也要当心（辛自强，2012，pp. 249-250）。

第三节　社会心理的启动研究[*]

▶▶**导言**：在过去几十年里，"启动"研究在社会心理学，乃至整个心理学领域异军突起。有学者发现，采用启动范式的研究成果比其他文章更容易被学术期刊接受。本节介绍概念启动、心理定势启动和序列启动这三大启动范式及诸多新技术，并分析启动研究中存在的内部效度问题，特别是启动研究结果难以重复的问题。

一、启动方法概述

"启动"（priming）一词首次出现于拉什利（Lashley）在 1951 年发表的一篇有关连续反应的论文中。在这里，启动是指服务于反应功能的心理表征上的准备状态，一般来自内部，甚至是一种有意识的行为。但后来，研究者又发现了被动的启动现象（Storms，1958），它指先前任务中对某个概念的使用会影响后续无关任务中这个概念被使用概率的现象，这就是今天大家常用的"启动效应"概念。在这之后，"启动"

---

　* 本节内容根据我们已发表的论文修改而成，原文参见：张玥，辛自强（2016）. 社会心理学中的启动研究：范式与挑战. 心理科学进展，24（5），844—854.

开始作为一种实验技术被使用，一般用于认知心理研究中，如知觉、记忆和语言形成。

希金斯等人的一项有关印象形成的研究首次在社会心理学领域使用了启动技术（Higgins，Rholes，& Jones，1977），他们研究的因变量不再限制于对启动词本身的使用，而是第一次揭示了个体的新近经验怎样以一种被动和无意识的方式影响对他人行为的知觉和解释。此后，社会心理学领域有关启动效应的研究开始呈现井喷状态，而且可被启动的心理现象从最初的印象形成扩展到了更大的范围，如态度、目标、动机、刻板印象、社会行为等，可以说，如今启动效应的研究几乎覆盖了所有社会心理变量。甚至有学者发现，与那些不关注启动效应的社会心理学研究者相比，主要研究启动效应的研究者每年会发表更多的文章，他们的文章也更容易被学术期刊接受（Bones & Gosling，2009）。

启动效应是指先前无关刺激激活了某种认知表征或思维过程，并由此对后续任务产生的无意识影响。根据启动所激活的对象，可将社会心理学领域的启动范式分为三类：一是概念启动（concept priming），指对某种概念所代表的心理表征的激活，这是使用最多的启动范式；二是心理定势启动（mindset priming），它是对心理过程的启动；三是序列启动（sequential priming），主要是对两个表征之间自我传播的激活。

表2-5总结了这三种范式的特点、常用技术以及操作重点，下文逐一介绍每种启动范式，读者可对照表2-5阅读正文以加强理解。

表 2-5　三种启动范式的特点、常用技术和操作重点

启动范式	激活对象与特点	常用技术	操作重点
概念启动	激活对象：概念 特点：被动激活目标相关概念	1. 阈上启动： (1)句子拼接测验(最常用) (2)找词游戏 (3)阅读材料 (4)同音异形异义字启动	意识核查——检查被试是否意识到： (1)实验目的 (2)启动刺激与目标概念的关联性 (3)自己的反应
		2. 阈下启动： (1)视觉探测任务 (2)可与因变量测量任务结合	三项原则： (1)启动项呈现极短时间 (2)掩蔽启动刺激 (3)检查是否意识到启动刺激
心理定势启动	激活对象：心理过程 特点：心理过程的主动和有意执行	1. 启动特定思维：根据要求撰写或评价一个方案 2. 启动动机：阅读材料 3. 启动解释水平： (1)原因/手段任务 (2)归纳/举例任务	两点要求： (1)尽可能伪装成两个完全独立的实验任务 (2)检查被试将两个任务关联在一起的程度
序列启动	激活对象：表征间的联结 特点：结果非常稳健	1. 评价启动任务 2. 刺激异步性技术	因变量通常是对一个中性任务的潜在反应

二、概念启动

概念启动指在一个情境中某种心理表征的激活，对后续无关情境中

的行为反应产生了被动的、无意识的影响（Bargh & Chartrand，2000）。这种方法的启动效应来源于被启动的概念，而非特定心理过程，这有别于心理定势启动和序列启动。概念启动根据被试是否能意识到启动刺激分为阈上启动（supraliminal priming）和阈下启动（subliminal priming）。

（一）阈上启动

在阈上启动中，向被试呈现的启动刺激是意识任务的一部分。被试可以意识到启动刺激，但不能意识到被启动的潜在心理模式或者说启动刺激的潜在影响。

最常用的阈上启动技术是"句子拼接测验"（scrambled sentence test），该测验伪装成语言能力测验，要求被试把各组单词串成连贯的符合语法的句子。启动组的单词包含实验者希望启动的概念，这些单词一般是启动概念的同义词，可以通过查询词典或前测获得。

一项关于老年刻板印象的经典启动实验就使用了这种启动技术（Bargh，Chen，& Burrow，1996）。实验给被试呈现 6 组包含 5 个单词的单词组，要求被试尽可能快地挑选 4 个单词组成语法正确的句子。在所有 30 个单词中，其中启动组有 15 个单词是老年刻板印象的相关概念，如健忘、固执、退休等；控制组对应的 15 个单词与刻板印象无关，如干净、隐私等，两组各剩余的 15 个单词相同。结果发现老年刻板印象启动组被试在离开实验室时步速更慢。

在句子拼接测验中，单词组的数量和各组包含的单词数是灵活可变的。例如，在一项关于金钱概念启动影响道德行为的研究中（Gino & Mogilner，2014），研究者所使用的单词数就与上述关于老年刻板印象的研究不同。在这项实验中，给被试呈现一系列包含 4 个单词的单词组，要求被试在每组中挑选 3 个单词组成语法正确的句子。共有 3 个版本，呈现给"时间组"的版本中包含与时间相关的词语，如"sheets the change clock"；"金钱组"版本包含与金钱相关的词语，如"sheets the change price"；控制组的单词与两者均无关联，如"sheets the change socks"。结果发现，金钱组的道德行为要显著少于另外两组。

与句子拼接测验类似，找词游戏(word-search puzzle)也可进行阈上启动。找词游戏要求被试在一定大小的正方形网格中寻找列在表格下方的目标单词(见图 2-9)，每个网格均有一个字母或汉字，启动组的目标

图 2-9　找词游戏示例

单词包含一定数量的启动刺激。例如，要求被试在 10×10 的网格中找出 13 个目标单词，启动组的目标单词中 7 个单词与需要启动的概念有关，而控制组对应的 7 个单词则与此无关，两组其余的 6 个单词相同(Bargh et al.，2001)。这种启动方法较句子拼接测验更具趣味性。

此外，将启动刺激放入一段阅读材料中也可进行阈上概念启动。例如，有研究就将启动刺激与人物评价材料相结合，考察了"干燥"词语的

启动对印象形成的影响(Shalev，2014)。在实验中给被试呈现有关目标人物的阅读材料，共有 3 个版本，除了描述目标人物拥有的家用电器不一样外，其余信息完全相同。干燥组的电器为干燥机，水分组的电器为洗衣机，控制组为冰箱。结果发现，干燥组词语启动使被试对目标人物的主观活力评价更低。

上述研究范式中，启动刺激一般都是目标概念的同义词，但有时目标概念的同音异形异义词也可作为启动刺激，如通过阅读"bye"激活"buy"，或者用"write"激活"right"(Davis & Herr，2014)。这种方法只在被试认知资源损耗的条件下有效，因为个体在阅读时会抑制同音字的激活以保证阅读质量和速度，但这种抑制需要认知资源，故认知资源减少会使个体难以抑制同音字的激活，进而出现启动效应。

需要注意的是，在阈上启动实验全部结束后，必须进行意识核查。因为当被试意识到前一个任务，也就是启动任务可能影响后一个任务时，他们就会在因变量测量任务中校正自己的行为。如果被试猜出实验目的或猜到其答案会影响结果，则需要剔除该被试的数据，当猜出实验目的的被试比率高于 5% 则说明实验的启动方法存在问题。

意识核查程序包括三个问题：一是让被试猜测实验目的，以考察被试是否意识到实验目的或是否意识到启动任务与因变量测量任务存在关联；二是检测被试是否觉察到启动刺激与目标概念有关，如要求被试回答句子拼接测验所用单词与哪些概念有关；三是考察被试是否意识到自己的反应，如询问被试是否认为自己对人物的评价更积极，或是否意识到自己步速比平时更慢。

（二）阈下启动

与阈上启动相比，被试对阈下启动刺激的知觉是无意识的，即他们没有意识到启动刺激的存在。阈下启动技术主要遵循三个原则（Bargh & Chartrand，2000）：①启动项呈现极短的时间。知觉阈限通常是以毫秒为单位，并且存在个体差异，所以无法确定统一的呈现时长。研究者可以选择一个对大部分被试来说足够短的时间，并在实验后进行意识核查来筛除那些知觉到启动刺激的被试。②利用其他刺激进行即时掩蔽。掩蔽刺激应与启动刺激呈现位置相同、呈现时间相同或更长、包含相同特征以及对应相同的感觉器官。③检查被试是否意识到启动刺激，可行的方法是考察被试是否可以在实验结束后报告出启动刺激。

一个常用的阈下启动技术是视觉探测任务（visual detection task；Karremans，Stroebe，& Claus，2006）。在该任务中，首先告知被试他们需要完成两个独立的实验。第一个实验为启动任务，但告诉被试这是一个视觉探测任务，主要考察他们分辨细小差异的能力；第二个实验则是因变量测量任务。在探测任务中，一串大写字母（如 BBBBBBBBB）在屏幕中央呈现 300 毫秒，一共出现 25 次，在这 25 次中偶尔会有一个相同的小写字母出现（如 BBBBBBbBB）。字母串每呈现 5 次后，被试需要报告在 5 串字母中小写字母出现的次数。在字母串呈现间隔中有另外一个刺激呈现 23 毫秒，启动组为启动刺激，控制组为单词长度与启动刺激相同的无关刺激。为掩蔽启动刺激，一串大写 X 在启动刺激（或无关刺激）呈现前后各出现 500 毫秒，并告知被试大写 X 是目标刺激出现的提示。刺激呈现顺序如下：目标刺激－掩蔽刺激－启动刺激或控制刺激－掩蔽刺激－目标刺激……（循环）。实验最后要求所有被试猜测实验目的，并检查他们是否意识到启动刺激。意识检查分为两步，首先要求所有被试报告探测任务中出现的刺激，然后研究者从所有被试中随机选出20人再次进行探测任务，并在开始前告诉被试 X 字母串和 B 字母串之间有一个词语快速呈现，在任务结束后要求被试报告这个词语。当被试既没有意识到实验目的，也不能成功回忆启动刺激，并且在得知启动刺激存在后也无法准确报告，则该实验的阈下启动有效。

很多阈下启动技术的基本逻辑与视觉探测任务一致，首先启动任务都要求被试集中注意以识别目标刺激并做出反应，如判断刺激出现在屏幕的哪一边(Kimel，Grossmann，& Kitayama，2012)或判断刺激是单词还是非单词(Dijksterhuis，Preston，Wegner，& Aarts，2008)，然后将启动刺激夹在目标刺激之间。可以使用其他刺激作为掩蔽刺激，也可用目标刺激代替掩蔽刺激。启动刺激呈现时间在17毫秒到62毫秒之间均可(Kimel et al.，2012)，掩蔽刺激的呈现时间则依据实验任务决定，一般长于或等于启动刺激。实验最后检查被试是否意识到实验目的以及启动刺激。

除了上述方法，阈下启动也可与因变量测量任务相结合。例如，在一项研究中，告知被试他们需要完成两个实验任务，但不同的是，第一个任务既是启动任务也是因变量测量任务(Shah & Kruglanski，2002)。在该任务中，被试需要根据呈现的变位词(如 hear 的变位词为 hare)尽可能多地说出包含该变位词中所有字母的单词。阈下启动存在于该任务的练习阶段，即在两个变位词之间，启动刺激短暂呈现50毫秒。第二个实验任务的名称为启动刺激，主要作为干扰任务，目的是考察后续任务的存在是否会影响当前任务的表现。

三、心理定势启动

　　心理定势启动是对心理过程的启动，它通过要求被试努力完成某个目标或者有意识地思考某个问题来启动某种心理定势，被启动的心理定势会延续到新的无关情境中，对后续变量产生影响。与概念启动不同，心理定势启动要求被试主动和有意地执行某种心理过程（Bargh & Chartrand，2000）。当概念过于抽象或太过操作化，以至于不能用单个单词进行启动时，使用这种范式就更为合适。

　　对特定思维和动机的启动均属于心理定势启动。有研究者通过要求被试为完成某一目标制订行动方案（形成工具性心理定势）或列举某个方案的优缺点（形成协商性心理定势）来启动被试不同的思维模式，结果发现被试在后续任务中会无意识地使用先前被启动的思维模式，即工具性心理定势的被试更倾向于把故事主人公已做的事情继续下去以完成目标，而协商性心理定势的被试则更多的是在不同的行为备择项中进行选择从而结束故事（Gollwitzer，Heckhausen，& Steller，1990）。另一项研究则通过阅读材料来启动被试不同的动机（Chen，Shechter，& Chaiken，1996）。在他们的研究中，被试首先阅读一段情境材料，该情境中目标人物被描述为更关心是否能够准确理解事情进展（准确掌握动机）或者更关心是否给他人留下了好印象（印象管理动机），以此来启动被试的不同动机；接着在第二个看似无关的实验任务中告诉被试他们要就某一争议话题，如枪支控制，与另外一名被试进行讨论，并告知他们这名被试对这一话题持有积极或消极的态度；然后让被试阅读一段关于这个话题的材料，该材料包含正负两方面的信息，并在材料阅读后要求被试给出自己的态度。结果发现，与另外一组被试相比，那些启动印象管理动机的被试的态度与讨论伙伴的态度更为接近。

除了动机或思维，对解释水平(construal level)的启动也属于心理定势启动。解释水平有高低之分：低水平的解释是相对没有结构的、背景化的表征，主要表征事件的从属的、次要的特征；高水平的解释则是图式化的、去背景化的表征，它只抽取了信息的要点，表征事件上位的、核心的特征。解释水平对个体行为、人际关系等有重要影响。例如，相比低水平的解释，高水平的解释更能激发个人的自我控制行为，如坚持完成任务，更多的延迟满足。

解释水平启动的常用技术有两种：①原因/手段任务(Freitas，Gollwitzer，& Trope，2004)。被试通过回答一系列行为的目的或原因来启动高解释水平，如"为何要运动?"而通过回答完成一系列行为的手段来启动低解释水平，如"如何运动?"②归纳/举例任务，也可称为"上下位概念"任务(Fujita & Carnevale，2012)。该任务是通过让被试对所呈现的单词进行类别描述(上位概念)来启动高解释水平，而通过举一个有关的例子(下位概念)来启动低解释水平。例如，高解释水平组需要回答"演员"是什么的一个例子，而低解释水平组则需要回答什么是"演员"的一个例子。

心理定势启动的研究很容易出现实验者效应，即被试认为实验要求他们把在第一个任务中使用的方法应用于第二个任务。所以为了避免实验者效应，要尽可能地伪装成两个完全独立的实验任务。例如，更换实验场所和主试，并且检查被试将两个任务关联在一起的程度。

四、序列启动

序列启动与上述启动均不同，它不检验新近经验的残留效应，而是检验两个表征之间是否存在自我联结的激活，即两个表征间是否存在持久性关联。具体来说，如果表征 A 的激活能够导致表征 B 的自动激活，而不需要任何意识参与，那么后者就可以对个体判断、评估以及行为产生一种无意识的影响(Bargh & Chartrand，2000)。例如，有研究发现对于那些有性虐待或性侵犯倾向的被试来说，仅仅是"力量"而非"性"的概念被启动后，他们对实验女助手便表示出了更高的被吸引程度，这是因为"力量"概念的启动自动激活了"性"概念，从而影响了被试的行为反应(Bargh，Raymond，Pryor，& Strack，1995)。

在社会心理学领域，序列启动常被用于内隐态度研究，这是因为态度客体自动地激活了记忆中与它们相关的那些评价，这些评价的激活是无意识的且非常迅速。因变量通常是对一个中性任务的潜在反应，以使被试无法进行策略化的反应来消除这种自动评估。序列启动常用的技术有以下两个。

第一个是评价启动任务(evaluative priming task，EPT；Meyer & Schvaneveldt，1971)。在该任务中，启动刺激呈现极短的时间使被试难以意识到刺激，启动刺激消失后，紧接着出现目标刺激，被试要对目标刺激进行快速语法分类等中性任务。当启动刺激和目标刺激在效价上一致时，被试的反应要快于效价不一致时。例如，启动刺激是黑人或者白人，而目标刺激是一个事前评价为积极的事物(如糖果)，或是一个事前评价为消极的事物（如苍蝇），若黑人与消极事物前后出现时反应更快，那就说明被试对黑人持有一种消极态度。

第二个是"刺激异步性"技术（stimulus onset asynchrony，SOA；Neely，1977）。它在 EPT 的基础上进行改进，通过变化启动刺激和目标刺激之间的时间间隔，评估个体在不同间隔下对目标的反应。在时间间隔小于即时地、有意识地对启动刺激做出反应所需要的时间时，被试的反应体现了其内隐态度。例如，一项研究将刺激异步性设置为 200 毫秒，也就是在启动刺激（啤酒或矿泉水）消失后 200 毫秒呈现目标刺激（积极或消极图片），来考察被试对啤酒的内隐态度（Descheemaeker，Spruyt，& Hermans，2014）。但是当时间间隔较长时，被试的反应则体现了有意策略的作用。SOA 一般与 EPT 等其他考察内隐态度的技术一起使用，即快速呈现启动刺激，变化启动刺激与目标刺激的时间间隔，考察不同时间间隔下被试对于启动—目标刺激效应匹配或不匹配时的反应差异（Bambulyaka et al.，2012）。

序列启动的实验技术主要源自语义启动（semantic priming），在认知领域中语义启动的研究结果非常稳健，故序列启动在结果稳健性上要好于概念启动和心理定势启动。

五、启动方法存在的问题

（一）内部效度问题

在社会心理学领域，大量研究使用启动的研究范式来操纵自变量。

现有研究发现，启动效应广泛存在于各种形式的心理现象中，这似乎证明了启动范式的有效性。但也有很多研究者对启动范式提出了质疑，其中启动范式面临的最大挑战是其研究结果难以重复的问题（Kahneman，2012），尤其是概念启动的研究结果。这一问题由于"文件柜问题"的存在可能比预估的情况更为严重，可以猜想，有很多没有启动成功的研究未能发表而留在了文件柜里。若不能有效地解决这一关乎研究内部效度的基本问题，使用启动范式获得的研究结果将难以令人信服。

首先，我们要识别那些不能重复验证的研究是否是在实验操纵上出现了问题。启动效应是非常细微的，研究启动效应对研究者的实验设计以及无关变量的控制能力有很高的要求。例如，被试对启动刺激作用的意识就会影响启动的效果，关于这一问题我们将在后面详细讨论。所以我们首先要排除是否是由于实验控制不够精细、实验操纵不够规范导致难以验证启动效应。卡尼曼（Kahneman，2012）建议启动研究领域的杰出社会心理学家联合起来组成研究团队，并分成几个小组，各小组选取一个他们认为结果最为稳健的启动效应研究，交给另外一组心理学家针对规模足够大的样本进行完全重复研究来检验该结果。例如，使用相同的实验室以及实验器材，并将实验的过程全程录像以便检查实验操纵及无关变量的控制。如果在方法没有问题的前提下仍不能重复该启动效应的研究结果，就需要对有关理论进行修正。然而，由谁来组织学者们分组检验对方启动研究的结果呢？学者们更喜欢自发地开展验证性研究。

其次，在启动研究中要特别注意被试的意识问题，因为它的存在会损害启动研究的内部效度。最早关于被试意识可能影响启动的研究来自一个简单的电话调查，研究者在下雨天或晴天，通过电话联系被试，询问他们关于生活满意度的问题。结果显示，研究者即使根本未提及天气，天气也确实影响了被试的回答。但当研究者偶然提到当时的天气条件时，这个效应就消失了，因为有关天气的信息进入了意识，当被询问生活满意度的时候，被试可以有意识地控制自己，使自己不受错误归因的影响（Schwarz & Clore，1983）。该结果说明，意识到刺激的影响会消除启动效应，故而需要检查那些没有发现启动效应的研究中研究者是否使用了规范的询问程序来筛除那些意识到启动影响的被试，而筛除的比例又是否低于5%，因为高于这一比例则不能保证剩余被试并没有意识到实验目的（Bargh & Chartrand，2000）。除了需要检查意识的影响外，还需要检查启动刺激本身的强度。有研究发现，如果启动刺激是所属概念类别中的极端刺激，那么被试对后续目标刺激的评价就会与启动效应相反（Herr，Sherman，& Fazio，1983），这是因为在极端情况下，那些启动刺激非常容易被记住并且成为后续评价的标准，即启动刺激对结果的影响进入被试的意识层面，那么对结果产生实际影响的就不再是启动，而是在因变量测量时，启动刺激是否还在被试的工作记忆之中。

最后，实验者效应也是影响启动研究内部效度的可能因素。有研究者发现，一些"启动效应"可能并非由于启动的作用，而是由于实验者的期待（Doyen et al.，2012）。他们首先在双盲实验的前提下重复了先前经典的老年刻板印象研究（Bargh et al.，1996），结果并没有发现启动效应，而后他们的研究在先前实验基础上增加了对主试期待的操纵，结果发现，被试之所以走路更慢不是由于启动效应而是由于主试的期待，在主试期待为步速更慢的被试中，启动组由传感器记录的被试步速慢于控制组，但是主试期待为步速更快的被试中，启动组与控制组的被试步速没有差异。也就是说，先前实验中（Bargh et al.，1996）的实验者很可能无意间看到了实验程序，然后可能会非故意地与他们的被试进行交流，进而影响被试的行为。鉴于以上研究结果，我们建议在以后的启动研究中除了要严格执行意识核查程序，还要尽可能地使用双盲实验来降低主试对被试的影响。

（二）"启动"一词的不规范使用

现有文献存在对"启动"一词的不规范使用问题，如使用"启动"一词泛化地表达"实验操纵"之意。这种错误在情绪启动的研究中最为常见。情绪启动是指当启动刺激与目标刺激的情绪效价相同时，对目标刺激的加工会更快和更准确。常使用的实验技术为 SOA 技术。但是，有些研究却将"情绪启动"与"情绪唤醒"混淆。例如，一篇被广泛引用的文章就将使用词语诱发相应的情绪称为"情绪启动"，但实际上这种通过词语、图片、视频或音乐诱发相应情绪的操纵应为"情绪唤醒"。"启动"是心理学研究者操纵自变量的一种特殊实验范式。所以我们今后需要区分"启动"与一般的实验操纵，规范地使用"启动"一词。

总之，启动研究可以获得很多有趣又有价值的结果，但这需要研究者正确理解启动的概念，严格按照启动的标准程序进行实验，而启动范式的改善与推进则需要更多研究者的共同努力。

第四节　影像发声法[*]

▶▶**导言**：作为一种行动研究方法，影像发声法通过组织行动者拍摄特定主题的照片，对照片进行小组讨论，思考问题成因和对策，来促进个体和社会的改变。目前国内心理学界较少使用该方法开展研究。本节介绍影像发声法的概念、背景、实施步骤、优缺点与案例等，力图将影像发声法引入心理学研究，希望该方法能更好地帮助人们解决实际问题，让心理学知识应用于生活。

一、什么是影像发声法

影像发声法（photovoice）是一种行动研究的方法，该方法是要让行动者用手中的相机拍摄相关主题的照片，记录其真实的生活，研究者组织行动者以小组为单位讨论照片，共同分享各自独特的经历和知识，通过多次拍摄与讨论活动，提高行动者对问题的认识，找到问题的原因以及可能的解决方法，从而激发行动者和社会的改变（曲映蓓，2017；

＊ 本节内容根据我们已发表的论文修改而成，原文参见：曲映蓓，辛自强（2017）．影像发声法的设计思路及在心理学中的应用．心理技术与应用，5(8)，493—499.

Chonody, Ferman, Amitrani-Welsh, & Martin, 2013；Wang & Burris, 1994）。该方法的核心是照相和讨论：其中"photo"即影像、照相，指行动者拍摄相关主题的照片；"voice"即发声、讨论，指行动者讨论所拍摄的照片。"影像"是"发声"的工具与媒介，"发声"是"影像"的反映与结果。

影像发声法这一参与式的研究方法，由影像小说发展而来。影像小说以照片作为推动项目进行的工具，强调用照片或简笔画等图片来讲述个人经历或开展教学。影像发声法在其基础上更进一步强调通过照相与讨论引起行动者以及社会的改变。影像发声法以批判意识的教育、女性主义理论以及纪实摄影为基础（Wang & Burris，1994，1997）。巴西教育学家弗莱雷（Paulo Freire）（1973）强调"人是知识的主体，而不是被动的受体，应该意识到其改变生活与社会的能力"，社会的"边缘人"应该勇于表达自己的观点来解放自己，改变社会；女性主义理论强调应关注那些未被充分重视的"边缘人"，批评那些认为女性是他人的附属品而不是行动主体的言论，认为男性应该"与女性并肩而行"而不是"凌驾于女性之上"，女性应该有发出自己声音的机会（Rowbotham，1973）；纪实摄影以记录真实生活为目的，如实反映拍摄者所看到的事与人。以上述三者为基础，影像发声法强调社会弱势群体应该发出自己批判性的声音，表达自己的真实生活与需求，以引发自己和社会的改变。

影像发声法最初应用于公共卫生领域，首创者是密歇根大学华裔学者卡罗琳·C.王（Caroline C. Wang）以及福特基金会的玛丽·A.柏瑞斯（Mary A. Burries）。她们于1992年在中国云南农村开展"云南女性生殖健康和发展项目"，通过向乡村女性发放照相机让其拍摄生活照片，并以照片为媒介进行采访，从而了解云南乡村女性的生活状况（Wang，

Burris，& Xiang，1996）。自此这种以照片为工具和媒介的研究方法成了参与式研究的重要方法，被广泛应用于各领域，涉及的研究包括：拉丁裔青少年的移民经历研究（Streng et al.，2004）、外来务工家庭母亲形象项目（朱眉华，吴世友，& Chapman，2012）、图书馆用户的需求调查（谢卫，2015）、青少年眼中的社会暴力问题（Chonody et al.，2013）、护理研究（Burke & Evans，2011）等。

二、影像发声法的实施步骤

结合已有文献（如朱眉华，吴世友，Chapman，2013；Wang & Burris，1994，1997），我们将影像发声法的实施过程划分为五个阶段：确定目标与主题、招募行动者、拍摄前的准备、照相与讨论、结果分析。

阶段一，确定目标与主题。影像发声法实施前需要确定研究的目标与主题。虽然该方法提倡让行动者自己发现问题，但这并不是指行动者的任何问题都可以纳入研究的范围，研究者仍然需要确定研究的主题，让行动者在该主题的指导下发现有关问题以及可能的解决方法。需要注意的是主题的选择应该避免敏感话题，需要的是对行动者有吸引力的、可供行动者发挥的主题（Julien，Given，& Opryshko，2013）

阶段二，招募行动者。根据目标与主题的不同，需要选择不同的行动者，有时可能需要特殊群体，而有时则需要"普通人"。如有学者（Chonody et al.，2013）研究青少年眼中的暴力问题，则寻找了几个暴力问题多发的社区的青少年参加项目；谢卫（2015）调查图书馆用户的需求，则需寻找最"普通"的图书馆用户。因为影像发声法是用照相机拍摄照片并讨论照片，所以对行动者的年龄、教育水平、表达能力等没有太多要求。

阶段三，拍摄前的准备。招募行动者后需要向其介绍研究的目标、行动者所担任的角色、研究持续多长时间、需要做什么等。在确认行动者已了解该研究并且愿意继续参加后，向其发放照相机并教导其如何使用，现在也可使用行动者自己手机的照相功能来代替照相机。此外，需要告知行动者拍摄照片的主题并注意拍摄过程中保护他人的隐私，也需要与相关人员确定开展讨论活动的时间与地点，以方便行动者参加讨论活动。

阶段四，照相与讨论活动。照相与讨论是影像发声法的核心环节，影像是促进讨论的工具与媒介，讨论是对影像做出的回应。通常研究中包含多轮照相与讨论活动。照相前要告知行动者拍摄的主题，提醒其参加讨论活动时携带照片。在征得行动者的同意后对讨论过程进行录音，以便于后续做结果分析。讨论中让每位行动者分别根据自己的照片说说照片的内容是什么、从照片中能发现什么、照片反映了什么问题或体现了什么优势、为什么存在这些问题或优势、对此我们能做些什么。具体谈论内容可根据主题与目标而定。每一轮照相与讨论活动结束后，需要提醒行动者继续拍摄相关主题的照片以及按时参加下一次的讨论活动。

阶段五，结果分析。将每次讨论活动的录音整理成文本资料，根据行动者拍摄的照片以及文本资料，分析行动者的改变。可以通过展示典型照片以及文本资料的方式来表明影像发声法解决了某一问题或改变了某一现象，可以用定性分析软件（如 ATLAS、NVivo 等）来分析资料。

三、影像发声法的优缺点

影像发声法是行动研究的方法之一。行动研究强调由研究者与行动者共同参与，在现实生活中寻找问题，在实际行动中共同研究，使得行动者在此过程中了解、掌握和运用解决问题的方法，最终达到解决实际问题的目的（古学斌，2013；李小云，齐顾波，徐秀丽，2008；Lewin，1947）。影像发声法秉持着行动研究重"实践"与"参与"的理念，坚持"从实际中来，到实际中去"，较其他研究方法有其独特的优点，但不可避免地也存在一些缺点。

（一）影像发声法的优点

（1）转换看待问题的视角。以往研究多是由研究者发现问题，并根据相关理论以及自己的经验提出相应的解决措施。但是研究者发现的问题并不一定是行动者认为重要的问题，研究者依据理论及经验提出的解决方法也许在真实环境的实施中会遇到各种意想不到的阻碍。而影像发声法假定"行动者自己最了解自己"，在解决问题的过程中应该让行动者主动发现问题，解释其原因并寻求解决方法（曲映蓓，2017；朱眉华等，2012；Wang & Burris，1994，1997；Wang & Pies，2004）。将看待问题的视角由研究者转变为行动者，也许能发现被忽略的问题并找到简易而有效的解决方法。

（2）提高参与者的积极性。在以往研究中，研究者是研究的"主角"和"执行者"，由研究者决定研究什么、如何研究等问题。而行动者只是研究的"配角"和"被执行者"，只需要被动地配合研究者的工作。这种被"牵着鼻子走"的研究方式使得行动者的积极性较低，无法发挥其作用。而影像发声法将研究"授权"于行动者，让其通过自身的力量推动研究的进行。这使得行动者成为研究的"主人"，这种从"被动"到"主动"的转变可以提高行动者的积极性，发挥其主体作用。

（3）以视觉图像为工具。影像发声法相较其他研究方法的独特之处在于用视觉图像作为研究工具与媒介。视觉图像生动、直接、真实的特点可以给行动者带来较大的视觉冲击（朱眉华等，2012）。视觉图像作为真实生活的反映，可以作为讨论活动中的刺激物，帮助行动者在讨论中捕捉问题的细微之处，同时，也可作为研究者分析研究结果的可靠资料。

（4）便于弱势群体发声。在以往研究中，研究对象多为有一定教育背景的社会主流人士，研究忽视了缺乏读写能力的人或弱势群体，这就限制了研究结果的推广。而影像发声法以视觉图像为工具，用照片代替文字。行动者可以通过拍摄的照片来表达其观点，并通过与其他行动者讨论照片而激发改变。行动者可以在工作、生活、休闲等方面的任何一个合适场所拍摄照片，这有利于反映其真实生活，提高研究的灵活性。

总之，影像发声法以视觉图像为工具，使得研究者能转换看待问题的视角，从行动者的角度发现问题，使得弱势群体发出自己的声音，提高行动者的积极性，但该方法也存在一些局限。

（二）影像发声法的缺点

（1）缺乏客观评估方法。影像发声法的研究以行动者拍摄的照片以及根据照片展开的讨论来发现问题并找寻解决方法。但是行动者拍摄的照片各有差异，它们是否能反映整个群体的问题与需求还有待考察。另外，在行动者讨论的过程中，讨论了什么、没讨论什么、如何讨论等都是经过行动者个人加工的，也许他们忽略了某些重要信息而他人却不可知(朱眉华等，2012；Wang，Yuan，& Feng，1996)。除此之外，研究者只能从定性角度分析结果，缺乏客观衡量结果的定量方法。

为了解决该问题，在招募行动者阶段需要尽量选择能代表研究对象群体的行动者。在拍照阶段鼓励行动者征询他人关于相关问题的观点，并在讨论活动中进行讨论。研究者可以采取在行动者讨论过程中录音、保存其每次拍摄的照片等方法，使后续的分析有据可依。对录音和照片的分析最好有多个研究者共同参与，减少研究者的个体差异可能对结果产生的影响。

(2)研究成本较高，耗时较长。影像发声法以视觉图像作为工具，让行动者用照相机拍摄相关问题的照片，这就需要研究者向行动者提供充足数量的照相机供其使用，还需要教导行动者如何使用照相机，这使得该方法的成本较高。在影像发声法中，研究者只是整个过程的见证者和记录者，行动者是研究的主体，整个研究中由行动者发现问题并逐渐找寻解决方法，但这一过程通常是缓慢的，这使得很多研究需要持续几个月甚至更长时间。研究持续时间过长，增加了行动者流失的风险，且不能排除研究之外的无关事件对结果的影响。

为了解决该问题，研究者目前可以让行动者使用自己手机的照相功能代替照相机，以降低项目的成本。研究者可在研究过程中适度参与，如根据行动者前一次拍照与讨论的内容，给下一次拍摄活动拟定专门的主题，以此来推动研究的进展。

(3)伦理问题。影像发声法需要行动者拍摄相关问题的照片，照片中有事物，也可能有人物，这就涉及研究的伦理问题。每个人都有自己的隐私，拍摄照片时是否侵犯了他人的隐私是需要行动者澄清的问题（Wang，1999；Wang & Redwood-Jones，2001）。研究者使用照片时，是否得到拍摄者以及照片中被拍摄者的同意，也是需要反复确认的问题。

为了解决该问题，研究者需要在拍照与讨论活动前告知行动者拍摄过程中注意保护他人隐私，提醒其拍摄中容易出现的伦理问题，以及提出相应的解决方法。

虽然目前影像发声法仍然存在缺乏客观评估方法、成本较高、持续时间较长、容易涉及伦理问题等局限，但不可否认它是转换研究思路、让研究改变现实的有效方法。

四、影像发声法的研究案例

自 1992 年影像发声法首次被提出以来，国外学者使用该方法展开了大量研究，并且近几年国内学者也逐渐接受并使用了这种研究方法。学者们将影像发声法与各自的研究领域相结合，并做出相应改进。下面介绍两个研究案例。

（一）用影像发声法探讨青少年眼中的暴力问题

几位美国学者在 2010 年的夏天开展了"青少年眼中的暴力问题"研究（Chonody et al.，2013），试图从青少年的视角了解暴力的原因以及可能的解决方法。该研究包括五个阶段。

（1）确定主题与目标。暴力问题是困扰美国社会的一个严重问题，而暴力问题通常与种族、贫穷等问题交织在一起影响社会的稳定。在暴力问题中受伤害最严重的是青少年群体，而他们却经常被社会所忽视，尤其是来自贫穷家庭的少数族裔青少年。所以该研究以探寻"青少年眼中的暴力"为主题，让青少年讨论暴力现象、暴力的原因以及解决方式。

（2）招募行动者。该研究行动者为10名15~17岁的青少年，其中9人为非裔美国人，1人为多种族，所有人都为低收入者。由于行动者的年龄均小于18岁，所以均需获得其父母的同意。

（3）拍摄前的准备。向行动者分发照相机并教导其使用方法，但是因为许多行动者生活在高犯罪率的社区，为了防止照相机可能给行动者带来的潜在危险，行动者不能将照相机带回家。

（4）照相与讨论活动。照相与讨论活动共持续6个星期，每次讨论活动前研究者要求行动者拍摄有关暴力问题的照片，并选择一张最喜欢的为其命名。在讨论活动中根据选择的照片回答"你在照片中看到了什么""这张照片对你有什么意义""这张照片如何代表了主题"以及"是什么造成了照片中的情况"这几个问题。为了探寻暴力的根源，研究者与行动者在白板上画了一棵树，树枝、树叶代表暴力的次要原因，树根代表暴力的主要原因，用这种直观、形象的方法辅助行动者探寻暴力的根源。

（5）结果分析。研究团队的成员将录音转录成文本资料，通过对照片以及文本资料的分析发现，行动者认为金钱、毒品以及不忠是造成暴力的主要原因。而对于如何解决暴力问题，多数行动者表示无奈，认为若社区成员间不再继续冷漠，也许可以解决暴力问题。

综上所述，研究者组织青少年拍摄有关暴力问题的照片，让青少年根据照片讨论暴力的原因以及可能的解决方法。研究过程中研究者与行动者用"画树"的方式做辅助，使得行动者发现金钱、毒品以及不忠是暴力的根本原因。研究虽然未能获得解决暴力问题的方法，但为解决社会暴力问题提供了思路。

（二）基于影像发声法的社区参与项目设计

国内研究者将影像发声法与心理学实验法相结合，以有前后测的单因素被试间设计为框架，设计社区参与项目（曲映蓓，2017）。具体来说，研究者通过影像发声法干预居民某一具体的社区参与行为——垃圾分类行为，让居民拍摄有关社区垃圾分类问题的照片，并以小组为单位讨论照片，最终从定性与定量两方面分析结果。结果发现，影像发声法的干预改善了居民垃圾分类的现状，提高了社区参与行为，增加了邻里互动，加强了社区认同。该研究包括如下阶段。

(1)确定主题与目标。居民社区参与不足是目前阻碍我国社区发展的主要因素，所以项目以提高居民的社区参与为目标。但因社区参与包括一系列行为，所以项目以居民关心的垃圾分类问题作为切入点，期望通过影像发声法改善居民垃圾分类知识和行为，进而增强社区参与、邻里互动和社区认同。

(2)招募行动者。行动者为北京市 T 社区居民，共 74 人，其中干预组 30 人，对照组 44 人。干预组居民参加影像发声法活动，对照组不参加活动。

(3)前测。为弥补影像发声法研究缺乏定量数据的缺陷，该研究在干预之前测量了行动者的垃圾分类、社区参与、邻里互动以及社区认同现状。

（4）拍摄前的准备。在居民填写完前测问卷后向其介绍该项目的目标、方法、所需时间等信息，告知其用手机拍摄有关垃圾分类问题的照片，并根据人口学信息将干预组居民分为 3 个讨论小组。

（5）照相与讨论活动。照相与讨论活动共 3 次，在征得行动者同意后对每次讨论进行录音。以往影像发声法的研究持续时间较长，为了减少项目持续时间以提高效率，该研究通过向每次照相与讨论赋予"小主题"的方式推动项目进行，小主题分别为"垃圾分类现状""阻碍垃圾分类的原因及可能的解决方法"以及"帮垃圾找到家"。

（6）后测。3 次照相与讨论活动结束后，再次测量干预组及对照组居民的垃圾分类、社区参与、邻里互动以及社区认同状况。

（7）结果分析。将录音转化成文字资料，对照片与文字资料进行定性分析，对前后测所获得的数据进行定量分析。结果发现，居民垃圾分类状况有所改善，社区参与增加，邻里互动增多，社区认同提高。

该研究在传统的影像发声法基础上进行了方法改进。一是将影像发声法与心理学实验法相结合，通过干预前后对相关变量的测量获得定量数据，从而较有效地解决了影像发声法研究结果缺乏定量分析的问题。二是通过设置干预组与对照组，明确干预效果，获得因果性认识。三是通过为每次照相与讨论活动赋予"小主题"的方式，提高了研究效率，减少了项目持续时间。四是用手机的照相功能代替专门的照相机，降低了项目的成本。

这一基于影像发声法的社区参与项目的实施，不仅提高了我们的理论认识，探明了干预的作用机制，而且改变了现实——最终改善了居民的垃圾分类知识和行为，增加了社区参与和邻里互动，提高了居民的社区认同。

五、小结：影像发生法与心理学干预实验的结合

综上所述，影像发声法重视行动者的主体作用，鼓励行动者发挥自身的力量解决自己的问题，即通过组织行动者拍摄照片并讨论照片的方法，激发行动者与社会的改变，从而解决相关问题。影像发声法作为行动研究的方法之一，重视"如何做"的问题，侧重于改变现实。与之相对，心理学实验注重通过对实验条件的操纵和控制来考察自变量与因变量之间的因果关系，重视回答"是什么"以及"为什么"这类问题。当下的研究多将"如何做"这一问题与"是什么"以及"为什么"这一类问题分开来讨论。但事实上理论是实践的基础，实践是理论的来源，只有同时重视"是什么""为什么"以及"如何做"才能合理地、系统地解决问题，达到心理学描述、解释、预测与控制的目的(辛自强，2017)。所以应该将行动研究与实验研究相结合，在实验研究的框架下行动，在行动研究的过程中实验，使得"理解"与"改变"相结合(辛自强，2017)。通常，影像发声法收集到的资料均只能用来做定性分析，如分析照片、录音等。定性分析虽生动、具体，但缺乏客观性，若能将定性分析与定量分析相结合，则能使研究结果既有"骨骼"支撑，又有"血肉"使其丰满。如在上述的社区参与项目中，通过前后测获得相关变量的数据，用统计方法分析数据，则能为研究结论提供数据方面的支持，同时分析行动者拍摄的照片与讨论的内容，丰富研究结果。

影像发声法通过行动者自己的力量来解决问题，行动者是研究的主要推动人，所以应该注意区分研究所取得的成效是影像发声法的作用还

是行动者对自己行为的积极回应。具体来说，研究者通过定性分析或定量分析得出研究有效的结论后，应区分"有效"是因为影像发声法改变了行动者对问题的认识，找到了可能解决问题的方法，还是仅仅因为行动者参与研究、投入精力而暂时做出"研究有效"的回应。为了澄清该问题，可以在研究结束后的几个月再次对问题进行考察，看看研究结果是影像发声法的长期作用还是参与研究的短期效应。影像发声法的目标是"改变现实"，即促进从微观到宏观、从个别到整体的改变，而行动者个人的改变是零散的、不成体系的，需要政策与制度层面的支持与引导。所以影像发声法的研究要注意将政策制定者与决策者纳入研究过程，使其改变对问题的认识，从而制定有利于解决实际问题的政策与制度，真正做到将研究"应用"于生活，用研究"改变"生活。

发展科学研究方法

　　发展科学主要研究心理在时间维度上的演化规律。然而，传统的发展研究，无论是横断研究还是纵向研究对时间的取样往往很粗疏，只是在几个年龄点上"拍照"，无法形成关于发展过程的动态"电影"，难以对发展变化进行精细的描述和解释。本章第一节介绍的微观发生法试图像电影那样精细地刻画心理的微观发生过程及其机制。无论是微观发生研究，还是中观的年龄尺度上的发展研究，都涉及一个核心理论主题——发展的"连续性和非连续性"问题。本章第二节介绍了有关发展非连续性的三种研究方法，期待更多研究者基于这些方法严肃地探讨发展的非连续性这类理论问题，而非只是停留于年龄差异的描述。对发展的"非连续性"的分析以及对心理的微观发生研究，都假定时间是有方向的，并非像实验心理学那样只关心时间的长度属性（如反应时）。发展研究中的时间变量无法进行实验操控，因此实验法不能用于真正的发展研究，"发展心理学并非实验科学"，这是本章第三节的基本观点。

第一节　微观发生法[*]

^{▶▶}**导言**：微观发生法通过在变化发生的整个过程中对行为进行高密度观察和逐一试次的分析，可以提供关于认知变化的路线、速率、广度、来源以及变化模式的多样性等方面的精细信息，对于理解心理变化的机制有重要意义。本节对微观发生法的基本含义、研究设计、存在的问题以及改进思路等进行介绍，希望该方法得到更多应用。

一、微观发生法的含义及特征

"微观发生法"（microgenetic method）是对认知变化进行精细研究的一种比较有效的方法，可以帮助研究者"聚焦"于认知变化的关键环节，以获得更清晰的理解。

微观发生法侧重考察认知的微观变化过程。比如，从 3 岁、5 岁、

---

* 本节内容根据我们已发表的论文修改而成，原文参见：辛自强，林崇德（2002）. 微观发生法：聚焦认知变化. 心理科学进展，*10*(2)，206—212.

7岁三个年龄段取样研究儿童的数字守恒问题，可以用横断设计同时考察不同年龄组被试的认知表现，也可以用纵向追踪设计考察同一批被试在不同年龄的行为特点。但是，这都可能存在一个问题，因为取样的年龄跨度太大，错过了对认知变化，特别是对短暂的认知阶段转换过程的直接考察，而只是对认知变化发生前和发生后的状况做了"拍摄"或记录，因此难以对中间的变化过程和机制做精确的解释。这类大年龄跨度的研究得到的"更像快照，而非电影"(Siegler & Crowley，1991)。微观发生法却关注更精细信息的获得，试图像电影那样完整地展示心理发展的"流动"过程。

要在理解认知发展机制上取得进步，就要提供有关特定变化的数据的有效方法。微观发生法就是用于提供关于认知变化的精细信息的一种方法。该方法有三个关键特征(Siegler & Crowley，1991)：第一，观察跨越从变化开始到相对稳定的整个期间，即在特定变化发生前、发生期间以及发生后都要进行观察。第二，观察的密度与现象的变化率高度一致。这意味着观察的时间间隔要与特定变化发生需要的时间间隔一致，甚至更短。第三，对被观察行为进行精细的"逐一试次分析"(trial-by-trial analysis)，以便推测产生质变和量变的过程。

二、微观发生法的由来

微观发生法是一种特殊的"发生法"(genetic method)，探讨微观发生法，就要从发生法说起。什么是发生法呢？朱智贤主编的《心理学大词典》将发生法定义为"对儿童心理发展进行纵向研究的方法"(朱智贤，

1989，p. 151)，实际上就是纵向追踪法。在张春兴的《张氏心理学辞典》中，发生法"指对事象变化采取追溯根源及对发生经过的取向去研究探索的方法"(张春兴，1989，p. 279)。综合这两个定义就可以明白发生法的内涵。心理学中应用的发生法是指对某种心理现象的渊源及发生发展过程进行纵向研究的方法。

要考证"发生法"(包括"发生学")一词究竟何时最早出现在心理学中并非易事，但是至少在20世纪初期它们就已经出现在心理学家的著作里。此后，被维果茨基和皮亚杰广泛使用，他们的书里随处可见"发生学"或"发生法"的字样。下面简单分析他们对发生学研究方法的使用情况及其意义。

维果茨基(1997)在其名著《思维与语言》(写于1931年，原著出版于1934年)的序言中就明确指出该书的中心任务是"对思维和言语之间的关系进行发生学的分析"。他具体从种系发生、个体发生、自我中心言语向内部言语的过渡以及概念的形成四个方面探讨了思维和言语的发展及二者的关系。最后，他得出结论："思维与言语的关系不是一件事情而是一个过程，是从思维到言语和从言语到思维的连续往复运动。在这个过程中，思维与言语的关系经历了变化，这些变化本身在功能意义上可以被视作一种发展(维果茨基，1997，p. 136)。"换句话说，思维和言语的联结"是在思维和言语的演化过程中发生、变化和成长起来的"(维果茨基，1997，p. 130)。"发生学"一词自始至终贯穿于该书之中，发生学思想的重要性具体表现在两个方面：一是对思维和言语的发生过程的研究是其核心内容；二是发生学思想起着方法论的作用，是其批判已有研究的有力武器。比如，他称斯特恩(W. Stern，1871—1938)的语言发展理论的基本缺点是其"反发生学的性质"，即不去探讨发现言语意义的演化过程。而维果茨基所创立的文化—历史学说，其核心问题就是高级心理机能的发生与发展问题。

从 20 世纪 20 年代起，皮亚杰开始探讨认识的发生问题，1950 年出版三卷本的《发生认识论导论》，1970 年出版《发生认识论原理》，"发生认识论"思想构成了他整个理论体系的核心。他认为传统的认识论只顾及高级水平的认识，换言之，只顾到认识的某些最后结果，而看不到认识本身的建构过程(皮亚杰，1995，p. 17)。因此，他从认识的心理发生、生物发生等角度探讨了认识的起源问题，他"从最低级形式的认识开始，并追踪这种认识向以后各个水平的发展情况，一直追踪到科学思维"(皮亚杰，1995，p. 17)。可见，发生学的思想是皮亚杰研究人类知识起源的方法论之一，他关注的同样是认知或思维的发生问题。

从字面意义上讲，之所以在"发生法"一词前冠以"微观"二字，就是说微观发生法只不过是一种更精细的或特殊的发生法或纵向追踪设计方法而已，要考证心理学研究中使用微观发生法的历史渊源同样是很困难的。根据席格勒等人(Siegler & Crowley，1991)的看法，微观发生法的概念及其合理使用至少可以追溯到两个发展心理学的先驱：沃纳(H. Werner，1890—1964)和维果茨基。早在 20 世纪 20 年代中期，沃纳就开展了他所谓的"微观发生学实验"，实验旨在描述组成心理事件的连续表征。比如，他描述了高度相似的声调的重复呈现如何导致声位差异知觉能力的提高。尽管它的微观发生法研究集中于单一刺激表征和单一实验期间的变化，他也注意到这种方法可以用于研究持续几小时、几天、几周的变化过程。维果茨基也赞同沃纳的微观发生学实验，并且认为它可以广泛用于研究处于变化过程中的概念和技能。但是，这时的微观发生法研究远不像席格勒等(1991)所定义的那么严格、系统，而且与一般发生法研究的区别也不明显。实际上，在接下来的时间里微观发生法根本就很少为人所知。

由于心理学中对发生过程的粗线条勾勒已经造成了许多难以解决的理论问题，如无法说清变化的机制及发展究竟有无阶段性，而微观发生法研究能提供关于认知变化的详细信息，因而它在 20 世纪 70 年代末及 80 年代又得到研究者的重视。皮亚杰学派、信息加工学派的一些学者以及维果茨基的一些追随者虽然有各自的理论倾向，但是都对这种方法有浓厚的兴趣，他们开始采用这种方法进行研究。但是这种方法并未像期望的那样非常流行，到 20 世纪 90 年代初，严格的微观发生学研究不过十几项。此后，美国卡耐基梅隆大学的席格勒及其合作者 (Siegler & Crowley, 1991) 不仅撰文介绍这种方法，而且开始推广使用，用该方法对数量守恒、规则学习、策略发展等进行了多项成功的研究（如 Siegler, 1995; Siegler & Chen, 1998; Siegler & Stern, 1998），使人们看到这种研究方法的诱人前景。我们在 2002 年前后开始引介并使用这种方法探讨了策略发展、表征变化等问题（如辛自强，林崇德，2002；辛自强，俞国良，2003；辛自强，张丽，2006）。目前，国内外发展心理学教科书已经将微观发生法作为基本研究方法，该方法得到了更多的应用。

三、设计特点及要求

任何一种研究的设计方法都有其特殊性，只适用于特定的研究领域和内容，微观发生法在设计上有何特点且对研究内容有什么要求呢？

首先，微观发生法是一种纵向研究方法，它适合于研究心理现象的发生过程，最宜于研究某种心理能力、知识、策略等的形成过程，或阶段间的转换机制(辛自强，林崇德，2002)。而对那些已经发展得很成熟的能力，或已经熟练掌握的知识，就不适宜用这种方法。比如，卡米洛夫-史密斯(A. Karmiloff-Smith)认为，儿童的表征发展分为三个阶段(程序阶段、元程序阶段和概念化阶段)，为了探讨练习背景下儿童短期内表征水平的变化是否依然遵循她所描述的路线，可以采用微观发生法(辛自强，张丽，林崇德，池丽萍，2006)。

　　其次，该方法的长处是收集关于变化的精细信息，因而该方法要对整个变化期间的个体进行观察，而且要求与这一期间的变化率一致的较高的观察密度。因此，它与传统上的大年龄跨度的纵向或横断研究明显不同，是在这些研究确定的基本发展规律的基础上，对阶段之间的转换过程或"萌芽期"的形成过程进行精细的研究。比如，根据皮亚杰经典的数量守恒实验及后来各种形式的验证实验，基本上可以确定儿童的数量守恒是在4～7岁实现的，而且要经历三个阶段。在这些研究结论的基础上，进一步探讨这一年龄段儿童的数量守恒的发生过程或阶段转换机制就可以用微观发生法。

　　再次，为推知产生变化的过程要进行高密度的抽样，这就意味着要进行精细的反复测量分析。这一方面要求研究内容应该适合进行反复测量，而且要有明确的测量指标(如对错率、反应时等)，这样才能比较前前后后的变化过程。另外，还要确定认知变化的来源，能对反复测量造成的学习效应和其他干预措施的效果做出清晰的说明。

　　最后，虽然这种方法既可以说明变化的定量一面，又可以说明定性的一面，还可以说明变化发生的条件，提供不易得到的关于短期的认知转换方面的信息。但是这种研究所花费的时间和精力通常很多，因而研究应该是"值得的"，即考虑研究的理论和实践价值。

四、基本设计模式

微观发生法研究设计的基本模式是在整个变化过程中进行反复观察，反复测量。具体如何进行研究设计呢？下面以辛自强和张丽（2006）的一项实验为例加以分析。

卡米洛夫-史密斯的表征重述理论认为，表征重述是人类获取知识的重要途径，并且表征变化的过程包括程序、元程序和概念化三个阶段。基于该理论，辛自强和张丽（2006）采用微观发生法（包括前测、练习和迁移 3 个阶段，共 8 个期间），以数字分解组合任务为研究材料，探讨了小学一、二年级 120 名儿童问题解决中的表征变化及所受年龄和练习模式等因素的影响。

实验包括 8 个期间（见表 3-1）。期间 1 为前测，所有被试接受同样的测查题目（□＋△＝4，要求儿童找到两个合适的数字分别填在正方形和三角形里，使其和等于右边的目标数字），主要用于确定儿童对于数字分解组合任务是否达到了概念化阶段，标准是儿童按顺序写出 0＋4、1＋3、2＋2、3＋1、4＋0 五个答案，并且解释时明确说出了"顺序化"策略。前测中发现，120 名被试中有 33 名（一年级 5 名、二年级 28 名）已经达到了概念化阶段，他们不必参加期间 2～6 的练习，但要参加期间 7、期间 8 迁移阶段的测查，用以比较在前测中就达到概念化阶段的被试和经过练习达到概念化阶段的被试的知识迁移程度。剩余 87 名被试(前测中都处于程序阶段)则按照年龄、题目呈现方式随机分成四组。其中,一年级 49 名被试中 23 名接受简单练习模式(五个练习题目中的目标数字最大为 9),26 名接受复杂练习模式(两个练习题目中的目标数字分别为 15 和 18,其余三个最大为 9);二年级 38 名被试中 19 名接受简单练习模式,19 名接受复杂练习模式。

表 3-1   期间与任务

期间	简单练习模式	复杂练习模式
S1 前测	一道数字题目(目标数字为 4)	
S2 学习	一道数字题目(目标数字为 5)	
S3 学习	一道数字题目(目标数字为 8)	一道数字题目(目标数字为 15)
S4 学习	一道数字题目(目标数字为 7)	
S5 学习	一道数字题目(目标数字为 6)	一道数字题目(目标数字为 18)
S6 学习	一道数字题目(目标数字为 9)	
S7 迁移	一道近迁移文字应用题	
S8 迁移	一道远迁移文字应用题	

实验分为三个阶段。期间 1 为前测阶段,主要为了筛选出那些没有达到概念化阶段的被试;期间 2~6 为学习阶段,主要考察儿童表征变化的特点(包括变化的路线、速度和广度)及其原因(变化的来源);期间 7、期间 8 为迁移阶段,主要考察经过练习儿童所获表征在难度更大的迁移题目上的推广或迁移程度。其中,学习阶段采用的都是如同前测阶段一样的纯粹数字任务,而在迁移阶段的 S7 和 S8,儿童分别接受近迁移和远迁移文字应用题。近迁移题目为:"这是一个跷跷板(实验材料有图示),它右端的大盒子里放了 8 块积木,而它左边有两个上下叠放在一起的小盒子,请问上下两个小盒子分别放几块积木,才能使跷跷板两端平衡?"远迁移题目为:"买一支铅笔要花 8 毛钱,现在有 5 张 1 毛的

纸币和 3 张 2 毛的纸币,如何给售货员付钱?"近迁移题目的数学模型与练习阶段的题目完全相同,可以直接应用学习阶段所掌握的知识;而远迁移题目的数学模型与练习阶段的不完全相同,儿童不能直接迁移练习阶段的知识,而需要对这些知识进行一定的抽象概括和转换才能迁移。

从这个实验可以看出,微观发生法研究一般包括若干个试次(或期间),其中包括前测阶段、练习或干预阶段、后测或迁移阶段等。前测是为确定任务对被试是否是新奇的,然后在练习或干预阶段设计不同的条件以对比考察被试的认知特点及其变化过程(如表征的变化、策略的发现等),最后通过后测确定被试对实验任务的掌握或学习情况以及迁移推广情况。在每个试次(或期间)可以收集对错率、反应时、口语报告等资料。这样,通过高密度的观察和逐一试次的分析就可以获取认知变化的详细资料。

五、可提供的信息及处理方法

前面我们说微观发生法研究可以提供关于变化过程的精细信息,这些信息具体包括五个方面。

第一,变化的路线。儿童在获得某种成熟能力的过程中是否经历本质上不同的阶段,有哪些阶段,阶段之间的区别何在,这些问题是理解变化时首先要回答的问题。在发展心理学研究中要说明发展的阶段和顺序,就必须回答与变化路线有关的这些问题。在上面这个实验中,根据被试的解题结果和口语报告资料,可以分析每个被试在多个实验期间经历的表征水平（程序、元程序和概念化三个阶段）的变化，以及这种变化的顺序等与表征变化路线有关的信息（辛自强，张丽，2006）。

例如，图 3-1 呈现了接受简单练习模式的每名被试在五个"学习"期间的表征变化情况，图中的①②③代表表征达到的阶段，线段边上的数字表示有多少被试的表征变化按此路线发生。因为接受简单练习模式的 42 名被试中，有 16 名在练习过程中表征没有发生任何变化，一直停留在程序阶段，因此图 3-1 只列出了剩余 26 名被试（约占接受简单练习模式总人数的 62%）的表征变化路线。如图 3-1 所示，26 名被试的表征变化共有 16 种路线，但归纳起来实质上只有 5 种：①从程序阶段发展到元程序阶段后，又发展到概念化阶段，最后再次回到程序阶段，按此路线发展的有 1 人；②从程序阶段发展到元程序阶段的有 11 人；③从程序阶段直接发展到概念化阶段的有 9 人；④从程序阶段发展到元程序阶

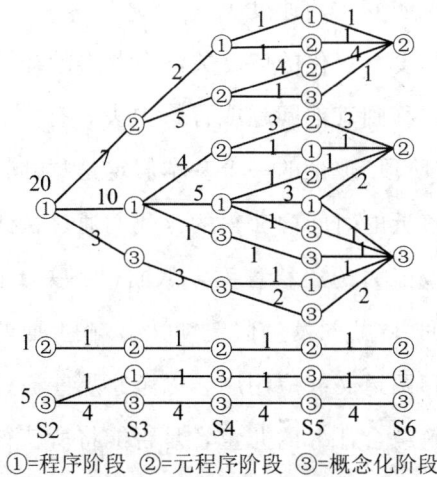

①=程序阶段 ②=元程序阶段 ③=概念化阶段

图 3-1 简单练习模式下儿童表征变化的路线

（资料来源：辛自强，张丽，2006）

第三章 发展科学研究方法

147

段,而后又退回到程序阶段,最后又发展到元程序阶段的有 3 人;⑤从程序阶段发展到概念化阶段而后又退回到程序阶段的有 2 人。通过对每个被试逐一试次地分析其所达到的表征阶段,就可以归纳出表征变化路线的基本模式。

第二,变化的速率。关于变化的一个基本问题就是速度:变化是快还是慢?是突变还是渐变?皮亚杰的认知发展理论认为,发展阶段是突变的结果,而学习理论大多认为变化是逐渐发生的。例如,在一项探究儿童表征深度变化的研究中,我们通过测量儿童在单位时间内表征深度的变化幅度,得到儿童表征变化速度的信息(张晓,辛自强,2015)。这里的单位时间指一个实验期间,变化的幅度是被试群体在前后相邻期间处于各个表征深度的人数差异情况,它体现了被试群体在相邻期间表征深度的整体变化幅度。通过分析儿童在前后相邻实验期间表征深度的变化程度,我们可以说明变化的速度。

第三,变化的广度。变化的广度关注新获得的知识、能力等能够在多大程度上推广或迁移到其他问题或背景中去。有学者(Flavell,1972)认为,心理发展的"阶段"理论的一个基本假定是"共同发生假定",即许多认知能力是在很接近的时间内获得的。我们通过在微观发生法研究的迁移阶段考察知识或能力的迁移程度,从而得到关于变化广度的信息,这些信息可以用于回答"共同发生假定"问题。在上面的实验中,我们设计了近迁移和远迁移两道文字应用题,以考察那些通过练习能够较好或很好地完成数字分解组合任务的儿童,是否能将所获得的知识迁移到数学模型相同(近迁移)以及不同但类似(远迁移)的应用题中(辛自强,张丽,2006)。

第四,变化模式的多样性。以往对发展模式的探讨通常建立在对个体大年龄跨度的纵向研究或横断研究基础上，这些研究可以描述在稳定的总体水平上测验成绩或因素结构的发展变化，但是很难深入考察各种具体的认知行为在个体身上的变化模式，即没有揭示变化模式的多样性。而微观发生法能提供变化路线、变化广度、变化速率等方面的关于变化模式个体差异的信息。举例来说，我们在一项关于问题解决策略的微观发生法研究中，从两个方面考察了策略变化模式的多样性：一方面是在每个实验期间所使用策略类型的多样性，而且这种多样性也在变化；另一方面是策略使用和变化模式（如各种策略使用的顺序或变化路线）的个体差异（辛自强，俞国良，2003）。例如，有的儿童一开始就发现了快捷策略，可以一直使用这种单一策略解决所有同类型的问题；而有的儿童可能开始的时候在不断尝试使用各种策略，而发现某个策略有效后就固定使用该策略，但面临新的问题时又要尝试各种策略。因此，策略（包括各种正确的策略和错误的策略）类型数量的变化以及使用顺序的个体差异，在一定程度上反映了策略变化模式的多样性。

第五，变化的来源。知识经验、提供知识经验的教育或环境特点等都会导致认知变化，微观发生法有助于揭示变化的来源。各种实验条件对认知行为的影响，提供的知识经验的性质对认知行为的作用，都可以通过对实验数据的分析加以确定。

例如，辛自强和俞国良（2003）探讨了儿童问题解决策略变化的来源。研究者以 30 名小学三年级儿童为被试，以一种特殊的方程问题为材料（问题形如 $a+b+c=a+$ ___），先后进行了 5 次测查。首先，该研究设计了两种实验条件，考察对策略的影响。B 组采用单一练习模式，被试总是接受同样的问题；M 组接受的是混合型题目。结果发现，单一练习模式有助于快捷策略的发现，但不利于快捷策略的迁移；而在混合训练中，插入的不同性质的题目虽然会干扰快捷策略的发现，但非常有利于它的迁移。其次，这项研究还考察了知识的直接提供对策略的影响。在最后一次测查前，研究者向儿童提供了与问题解决直接相关的知识，以考察对后继问题解决和策略使用的影响。最后，从更广泛意义上讲，知识的获得不可能完全加以实验控制，教师、家长的指导都可能是导致策略变化的源泉，而知识获得更使用经常的方式是儿童自发地发现或主动建构。因此，事后访谈可以进一步了解儿童策略变化的原因。比如，当儿童掌握快捷策略后，主试会问："你为什么这样解这些题目呢？原来你不会这种方法，你是怎么学会的呢？有人教你吗？"在 B、M 两组已经掌握了快捷策略的 9 名儿童中，有 1 人报告是他妈妈直接教的，因为他回家向妈妈询问了这种题的解决方法；而其余的儿童主要是自己发现的。总之，微观发生法可以对变化的来源进行细致的考察。

微观发生法除了提供上述五个方面的基本信息外，还可以根据具体的研究目的、研究对象和研究设计获得特定的信息。对这些信息可以进行定量处理，也可以进行定性处理；可以从被试总体的角度进行分析，也可以分析每个被试的认知变化模式。总之，该方法提供的数据及处理方式是非常丰富和精致的。

六、微观发生法的价值与问题

发展在本质上是一种变化。发展心理学研究的最基本问题就是说明心理现象发生了哪些变化，变化究竟是如何发生的。变化是在时间维度上展开的，我们一般用年龄作为时间的标尺，考察不同年龄个体心理发展的差异，用这种差异说明变化的趋势、速度、性质等，从而揭示心理发展的规律。然而，目前我们通常只是粗线条地勾勒出心理发展的大致轮廓，对变化的详细过程和变化的机制缺乏清晰且强有力的解释。比如，假设我们想要研究儿童对液体守恒理解的发展，进一步假定个体儿童需要花费一个月从认为高的杯子容纳更多的水，到怀疑这种认识，再到意识到单纯的液体倾倒并不改变它的体积。在 5 岁、6 岁、7 岁、8 岁分别考察儿童对液体体积守恒的理解，可以告诉我们在每一个年龄段有多少儿童理解了这个概念。然而无论研究是纵向的还是横断的，这种大年龄跨度的设计都很少告诉我们的变化是如何发生的，因为观察密度太低了。变化是与年龄联系在一起的，特别是婴幼儿的心理变化是非常迅速的，因此需要提高观察的密度。而微观发生法通过增加观察密度部分地解决了这一问题。实际上，对变化发生机制的探讨一直是发展心理学面临的难题。从历史上看，这种困难已经限制了人们对于认知发展在理论上和经验上的理解（Flavell，1972；Siegler，1995）。而微观发生法能够提供关于变化的前述五个方面的精细信息，这无疑是一种进步，有助于推动认知研究的深入。

这里或许有一个疑问，通常的时间序列设计也强调在实验处理前后对研究对象进行多次重复观察或测量，它与微观发生法有什么区别呢？二者在本质上是不同的，前者是一种准实验设计，重复测量是为了确保测量的准确性，以证明实验处理与研究对象行为变化的因果关系；而微观发生法本质上是发展性研究中的一种纵向设计，是为了说明心理现象的发生过程和机制，它或许也用到了实验处理，但是实验处理不是必需的，这与时间序列设计有根本的不同。

任何一种方法都有其优点，也有其缺点。微观发生法也有缺点。这种方法实行起来很复杂，很费时间，对所观察行为的精密抽样需要付出很大的代价。为了获得能用于行为的逐一试次分析的详细数据，被试通常要被单个测查。要确定每个被试变化何时发生，往往要对行为进行录像或录音，转写大量的口头报告并做分类编码。即使这些数据收集、编码、实验设计问题被克服了，复杂的统计问题依然存在。另外，确定合适的实验任务，对于正在进行的认知发展的密集抽样和观察都会面临一些困难。

目前，基于计算机系统的实验方法可以解决微观发生法研究中数据收集和处理的一些难题。一方面，计算机程序可以实时监测并记录被试在完成实验任务时的数据信息（被试个人信息、反应时、正确率、解题步骤等），从而减轻主试和研究者的工作量；另一方面，基于网络的实验任务使研究场景不再局限于实验室、教室等环境，可以进行更大范围、更大样本的研究。例如，我们在专业编程员的协助下开发了一个专门的基于网络的测验及操控平台，考察被试在两人合作解决问题，即完成一种特殊的扑克牌游戏时"惯例"的形成和使用过程（张梅，辛自强，林崇德，2013）。"惯例"指两人或多人在面临重复性的问题解决任务时习得的互相依赖的、可识别的行为模式或策略。由于惯例本身以及研究问题的复杂性，不借助计算机程序是很难记录和分析的。我们设计的计算机程序能够自动记录游戏中的所有变化，包括被试在每局游戏中所用的步数、时间、得分、策略以及行动序列等信息，实验数据最后以 Excel 格式从数据库中直接导出，以便做统计分析。又如，国外一项研究从在线社区招募了 154 名六年级儿童，使用一种基于计算机的科学模拟实验（一种问题解决任务），采用微观发生法，收集了被试的个人信息、操作行为、实验时长等信息，探究了儿童在科学推理任务中策略的使用并对比分析了教室环境和网络环境下问题解决策略使用的差异（Feldon & Gilmore，2006）。

除了研究实施中的困难，微观发生法还有三个理论问题有待解决。一是如何区分学习和发展的作用。这种考察在分钟、天、周、月这些短时间尺度上变化的研究已经遭到某些人的反对，因为有人认为它说明的是学习而不是发展。实际上，区分某种认知变化是反映了学习还是发展，并不比区分它反映了遗传还是环境更容易。发展和学习，如同遗传和环境，它们的影响是复杂地纠缠在一起的，难以做出清晰的分离。学习能导致变化，发展本质上也是一种变化，微观发生法可以对变化做出清晰的说明，却很难说明变化的性质。"不过，我们可以暂且不管这种争论。因为无论是发展还是学习研究，都是在探讨知识的变化过程，而且这种变化被认为有建构性质。因此，我们可以姑且只探讨知识的建构问题。实际上，短期内知识的变化，通常既有发展的性质，也有学习的性质，而且二者难以分离。我们把这种微观时间尺度上的知识建构，称为'微观建构'（辛自强，2006，p.155）。"微观发生法就是探讨知识微观建构的理想方法。

二是正确理解短期变化和长期变化的关系问题。微观发生法聚焦于较短时间内的变化，而横断研究、纵向研究则聚焦于时间跨度较大的变化过程（Flynn & Siegler，2007）。有的研究者相信，微观发生法得到的短期变化与横断研究和纵向研究中的长期变化在某种程度上是相似的（Siegler & Svetina，2002）。因此，为了研究短期变化和长期变化的关系，研究者开始将微观发生法与横断或纵向研究设计结合起来，在同一实验中既运用微观发生法研究，也运用横断或纵向研究

（辛自强，张丽，2006；Siegler & Svetina，2002，2006），这样可以对比短期和长期两种不同时间尺度上的认知变化规律是否存在一致性。不过，要指出的是，短期内的认知变化在模式上可能比长期的认知变化更为复杂和多样。例如，研究一再表明，短期内的认知变化并非单调上升或递增的，认知水平的退步、循环、反复都是很常见的（辛自强等，2006；辛自强，张丽，2006；张晓，辛自强，2015）。长期内认知稳定的发展模式，或许正是建立在短期内认知水平反复波动基础上的。总之，短期变化和长期变化的研究结果可以相互启发，但未必能简单类推或等同。

三是如何解决参照系的问题。微观发生法对变化的微观过程或阶段转化的详细过程进行研究，实际上是用"放大镜"在看某个变化的细节，虽然清楚，但容易因为找不到合适的参照系而做出错误的判断。比如，席格勒等人的微观发生研究发现，数量守恒的发展、策略的变化等都是渐变的，就依此批判发展的阶段论或突变论（Siegler，1995；Siegler & Stern，1998），这显然是不妥的，而且有研究已经证明了这一点（Alibali，1999）。因为我们讨论心理发展是"突变"，还是"渐变"，必须依据一定的参照系而定。如果从毕生的角度看，个体某个年龄掌握了某种认知能力，而此前没有该能力，此后该能力也没发生明显变化，那么我们就没有理由认为它不是突变。因此，对微观发生法研究结论的解释一定要考虑参照系问题。

第二节　发展非连续性的研究方法[*]

> ▶▶导言：认知发展是连续性的还是非连续性的，这是发展心理学中的一个重要理论问题。目前研究者逐渐认识到发展既有连续性的也有非连续性的，因而关键的问题是确定什么情况下是非连续性的，什么情况下是连续性的。本节详细介绍了考察发展非连续性的三种思路和方法：量表图分析和多重任务法、Rasch模型分析和Saltus模型分析、突变理论的应用。

一、何谓发展的非连续性

认知发展是连续性的还是非连续性的，这是发展心理学中一个重要理论问题。要回答这一问题，首先需要理解什么是连续性和非连续性。有人认为非连续性是较大且迅速的质的变化（Fischer，Pipp，& Bullock，1984）；有人则认为非连续性是发展中的过渡或转换时刻，而连续

---

* 本节内容根据我们已发表的论文修改而成，原文参见：张丽，辛自强，李红，林崇德(2010). 探测认知发展的非连续性：思路与方法. 心理发展与教育，26(1)，100—106.

性指早期行为和后来行为的一贯性（Emde & Harmon，1984）；也有人指出非连续性有两层含义，其一是成长曲线缺乏平滑性，其二是不同年龄儿童的差异缺乏恒定性（Sternberg & Okagaki，1989）；还有人将非连续性和阶段转换等同，即如果一个阶段被另一阶段代替，没有中间点，非连续性就发生了（Van Geert，Savelsbergh，& Van der Maas，1999）。概括来讲，这些定义基本上都强调非连续性是突然的较大变化，其结果是系统结构发生了质的变化。

目前很多研究者都认识到发展既有连续性的一面，也有非连续性的一面。例如，很多学者相信，认知发展的连续性和非连续性在整个生命过程中是共存的（Sternberg & Okagaki，1989；Thatcher，1991），甚至认为发展不是只有连续性和非连续性两种类别，连续性和非连续性是一个连续体的两个极端，在这个连续体上，中间的位置也是可能的（Van Dijk & Van Geert，2007）。这启发我们，对于发展是连续性的还是非连续性的这一问题的探讨的关键是：在什么情况下，可认为发展是非连续性的或连续性的。该问题的回答与非连续性的检测标准有很大关系，即经验上怎样根据数据说明发展是连续性的或非连续性的。

如何检测发展的非连续性呢？费舍（Fischer et al.，1984）等人最早提出了两种探测非连续性的思路和方法：量表图分析（scalogram analysis）和多重任务法（multiple tasks method）。随后，威尔逊（Wilson，1989）提出使用 Rasch 模型分析和 Saltus 模型分析探讨发展的非连续性。后来，有研究者将突变理论应用到发展心理学中，探讨认知发展的非连续性（Van der Maas & Molenaar，1992）。以下我们就对这些方法进行详细介绍。

二、量表图分析和多重任务法

量表图分析使用了格特曼量尺（Guttman scaling）的思路（Guttman，1950）。该方法假设某种能力的发展需经历多个步骤（steps），并设计了难度不同的多个实验任务。这里的"步骤"是就任务而言的，而后面提到的"水平"是就主体而言的，通常儿童完成多个步骤才能达到某一水平。以表 3-2 为例，若某种能力的发展需经历五步，则需要五个任务分别测量它们。其中每个步骤均通过一个特定难度的任务来考察，被试通过了哪个难度的任务，就表明他们达到了哪一步。若被试通过了某个任务，则他们通过了所有较早的步骤；若在某个任务上失败，则他们在所有较晚的步骤上亦将失败。这种方法的思路其实与纵向研究的思路是一致的，只是任务难度的变化取代了纵向研究中儿童年龄的变化，即通过给儿童一次实施多个不同难度的任务代替了在不同时期给儿童施测同一任务。这种方法既可应用于纵向研究，又可应用于横断研究。

表 3-2　量表图方法

发展水平	任务				
	A	B	C	D	E
0	-	-	-	-	-
1	+	-	-	-	-
2	+	+	-	-	-
3	+	+	+	-	-
4	+	+	+	+	-
5	+	+	+	+	+

注："＋"表示通过，"－"表示失败。

第三章　发展科学研究方法

157

发展的非连续性可通过两种方式检测到：第一，在某一特定年龄个体的成绩有了跳跃；第二，考察量尺中某些点上被试的频率分布。

在纵向研究中，关于第一点，有研究（Corrigan，1976）提供了一个很好的例子。该研究设计了一个有21步的发展量尺测量1~2岁儿童各种技能的发展。结果表明，10个月时多数儿童都达到了10步，而14个月时儿童就达到了18步，这意味着，从10个月至14个月，儿童的认知能力有较大的飞跃，出现了非连续性的变化。

第二点可以独立于年龄进行分析，既不涉及年龄变量也能分析发展特点。纵向研究主要看被试保留在每个步骤的时间长度。若发展是连续性的，则保留在每个步骤的时间都很短暂，这些步骤均属同一水平；而如果在某个步骤保留很长时间然后再发展到下一步骤，则从此步骤向下一步骤的发展是非连续性的，这就意味着进入了另一发展水平。

在横断研究中，首先根据被试能达到的最高步骤将其分类。如果发展是非连续性的，我们将看到处于每个水平较晚步骤的被试数量是最多的。以图3-2为例，某种能力发展有9步，共两个水平。第一个水平有四步，即从第一步至第四步，第四步的人数是最多的，第五步人数是最少的，表明从第四步向第五步发展较慢，第五步代表下一发展水平；第二个水平有四步，从第五步至第八步，第八步人数是最多的，从第八步向第九步的发展比较困难，第九步代表下一发展水平。这样，非连续性发生在第四步、第九步。

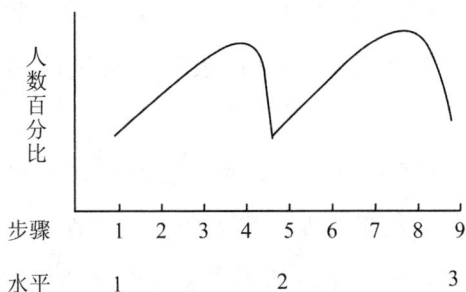

图 3-2 量表图分析中被试的人数分布

（资料来源：Fischer et al.，1984）

在量表图分析中，多个任务是有难度等级序列的；而在多重任务法中，使用多个任务测量某一水平，这些任务没有等级序列。例如，某种能力的发展有三个水平，每个水平设计 10 个任务，这 10 个任务的难度没有等级序列。该方法获得的主要数据是被试在每个水平上通过的任务数量。与量表图方法类似，每个被试在较低水平通过的任务个数要大于或等于在较高水平通过的任务个数。没有被试能通过较高水平的任何一个任务，除非他们通过了较低水平的任务。换句话说，若被试在较低水平的任务上失败，则他们必然在所有较高水平的任务上失败。

同样，多重任务法中发展的非连续性可通过两种方式检测。第一，在某一发展水平，随着年龄的增长被试从无法通过任何任务或只能通过少数几个任务突然发展到通过多数或全部任务。第二，分析每个发展水平上被试的频率分布。这一方法可独立于年龄分析，即考察每个水平上通过不同数量任务的被试频率分布。如果被试要么能很好地解决任务，要么在所有任务上均失败或成绩很差，而中间状态的被试数量很少，则认知发展是非连续性的，这时被试频率分布是"双峰态"(bimodal)分布。如果是连续性的发展，被试的频率分布是"单峰态"分布。

我们曾使用多重任务法探讨儿童类推理发展的特点(张丽，辛自强，林崇德，2010)，结果表明，发展既有连续性的亦有非连续性的。在这项研究中，小学 2～5 年级的 162 名儿童完成了三种类推理任务，分别是类包含、替代包含与二元律任务，每种任务有 4 个项目，共 12 个项目。项目要求儿童比较世界上两个类别的事物数量孰多孰少，并让儿童在四个选项"多于""等于""少于""无法确定"中选择正确答案。任务涉及的类别均是水果。类包含任务要求儿童比较一个子集与其总集的数量(如，香蕉_____水果)。替代包含任务要求儿童比较一个子集与另一子集的补集的数量(如，香蕉_____非苹果)。二元律任务要求儿童比较某类水果的补集与水果的补集的数量(如，非苹果_____非水果)。儿童在每类任务上的得分在 0 至 4 之间。计算了儿童在每类任务上的正确得分后，将其转化为正确率分数，以此作为儿童的成绩。若儿童能够正确回答每类任务中的三个及以上的项目(正确回答比例为 75％或者 100％)，则通过了此任务，反之则没有通过任务。

这项研究首先采取格特曼量尺(Guttman，1950)思路，对儿童类推理发展是否表现出结构非连续性进行检验，即儿童是否迅速掌握了较高难度的任务，表现出阶梯状的发展模式。如表 3-3 所示，若儿童在所有任务上失败，则处于水平 0；若通过了类包含任务，而没有通过替代包含和二元律任务，则处于水平 1，依次类推，计算出处于不同水平的人数。

表 3-3　根据类推理发展序列界定的儿童的发展水平

	水平 0	水平 1	水平 2	水平 3	其他
类包含	－	＋	＋	＋	
替代包含	－	－	＋	＋	
二元律	－	－	－	＋	
二年级	22	3	9	0	6
三年级	10	14	10	6	6
四年级	6	6	16	5	2
五年级	2	8	19	12	0
总人数	40	31	54	23	14

注:"＋"代表通过,"－"代表失败。

　　统计结果表明,不同年级儿童处于不同水平的人数存在差异。如图 3-3所示,每个年级中均有处于不同水平的儿童,不过二年级多数处于水平 0(55％),同时有少数被试处于水平 1 和水平 2;而三年级多数处于水平 1(30％),同时有少数处于水平 0、水平 2、水平 3;四、五年级多数处于表征水平 2(46％),同时有少数处于水平 0、水平 1、水平3。相邻发展水平的波形重叠也是很明显的,表现出连续性发展特点。

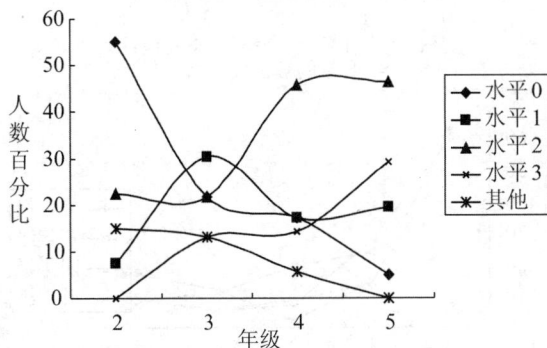

图 3-3　每个年级处于不同水平的儿童人数百分比

接下来检验了儿童类推理发展的功能非连续性，即儿童在每类任务上的成绩是否随着年龄的增长有迅速变化。这里非连续性标准是"双峰态"标准，即儿童迅速从完全不能解决任务发展到完全能解决任务。这是从发展的角度看，若从某个年龄组来讲，则表现为儿童要么能解决所有或多数项目，要么几乎不能解决任何项目或只能解决较少项目，中间状态的儿童数量很少。图 3-4 是儿童在三类任务上正确回答项目的频率分布。

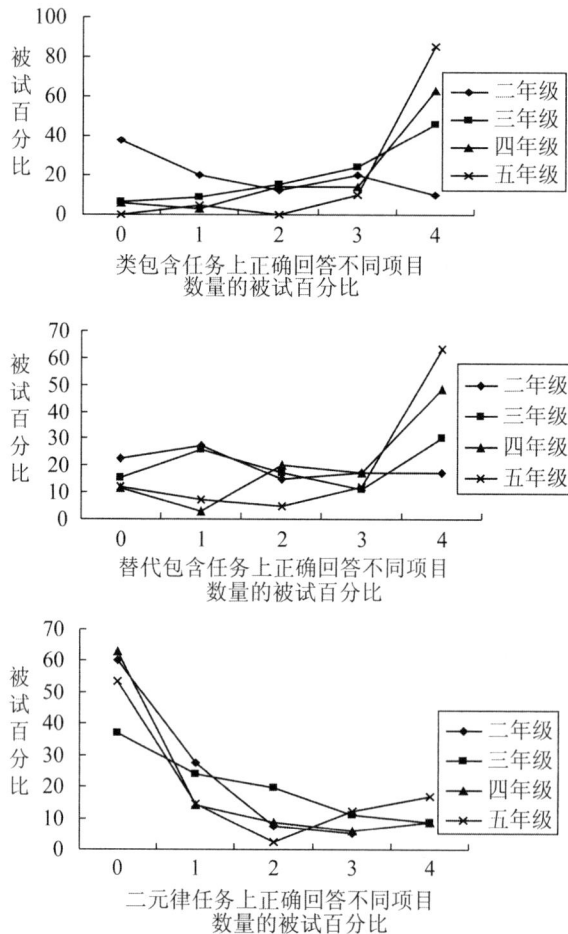

类包含任务上正确回答不同项目数量的被试百分比

替代包含任务上正确回答不同项目数量的被试百分比

二元律任务上正确回答不同项目数量的被试百分比

图 3-4　儿童在三类类推理任务上正确回答不同项目数量的被试百分比

从图 3-4 可看出，类包含和替代包含任务上从二年级到五年级正确回答所有四个项目的儿童数量呈直线增长趋势，而正确回答其他项目数量的儿童数量则呈下降趋势或保持不变。尤其类包含任务上二年级儿童中无法正确回答任何项目的儿童是最多的，不过到了三年级正确回答所有项目或者能掌握这类任务的儿童是最多的，并表现出较明显的非连续性发展特点。类似地，儿童尤其是二、三年级儿童在替代包含任务上呈现了双峰态分布特点。而二元律任务的难度较大，即使是五年级儿童，多数也无法正确回答任何项目，不过五年级儿童的频率分布呈现出双峰态分布趋势。

不管是量表图分析还是多重任务法，均依赖两个基本假设（Fischer et al.，1984）。第一，步骤之间的距离与非连续性发生的时间点是独立的，两者不能混为一谈。第二，样本中被试的无关特点对非连续性不产生系统影响。最易产生影响的变量就是年龄。如果被试的年龄分布不均，某个年龄有大量被试，而其他某个年龄被试数量很少，这很可能导致错误的结论。避免错误的最简单方法就是，保持样本中各个年龄的被试数量相对均衡。

以往有研究者对量表图分析提出了批评（Wilson，1989）。第一个不足就是，这种方法坚持在量尺中仅仅可测量（scalable）的反应才是有用的。这种方法根据以下标准将被试归为不同水平：①如果被试对步骤 N 以下的所有任务包括测量步骤 N 的任务都回答正确，而对其余任务回答错误，则他处于步骤 N，这样的反应被认为是可测量的。②所有其他反应模式被认为是不可测量的。这意味着这些任务构成了等级或顺序量尺，不过这种量尺在实践中较难获得。更重要的是，可测量的被试信息才是可用的，能够被分析的，而不可测量的被试信息则被排除在分析之外，导致信息的丰富性没有被考虑。第二个不足是，这种方法中每个步骤只用一个任务来测量，没有遵循通过重复减少不确定性的科学研究原则，而且这使研究者不能确定任务的哪个特点决定了量尺的性质。而多重任务法克服了量表图分析仅仅允许每个步骤设置一个任务的不足，不过它同样存在着量表图分析中那种将被试放在顺序量尺上的问题。然而，多重任务法的实验设计思路是可取的，下面介绍的 Rasch 模型分析和 Saltus 模型分析以及突变理论的应用都是建立在多重任务法基础上的，并采用了新的分析思路与统计技术探讨认知发展的非连续性问题。

三、Rasch 模型分析和 Saltus 模型分析

Rasch 模型是项目反应理论中的一种单参数 logistic 模型，能够估计任务难度和个体认知水平（Bond & Fox，2001；Rasch，1960）。它常被认为是格特曼测量的概率模型。两种模型都旨在将任务和个体能力在单一维度上序列化。然而，格特曼量尺的目标是形成确定的序列，而 Rasch 模型是概率性的，因此格特曼量表比 Rasch 模型更严格。对于格特曼模型，如果个体在任务 N 上回答正确，那么他一定能正确解决难度小于任务 N 的任务 N−1；而在 Rasch 模型中，个体在任务 N 上回答正确，他只是有可能（虽然可能性极大）正确回答任务 N−1 而已。Rasch 模型分析的前提是使用多重任务法，即多个水平，每个水平多个任务。

怎样检测发展的非连续性呢？主要是分析任务是否出现了分段（segmentation）（Wilson，1989）。具体地讲：①代表不同水平的任务是

否在量尺中形成了分段，即相同水平的任务其难度相似，而不同水平的任务难度存在差异，之间有非零的距离；②分段与理论预测顺序一致。分段指标可用 S 来表示：$S = \min(\beta_j) - \max(\beta_j)$。第一个 β_j 指处于较高水平的任务的难度值，第二个 β_j 指处于较低水平的任务的难度值。因此分段值 S 为处于较高水平的所有任务中难度最小的任务的难度值与处于较低水平的所有任务中难度最大的任务的难度值之差。该定义根据参数而改变，若项目难度进行了检验，这一距离应考虑测量标准误。不过这主要是用来测量发展的一级非连续性。一级非连续性指单一的发展量尺上发展的突然迸发（Fischer et al.，1984）。它与二级非连续性相区分。二级非连续性指两个或多个领域、条件下个体成绩关系的突然变化。最早费舍等人（Fischer et al.，1984）提出可使用相关分析和一致性分析方法（concordance method）来考察是否有二级非连续性。而威尔逊（Wilson，1989）则提出使用 Saltus 模型来考察二级非连续性。

Saltus 模型整合了被试、任务和水平三个参数，任务的相对难度随着被试水平的变化而变化。没有二级非连续性时，可以使用 Rasch 模型检测一级非连续性。而存在二级非连续性时，则需要使用 Saltus 模型。以下我们引用一个例子说明二级非连续性（Bond，1995）。假如有两类被试，即高能力组 II 和低能力组 I（见图 3-5）；有两类任务或项目，高水平或高难度项目 B 和低水平或低难度项目 A。对于低能力组 I 项目 B 的难度要大，而项目 A 的难度要小，可表示为 $[\theta_B] - [\beta_I] > [\theta_A] - [\beta_I]$。其中 θ 代表项目的难度估计值，而 β 代表被试的能力估计水平。两个项目相对于被试能力的难度值的差异被称为组 I 的差距（gap），用 D_I 表示：$D_I = ([\theta_B] - [\beta_I]) - ([\theta_A] - [\beta_I])$。同样，对于高能力组 II 项目 B 的难度要大，而项目 A 的难度要小，可表示为 $[\theta_B] - [\beta_{II}] > [\theta_A] -$

$[\beta_{II}]$。两个项目相对于被试能力的难度值的差异被称为组 II 的差距 (gap)，用 D_{II} 表示：$D_{II}=([\theta_B]-[\beta_{II}])-([\theta_A]-[\beta_{II}])$。而对称性指标(asymmetry index)D 即 Saltus 模型中用来检验发展的二级非连续性的指标，$D=D_I-D_{II}$。如果对称性指标为正值($D_I>D_{II}$)，说明对于高能力组 II 两个项目的难度差值较小，而低能力组 I 两个项目的难度差值较大，即当个体能力较低时项目 B 和项目 A 难度差异较大，不过随着个体能力的提高，两个项目的难度差异变小。这正是二级非连续性的表现。而 D 为 0 时，则没有二级非连续性。Saltus 模型相当于将两个被试群体的 Rasch 模型进行了比较。

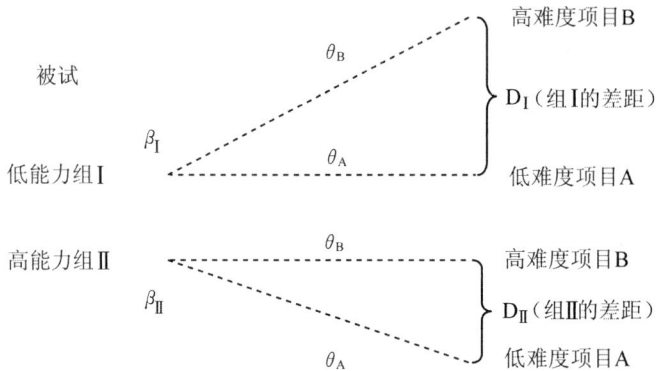

图 3-5　Saltus 模型中二级非连续性图示

关于 Rasch 模型，以往有很多研究者将其运用到发展心理学相关理论问题的探讨，除了发展的连续性与非连续性问题，还有发展序列问题、发展的阶段问题。具体来讲，Rasch 模型分析中任务的难度序列被认为代表了任务所测量的认知能力的发展序列，因此被用于探讨发展序列(张丽，辛自强，2009)。例如，有学者(Müller，Sokol，& Overton，1999)使用 Rasch 模型探讨了类推理和命题推理的发展序列。而将Rasch

模型用于探讨发展阶段问题的研究者，通常认为发展阶段具有不变的发展序列、有质的变化、非连续性等特点，因而亦采用 Rasch 模型来鉴别发展阶段。例如，有一项研究设计了复杂性不同的任务，这些任务有些是儿童处于具体运算阶段才能解决的，有些是处于形式运算阶段才能解决的。使用 Rasch 模型分析表明，处于形式运算阶段才能解决的任务的难度显著高于那些处于具体运算阶段才能解决的任务的难度，两类任务有较大的分段、差距。由此作者认为这反映了两类任务所测量的认知结构的发展是突变的，是质的变化（Noelting，Rousseau，Bond，& Brunel，2000）。关于 Saltus 模型分析，威尔逊曾应用该方法探讨儿童减法能力的发展，结果表明存在发展的二级非连续性（Wilson，1989）。

四、突变理论的应用

随着动力系统模型被应用到很多心理学领域，突变理论也被应用到发展心理学领域探讨心理发展的非连续性问题。突变理论是关于系统从一种稳定状态到另一种稳定状态的非连续变化或系统中阶段转换的数学理论（Thom，1975）。阶段转换是行为变量的突然变化，是由连续变化的控制变量导致的。举例来讲，化学中液态的水到冰的变化是一个突变现象。这里水分子是行为变量，有两个稳定状态，即液态的水和固态的冰。而引起水分子状态变化的控制变量是温度，温度是一个连续变量。连续的控制变量引起行为变量的非连续变化，这是突变理论的基本观点。然而，心理学研究中行为变量的控制变量通常是未知的或难以确定的。因此需要使用控制变量来发现非连续性的突变模拟（catastrophe

modeling)方法在心理学中并不太适用（Ruhland，1998；Van der Maas，&
Molenaar，1992）。而突变分析的方法，即转换过程的动力方程的数学
分析，需要获得精确的动力方程，这在心理学中可行性较低，因此心理
学中常用的是突变的检测（detection）（Ruhland，1998；Van der Maas，&
Molenaar，1992）。突变的检测指使用那些表明突变存在的特点或标记
来探查是否存在非连续性。

托姆（Thom，1975）提到有七类基本的突变，而心理学中最常用的
是尖点突变（cusp catastrophe）。该模型需要较少的控制变量，比较简
单，因此在心理学中被广泛使用（Ruhland，1998）。最早，有学者为了
说明真正的跳跃或突变，提出八个必要的、从数学上定义的指标，称为
突变标记（catastrophe flag；Gilmore，1981）。后来，心理学家（Van der
Maas & Molenaar，1992）将数学中的这八个标准用到了认知发展领域，
并开始通过检测突变来研究非连续性。八个标准，即双峰态分布（bi-
modality）、不可通达性（inaccessibility）、突然的跳跃（sudden jump）、
线性反应的发散性（divergence of linear response）、临界松弛（critical
slowing down）、不规则的变异（anomalous variance）、发散性（diver-
gence）、滞后性（hysteresis）。

双峰态分布指发展中有两种不同的平衡状态，这两种状态的行为发
生概率比较高；两种状态之间不存在中间状态的行为，或者中间状态的
行为发生概率非常低，被称为不可通达区（inaccessible area），即突变八
条标准中的第二条标准——不可通达性。双峰态标准通常和不可通达性
标准同时使用。如图 3-6 所示，假设为测量某种能力施测三个项目，则
被试最低分为 0 分，最高分为 3 分，分别代表完全没有能力和完全获得
了某种能力。双峰态分布指获得 0 分和 3 分的儿童数量是最多的，而 1

分和 2 分的儿童数量很少甚至没有。双峰态标准既可以在横断研究数据中使用，也可以在纵向研究数据中使用。纵向研究中，如果多次测量某特定能力时频率分布都呈现单峰态分布，同时成功概率稳定增长，则发展过程是连续的。如果被试的频率分布呈现出比较稳定的强双峰态分布，而且随着时间的推移仅仅是全部项目上均成功的被试人数在增加，则可以认为发展过程是非连续的。

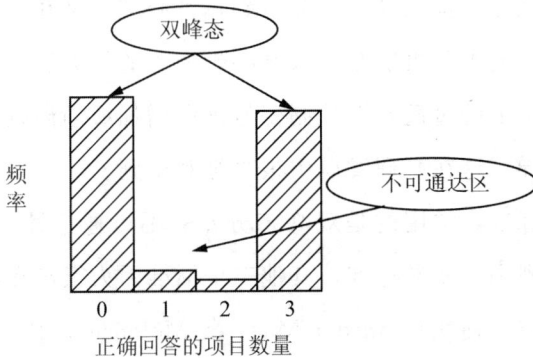

图 3-6 双峰态标准和不可通达性标准

突然的跳跃标准指个体的行为突然从一个稳定状态变化到另一个稳定状态。例如，儿童在较短的时间间隔内突然从完全不能够解决守恒任务发展到了能很好地解决守恒任务。线性反应的发散性标准指系统受到扰动后失去稳定性时出现的现象。具体来讲，在接近突变的时间点时，干预或训练是有效的，能导致多样性的出现；而突变或阶段过渡的时间点之前或之后，干预是无效的，因为这时的系统非常稳定，其对外界的影响不敏感。临界松弛标准指一个系统如果在突变点附近被干扰的话，将需要更长的时间才能恢复到旧的平衡状态。假设个体已达到某个心理发展的水平，已能很好地解决相应的任务，甚至行为掌握达到了自动化水平，而当个体受到外界的影响处于向下一水平发展的过渡期间时，其在原先那些任务上的反应时则会变长。不规则的变异标准指突变或过渡点附近行为变量表现出多样性，这时的结构是不稳定的，旧的稳固的结构消失了，而新的结构尚未形成或者尚不稳定，因而个体的行为表现出很大的多样性以及不一致性。发散性标准和滞后性标准跟突变的真实性质有很大关系。前者指控制变量较小的变化可能引起行为变量的巨大变化，不过这必须在最优条件下才能看到，其心理意义在于当个体处于最优条件时，较小的干预可能会导致其心理能力的很大提高；后者涉及时间量尺上不同点上的过渡，即控制变量渐渐增加或渐渐减少时，其突变的时间点有差异，这在心理发展中很少被观察到。

以上这些标准，常用的是双峰态分布、不可通达性、突然的跳跃、临界松弛、不规则的变异标准，其他三个标准因为很难在心理现象中操作或观察到而较少使用（Van der Maas & Molenaar，1992）。目前已有较多研究使用突变理论研究认知发展，涉及守恒、分类、水平和垂直概念的理解、类比推理、言语发展、动作发展等领域，这些研究绝大多数表明了发展的非连续性。

五、小结及其他方法学问题

综上所述，以上每种方法均为探讨认知发展的非连续性提供了思路和方法，尤其是突变理论的思想和方法很好地促进了我们对发展非连续性问题的理解和认识。不过突变理论的应用还存在一些困难，主要是上述的八条标准不能很好地操作化。目前最为成熟的是双峰态标准，根据频率分布和有限混合模型即可分析数据的形态是否为双峰态。而其余的标准则尚无完全一致和明确的思路和方法。因此将来的研究还有待继续探讨这些标准的操作化问题。使用上述方法探讨发展非连续性问题时，需要注意，发展究竟是连续性的还是非连续性的，这还受到以下因素的影响。

其一，环境条件是否使个体的认知能力得到最优发展。这是费舍及其同事的一个重要观点（Fischer & Kenny，1986；Fischer et al.，1984）。他们认为，之所以目前认知发展非连续性的研究证据较少，很大原因是多数研究没有使用有效的检测发展非连续性的方法，未能阐述环境条件如何影响发展变化的性质。具体来讲，个体发展到一个新的认知水平时，其能力确实表现出非连续性的变化，不过这只发生在最优成绩条件下。熟悉的材料、练习的机会、支持高水平技能的环境，都有利于个体成绩的最优表现，因而获得新的技能水平或认知水平时，发展可能是突变的、非连续性的。

其二，结构的发展还是功能的发展。根据皮亚杰的观点，结构的发展通常是非连续的，功能的发展是连续的（Noelting et al.，2000）。皮亚杰所说的"结构"，可以说是"理想化"的结构，没有考虑个体差异和结构在个体的成绩中如何表现；而"功能"指的是结构在行为中的表现，这会受到很多因素的影响，如经验、知识、记忆。理想的结构很难直接观察到，我们必须通过观察结构在行为中的表现来间接了解。目前研究者使用 Rasch 模型和 Saltus 模型来检验发展的非连续性，这在很大程度上就是在探讨皮亚杰的所谓"结构"的发展。而弗拉维尔（Flavell，1971）认为发展是连续性的，考虑的是个体成绩表现的发展，即涉及功能的发展。功能的发展表现出连续性特点是因为能力第一次出现到最后的成熟是需要一定过程的，具有一定知识或能力未必就能表现出来，记忆、执行功能等因素可能会影响能力的表现。而费舍等人（Fischer，Yan，&Stewart，2003）提出，功能水平的发展是连续性的、渐变的，而最优水平的发展是阶段式的，这与皮亚杰的观点是一致的。然而，功能的发展亦会呈现非连续性的发展特点，只要环境有利于结构的最优表现，个体的成绩变化将能反映其结构的发展，因而我们能看到皮亚杰所说的"逻辑－数学结构"本身的非连续性。

其三，发展连续性与非连续性问题的探讨，面临一个重要问题，即怎样更好地测量心理变量随着时间的变化，这既包括测量工具的选择，即选择发展量尺以测量到心理变量的不同状态，也包括测量时间点的选择，即选择恰当的时间点以检测到发展的非连续性。正如费舍等（Fischer & Kenny，1986）所言，需要一把尺子和一个时钟。尺子的单位是什么，时钟的单位是什么，都需要准确地选择，否则就可能测不到心理发展的非连续性，或者有时很难区分到底是非连续性的还是连续性的。因为非连续性曲线有时很难和非常陡峭的连续性曲线区分开来，同样的模型既可以是阶段般的或者非连续性的也可以是连续性的，关键的区别是发展速度不同：发展速度较慢时产生平滑的连续的增长，而发展速度较快时会产生一系列的突然增长和下降（Fischer & Rose，1999）。另外，非连续性曲线很难和非常陡峭的连续性曲线区分开来，原因可能是实证数据的取样从定义来讲是离散的，因此很容易错过一些点，而这些点刚好在急剧增长线上（Van Dijk & Van Geert，2007）。因此，对于发展连续性和非连续性的研究，非常重要的一项工作就是要明确我们所测心理变量发展的不同状态和所测心理变量的时间点，而最后的结论可能也将局限于此。

第三节　发展心理学并非实验科学 *

> ▶▶**导言**：如果对发展心理学的学科性质认识不清，发展研究就容易偏离正确的学科目标和方向。目前，发展心理学通常被定位为实验科学，然而，这是对其学科性质的一种错误认识。从学科历史角度看，发展心理学有其独立的历史，它并不发源于也不依赖于实验心理学。实验法无法用于研究真正的发展问题，那些基于实验取向的心理学理论基本都秉持"非发展的"观点。所以我们提出，发展心理学并非实验科学，而接近于历史科学，它更应该被视为独特的发展科学。

虽然每一本发展心理学的教科书都会开宗明义，定义什么是发展心理学，什么是发展研究。这些界定似乎确定无疑，然而，真正令人困扰的问题恰恰在于，究竟什么是发展心理学，发展研究如何做。对发展心理学的学科性质，当前默认的基本定位和方法论取向是：发展心理学属于实验科学，所以实验法是发展研究的基本方法。这就是这个学科声称

＊本节内容根据我已发表的论文修改而成，原文参见：辛自强(2009)．发展心理学并非实验科学．首都师范大学学报(社会科学版)，6，73—79.

并实践着的主流方法论原则：书上写得很清楚，是为"声称"；我们都这么做，不这么做就觉得违背了什么准则，是为"实践"。我也曾这么想，这么做，但现在日益发现自己错了（或许我们很多人都错了）。本节的主要目的是反思并重新定义发展心理学的学科性质。

一、发展心理学是实验科学吗

当我提出"发展心理学是实验科学吗？"这个问题时，给人的第一感觉一定是"这个问题还需讨论吗！"难道还用怀疑发展心理学的实验科学性质吗？难道我们做发展研究的核心任务不就是做实验，通过实验发现事实，检验假设，最后获得理论认识，知晓心理发展规律吗？

要回答"发展心理学是实验科学吗？"这个问题，首先要定义清楚"科学"和"实验科学"的含义。

什么是"科学"？人们通常认为，科学是一种系统的、有组织的、正确的知识体系。对于这种观点的表述，"系统的""有组织的"等术语并不引起歧义，关键是"正确的"一词值得讨论。通常，或者在日常生活中，我们认为"科学的"就是正确的，科学知识就是真理。所以我们会把"科学"当成形容词，以此来修饰我们确信无疑的东西，如"科学训练""科学饮食""科学健身观"。而事实上，对某个命题或理论是否正确或者是否为真理加以判断并非那么容易，关于真理的判断问题历史上人们一直争论不休。绝对的真理观认为有绝对正确的真理，而坚持相对真理观的人则认为任何的所谓科学理论都是在科学发展历程中暂时被接受的，或者准确一点说是暂时尚未被证伪而只好接受的一组假设。因此，更稳妥的理解是：科学并不是一种静态的、"正确的"知识体系，它不是一种完成状态，而是对某种规律的探索过程，科学是"进行时的"、动态的过程——虽然我们一直在寻求一种正确的理论，历史上也确实存在很多所谓"正确的"理论。简言之，科学是"求真"的过程，所获得的真理具有相对性。这种关于科学的"过程观"和"相对真理观"更符合科学的实际情况，也更有利于科学发展。

对心理的发展研究旨在获得关于发展规律的正确认识，是"求真"的过程。发展心理学属于科学的范畴。而且，这种求真过程使用经验的方法。心理学作为"科学"，与其并列对立的提法是心理学作为"哲学"，即心理学有"科学心理学"和"哲学心理学"的区分，二者的差异是方法论上的差异，前者采用经验方法，后者采用思辨方法（张春兴，2002，p.8）。发展心理学同样采用经验的方法，属于科学范畴。这点并不存在疑义。

再来讨论"实验科学"，它最直接的字面意思，或最基本的意义就是，通过实验方法来研究问题。所谓实验方法，是在操纵自变量并控制无关变量的情况下观测因变量，以考察自变量对因变量影响的方法。如果实验结果表明因变量随着自变量的改变而变化，即认为自变量影响因变量，因果关系得到确证；否则，则下结论说，二者不存在因果关系，至少没有在实验中发现因果关系。科学的核心目标，就是确定因果规律。科学的重要性质"可控性""可重复性""可检验性"都在实验法中得到很好的体现。所以，实验法是科学之根本，发展心理学作为一门科学，离不开实验，发展心理学是实验科学当然的分支之一。就像心理学是实验科学，发展心理学是心理学，当然是实验科学。这里虽没有引经据典，但是我相信这类论证，在许多教科书上都能找到。然而，这种论证在逻辑上和事实上都是有问题的。

我的看法是，如果从最宽泛意义上来理解科学，即与哲学对立的研究方式，我相信发展心理学属于科学；如果把实验科学理解为基于实验法的科学研究方式，我则认为，发展心理学并非实验科学。这里可以从两个方面给出理由：一方面，从发展心理学的历史来看，它本不属于实验科学；另一方面，真正的"发展"问题是无法通过实验方法解决的。

二、发展心理学的历史独立于实验心理学

我们今天公认的发展心理学或者儿童心理学之父是德国人普莱尔，其著作《儿童心理》一书在 1882 年出版，这被公认为发展心理学诞生的标志(朱智贤，林崇德，2002，p.1)。在这之前三年，也就是 1879 年，另一位德国人冯特在莱比锡大学建立了世界上第一个心理学实验室，这标志着实验心理学的诞生。因为实验心理学是心理学的支配学科，所以很多人说这是"心理学"诞生的标志。不过，这种说法有以偏概全之嫌。比如，研究心理治疗、无意识的人，可能相信心理学是从弗洛伊德开始的。实验心理学诞生在前，发展心理学诞生在后，这纯属巧合，绝非是说实验心理学是发展心理学的基础(朱智贤，林崇德，2002，p.36)。无论从学术思想上，还是从个人成长上，早期发展心理学家都很少受到实验心理学家的影响。所以在《儿童心理学手册》的"发展心理学的历史"一章中，作者(Cairns & Cairns, 2006)明确指出："发展心理学有自己独特的历史，它虽与实验或普通心理学史有关却相对独立。"实际上，实验心理学的存在，在某种程度上阻碍了早期的发展心理学研究。比如，冯特这样的"大人物"是反对研究儿童心理的，因为小孩子语言能力有限，

很难应用他的实验内省法。

实验心理学的产生，是研究者向物理学、化学这类学科学习的结果。这些学科以实验法为基础，这种实验思想被借鉴来研究心理现象，才有了实验心理学。而发展思想的渊源则是生物学领域的那些涉及发生、发展、进化的分支，包括胚胎学、进化论、比较生物学等，如冯·贝尔的发展原理、海克尔总结的生物发生律以及达尔文的进化理论都是发展思想的直接来源。实际上，儿童心理学之父普莱尔本人也是一位胚胎生理学家，他出版《儿童心理》一书四年之后，又出版了其姊妹篇《特殊的胚胎生理学》。普莱尔两部著作构成了他完整的研究计划，即说明生命和功能在出生前和出生后的关联性。普莱尔的思想和整个的发展思想都受到了上述生物学分支的影响。发展心理学的"根"不是实验心理学，也不是实验科学，而是生物学中机能演化和发生的思想。直到后来的皮亚杰、沃纳这些伟大的儿童心理学家，都受到生物学的深远影响。例如，皮亚杰是生物学博士出身，毕业后转攻儿童心理学研究。关于历史问题，我不想展开叙述，《儿童心理学手册》的"发展心理学的历史"一章(Cairns & Cairns，2006)讲得很清楚，或者可参考朱智贤、林崇德两位教授(2002)合著的《儿童心理学史》。

这里要做的结论是，从学科起源来看，发展心理学的基础是"发生、发展"的思想，这些思想最初来自生物学的某些分支。实验心理学顶多是发展心理学产生的一个相关背景，二者是"相关关系"，而非"因果关系"。所以，有学者指出，发展心理学作为心理学的一部分，根本就是心理学历史中的一个矛盾(Valsiner，1995)。几乎所有的发展心理学的理论背景都源自以发展为取向的生物学分支(如胚胎学、进化论、比较生理学)，历史上很多主流发展心理学家也都是出自生物学背景。发展心理学这个学科自从孕育起就有些特别之处，就像它最初的名字叫发生心理学（genetic psychology，字面就是"遗传"心理学），它一直被关于变化的生物学模型所支配（Lerner，1995）。实际上，"发展"这个概念，在科学起源上就是来自生物学的（van Haaften，1997）。

三、实验无法解决"发展"问题

发展心理学本质上不属于实验科学，当然也不属于实验心理学，这是因为真正的发展问题无法通过实验来解决。发展的本质是心理在时间维度上的展开过程、变化过程（van Haaften，1997）。对于发展心理学家来讲，真正要解决的问题是心理如何随时间而发生和变化。只有对心理的时间本质的研究，才可能（未必一定）是真正的发展研究。现代科学关于时间基本属性的看法是非常明确的，即一维单向性，时间之矢一去不返，如同滔滔江水一样，"逝者如斯夫"。这点无论是对于科学而言（后现代思潮另有看法，这里不论），还是对于日常生活而言，无须论证。然而，在心理学研究中时间的单向性本质经常被忘记或忽略。简短地说，实验法的本质是操纵自变量，"实验研究的研究者可直接控制感兴趣的变量"（珀文，2001，p.17），发展心理学感兴趣的变量是时间，然而，时间的单向性决定了它不能被操控，也不能重复。由于时间不具备可控性和可重复性，无法在实验中操纵，而发展的基本维度恰恰是时间，所以发展研究本质上不能采用实验法，实验科学不能解决真正的发展问题，发展心理学自然不属于实验科学，更不用说实验心理学了。

就对时间本质的理解来讲，发展心理学与实验心理学的看法是完全不同的。发展研究中的时间，本质是一维单向的，发展具有不可逆性。普通心理学或实验心理学也涉及时间，如反应时，但它只使用了时间的长度性质，类似于物理学牛顿范式下对时间的理解——一个球体（玻璃球或者天体）的运动是需要时间的，这里的时间没有方向，只有长度，运动是可逆的；与此类似，在心理学中，对刺激做出反应的时间或者加工信息所耗费的时间，也没有方向问题，只有长度的考量。然而，现代物理学中的时间，是一维单向的，如霍金等人支持的"大爆炸"理论，讨论了宇宙在时间维度上的演化问题，这里的时间之矢一去不返。发展心理学里的时间观，类同于现代物理学的时间观。

正是对发展的"非实验科学"性质以及时间本质认识的模糊和动摇，阻碍着发展心理学的前进。在心理学研究中，实验取向占据着支配地位、霸权地位，甚至存在如陈立先生批判的"方法论帝国主义"和"方法论的制度化"，"就是因为方法论的制度化"，有人以为"只要用某种实验方法，好像结果就必然是科学的"（陈立，1997），反之，就不是科学。所以很多人，包括发展心理学研究者都存在错误的认识：为了让发展心理学更像科学，就把实验法作为发展研究成其为科学的基础。这有意或无意中阻碍了真正的发展问题研究。比如，发展心理学专业的研究生经常为自己不能像实验心理学专业的学生那样做实验而苦恼，他们的论文也容易受到那些以实验见长的评审者的批评。于是很多发展心理学研究者经常滑入一般实验心理学的框框中，做出了一些"非发展的"研究，模糊了自己关注的问题性质和学术方向。

例如，假定有儿童心理学家认为受到挫折是引起儿童攻击行为的主要原因，而试图提出"挫折－攻击说"，那么可以用实验方式创设情境使儿童受挫，然后观察他们是否比没有遭受挫折的儿童更富有攻击性，从而寻找"受挫"与"攻击性"之间的因果联系。这种研究本身没有问题，但是却无法做出任何发展的说明，它只是以儿童为被试的普通心理学实验而已。"实验儿童心理学"（国外有专门的《实验儿童心理学杂志》）的存在，是一个有些讽刺意味的现象。如果可以笼统地说，发展心理学家可以做实验，那么实验一定是"非发展的"实验，与普通心理学的实验无异，只是采用了某个或几个特定年龄的被试而已，这种实验研究无法探讨心理的发生、发展规律。总之，对实验法的推崇，会让人们忘记发展研究的本质。

回顾发展心理学的历史，真正的发展心理学家是不做实验的。例如，皮亚杰就不做实验，虽然他喜欢弄些有趣的物理小实验来研究儿童的认知，但这里的实验并不是普通心理学意义上的"实验"，而是为了观察儿童的表现设计的一种刺激条件，研究的目的不是为了证明"实验"条件与心理的因果关系，而是要刻画不同年龄儿童的思维结构各有什么特点。或者可以说，这是一种实验观察法，而非实验法。我们可以在实验室里观察，甚至创造条件来观察，但仍然是观察，最后要回答的问题是不同年龄的儿童有什么认知特点，但研究并不能操控年龄。对时间或年龄，不能做"真实验"。

在发展研究中，观察法、访谈法、量表法等都大有用处，然而，唯独真正的实验法却用不上。那些基于实验法建立起来的理论，如行为主义理论、社会学习理论、大部分的信息加工理论，几乎毫无例外地秉持了"非发展观"（俞国良，辛自强，2004），这是因为研究者采用的实验方法已经决定了他们不可能看到发展过程。

四、重新定义发展心理学的学科性质

上文只强调了发展心理学的"非实验科学"性质，说明它不是什么。如果发展心理学不属于实验科学，那它究竟是什么呢？从学科研究内容上来讲，发展心理学肯定是心理学，因为它研究心理现象，然而，就学科性质而言，它应该更接近于历史科学，而非实验心理学或实验科学。凡是与时间有关的学问，大致可以归入历史科学的范畴：关于人类社会发展的研究，是一般历史学的内容；关于自然的演化规律的学问，属于自然历史学范畴；关于心理的发生和变化规律的研究，属于发展心理学的范畴。所有这些都可以称为广义的"历史科学"。

我们重点来看关于自然世界的研究的划分。有学者（Thorngate，1995，p. 41）指出："我们必须能够从自然科学（natural science）和自然历史（natural history）之间的差异上得到借鉴。天文学、地质学、古生物学和生态学方面的自然历史学家们虽然在发展新的观测程序时充分利用了自然科学的方法（如多普勒效应、碳定年、无线电遥测），但是他们提出了和自然科学家不同的问题，并且使用不同的方法来回答这些问题。自然历史学家只对他们认为重要的特定事件进行解释。比如，土星由什么组成？大陆为什么漂移？为什么在哥斯达黎加的物种数量比加拿大还多？要回答这些问题，自然历史学家们很少随机抽样，很少操纵变量，很少做显著性检验。相反，他们不断提高观测装置，仔细地寻找和思考解答问题的线索，最后完成了结论具有推广价值的研究。"这段话说的"我们"，可以被合理地理解为发展心理学家。就像对自然世界的研究可以分成自然科学和自然历史科学那样，对心理世界的研究也可以分成一般的实验科学和发展科学。虽然发展心理学可以利用实验科学的某些方法，但关键并不在于"随机取样""操纵变量""做显著性检验"，它有自己独特的方法取向。

实际上，发展心理学曾被一些早期的儿童心理学家称为"历史心理学"。美国人霍尔曾将心理学划分为三个领域：实验心理学、历史心理学和本能研究（排名有先后）。这里的"历史心理学"包括对儿童与青少年的研究以及对原始人类和民族信仰的研究。然而，不幸的是，霍尔在对发展心理学学科地位的看法上沿袭了他的德国老师冯特的观点。在三个分支中，霍尔认为实验心理学是"更核心的，而且应归结于更为精确的方法"，这些方法包括反应时法、心理物理法以及研究感知觉关系的内省法。由于历史心理学和本能心理学一定要依赖于观察法和相关法，所以它们被认为难以得出普遍的、永久的原理。由此，"第二门心理学"（在他划分的三个分支中排行第二的历史心理学）就成了"二流的心理学"（Cairns & Cairns，2006）。霍尔这位美国人自认的儿童心理学之父，在他老师发展起来的强大的实验心理学的阵势面前，对儿童心理学的地位并没有足够的信心，对学科方向的认识也有些模糊。这也难怪，在 20世纪早期之前，美国早期的心理学家们也存在"崇洋媚外"的倾向，他们那时崇拜的是德国，是冯特。这就像今天我们中的很多人对美国心理学所保持的态度一样，我们没有自信可言。然而，霍尔对方法学的看法是对的，即儿童心理学不能依赖实验法，虽然他尚无法摆脱对实验心理学的迷恋。

如果把发展心理学划入历史科学的范畴中，我们会更加清晰地认识到，它的本质是关于心理发展历史的研究。这种研究，就像对自然历史和人类历史的研究一样，无法依赖于实验方法，由此我们可以深化对其"非实验科学"性质的认识。发展研究涉及时间问题，在发展心理学中的时间有不同的尺度：在宏观尺度上，是对人类（还有动物）心理进化的研究，如今天的进化心理学、比较心理学，又如对心理变迁的横断历史研究（辛自强，池丽萍，2008a，2008b）；在中观层面，就是对个体毕生心理发展的研究，这是当今狭义发展心理学的内容；在微观层面，可以研究几天、几个周之内心理的微观发生过程，比如，微观发生法可以用于这个层面的研究。无论哪个层面的发展研究，获取经验资料的基本方法都是观察法、访谈法以及各种调查法，而非实验法。它对发展本身难以进行控制性实验，但是可以做模拟性实验。一种模拟的可能途径是，用微观发生法在短期内模拟中观时间尺度上的发展，然而只是模拟而已，而非对时间的控制。

总之，发展心理学在学科内容上是心理学（所以在体制上属于心理学院）；在学科性质上具有"非实验科学"性质，而更接近自然历史和人类历史研究，可以归入广义历史学中（划入历史学院也未尝不可，虽然有些戏谑之意）。然而，更准确地说，发展心理学属于"发展科学"（它就是自己，不必隶属于谁），是发展科学最典型的代表。对发展心理学的学科属性，可做如下解释。

第一，它是科学。科学研究是通过经验方法"求真"（虽然未必有绝对的"真"）的过程，探求规律的过程。规律就是"是"——事物本身到底是什么，所以发展心理学要"求是"。求是的方法，就是"实事求是"，追求"实事"就是获取经验（科学家不满足于哲学思辨），从实事中"求是"，就是借助理性（像哲学家一样使用理性）把握规律，借助各种方式来表达规律。这里所谓的"规律"是以日常语言或以形式化的语言（如逻辑等）来表达的。它的意义有时是指能以数学函数的形式来表达的变量关系，但也指一般事实或序列关系、结构等（皮亚杰，2002，p.2）。

科学对规律的理性把握是建立在获取经验资料基础上的，而非止于思辨。凡是能让研究者获得关于心理发展方面的经验资料的方法都是可以使用的。自然观察法、实验观察法、调查法（问卷法与量表法）、档案法、个案法、作品分析法、横断历史的元分析等，都是获取经验资料的方法，然而如何从经验中概括出规律，这是个理性过程，并非获取经验就是科学研究的终极目的，科学研究还要让经验和理论相协调（皮亚杰，2002，p.82)，把握并表达事象背后的规律。总之，发展心理学作为科学，要基于经验且以理性把握经验中的规律，发展心理学是"求是"的科学。

第二，它是关于"发展"的学问，研究的对象是个体和人类心理发展史。何谓发展？"用最一般的术语讲，任何科学中的发展观点，都需要探索不可逆转的时间流里新异性出现的一般规律（瓦西纳，2007，p.21)。"发展取向的研究，在内容上关注系统的演进规律，包括系统中的新异性是如何出现的，一个系统如何转化为另一个系统，以及一个系统如何维持自身的存在；而且，发展取向的研究所获取的核心规律必须是关乎时间维度的，这里的时间是不可逆转的。具体到心理发展的研究，我们可以刻画某种能力演变的过程，某个领域知识建构的顺序，各种人格特质如何变化，个体内的与个体间的变异如何发生，心理如何随着社会变迁而变迁。举例来说，皮亚杰关于认知结构的"平衡－不平衡－平衡"的公式，就是在描述认知结构的发展问题。

就个体毕生发展心理学而言，所得发展规律是可以被粗略地重复观察而得到检验的，虽然这种检验不是实验检验，而且前一次观察和后一次观察的对象并非同一个人。也就是说，在假定宏观历史进程不发生影响的情况下，在不同出生组的个体层面上重复观察。这个假定完全是为研究需要而做的模型"简化"。然而，在终极意义上，所有层面的时间都是一去不返的，我们不能两次同样踏进个体生命的河流，也不能两次同样踏进历史进程的河流。时间不能重复，与发展有关的规律不能做控制性的实验检验。规律之所以被相信，不是因为得到实验检验，而是因为符合我们的理论预期，即经验事实和理论假说的协调。如果经验事实可以被反复在类似条件下观察到，就足够可信了，然后根据所谓的经验事实决定理论假说的取舍和修正。

规律，往往只是概括性的认识，而发展研究不仅要追求这种概括化的甚至简化的认识，还要追求恢复心理历史本身的丰富性和完整性，即详尽地刻画心理历史的本来面目。不仅要知道规律，还要知道细节。发展或历史研究的一个特殊目标是"讲故事"，这对于研究人类心理进化尤其重要。如果说"求是"是核心目标，那么"求事"，即获取事情的真相和细节，则是基础性工作。发展心理学作为一门学科，不仅要展示规律的简洁性，还要刻画发展过程丰富的细节。这点和一般历史学有些不同，一般历史研究中"求事"是核心目标，而所谓对历史规律的探求更多的不是历史学本身的事情，而研究的是经济学规律或者社会学规律（皮亚杰，2002，p.6）。

最后，更准确地说，发展心理学是发展科学，发展科学属于经验科学，但不是狭义的实验科学。前文已经否定了发展心理学的实验科学性质。如果不用实验法，发展心理学家还能得到因果性认识吗？可以。并不是所有的因果关系都要通过实验获得。比如，生活中，我们经验地知道，"上次考试时我生病了，所以没有考好"，这难道不是因果性认识吗？我们可以观察到很多因果性关联，而不必实验。并非只有通过控制性实验才能得到因果性认识。虽然，在心理学中我们经常怀疑不通过实验得到的认识的科学性，但是天文学家、古生物学家也不做实验，似乎他们研究的依然是科学。科学的本质是借助于经验的方式来验证或证伪假说，获得确切的认识。从宽泛意义上讲，实验科学就是经验科学，所谓"实验"若不狭义地理解为实验法，而理解为"实际经验"，那么发展心理学也可以姑且算作实验科学，即经验科学。但前文主要做狭义理解，以澄清发展研究的本质。

经验的方法有很多，实验只是一种。如同有学者区分的那样，在心理学中有多种基本的方法取向，除了实验取向，还有临床取向和相关取向等（珀文，2001，p.3），而皮亚杰的方法自成一个取向（俞国良，辛自强，2004）。所有这些方法取向均无高下之分，关键是看能否解决我们关心的问题。

除了实验中基于变量操控的逻辑推测因果关系外，很多方法都可以用于推测因果关系（皮亚杰，2002，p.19），比如，预测法。对于很多现象，我们无法进行实验操控，但是能进行多次准确测定，这时可以采用预测法来寻找规律性。如果理论预测能够和测量结果吻合，就表明理论是暂时可以接受的，或者说，我们相信理论所表达的事物规律是存在的。这种方法，在天文学中时常用到。例如，牛顿的天体力学做出的预测，每每都与实际测量相吻合，从而得以确认。然而，我们不可能对天体做实验。类似道理，预测法对于发展规律的获得尤为重要。又如，系统的共生法。很多发展心理或社会心理现象都依赖于历史演变，这种历史性的过程，难以进行实验，这些现象本身也使我们无法做出演绎性的假说并寻求观测事实的否证。这时可以采用系统的共生法。如果一个事件和另一个事件具有某种共生关系，我们很难确定它们之间的因果规律，但如果二者在很多情况下都是如此，那么我们对其关系的把握就大得多（虽然未必总是因果关系）。在古生物学中，依据对考古发掘物准确的地层学确定，考古学家就可以恢复古生物环境，并且做出因果结论，如推测某种动物繁荣或消亡的原因是什么。所以，对于涉及历史过程的研究来说，有学者认为，关键并不在于"随机取样""操纵变量""做显著性检验"（Thorngate，1995）。

然而，在非实验条件下，如何由经验资料推知因果规律涉及复杂的逻辑问题，这里不再展开论述。而且，发展研究不仅要获取因果规律，还要获取相关规律。虽然前文强调，实验法难以用于研究"发展问题"本身，但并不是说在发展心理学中完全不能使用实验法，因为发展心理学也涉及"非发展"的问题，如说明某种外部条件对心理发展的影响时，完全可以控制条件做实验检验，用干预实验来改变个体发展的方向和进程都是可能的。但此时，我们并没有对"时间"本身做什么。

综上所述可知，发展心理学并非实验科学，而是接近于历史科学，更准确地说，发展心理学是独特的发展科学。从学科历史角度看，发展心理学有独立的历史，它并不发源于也不依赖于实验心理学。实验法无法用于研究真正的发展问题，那些基于实验取向的心理学理论基本都秉持"非发展的"观点。只有对发展心理学的学科性质和方法论原则有清晰正确的认识，发展研究才可能找到正确的学科目标和前进方向。

第四章

心理结构研究方法

　　心理学研究的核心不是心理的内容，而应该是内容的组织方式——结构。在心理学的历史上，像皮亚杰、沃纳、凯利这些伟大的心理学家都曾以对心理结构的研究见长，然而，当前研究者大多只习惯分析一些心理变量得分的高低及不同变量的数量关系，很少关注也不了解如何探究心理结构，心理学研究的结构主义传统日渐暗淡。心理的本质在很大程度上是由其内容的结构方式来决定或表现的，结构直接体现了心理"质"的差异。明确心理的结构本质，量化研究才有意义。因此，心理学有必要重新复兴这种结构主义的方法传统。本章第一节介绍了社会身份复杂性的理论及其测量和实验操纵方法；第二节介绍了社会认知复杂性的三种测量方法；第三节介绍了我们自己提出的关系—表征复杂性模型。这三节介绍的实际上是社会身份表征结构、社会认知结构、一般的表征结构的分析和量化方法，三者都侧重衡量结构的复杂性。

第一节　社会身份复杂性研究方法[*]

> ▶▶**导言**：每个人都可能隶属于多个社会群体，个体感知到的自身所拥有的多重内群体身份之间的重叠程度，就反映了这个人的"社会身份复杂性"。社会身份复杂性理论自从提出后得到广泛应用，其理论观点被不断拓展，而且研究方法也在不断更新。本节首先简要介绍多重内群体身份表征模型，然后重点介绍社会身份复杂性理论的观点、测量方法、实验操纵范式等。

　　日常生活中，人们可以同时成为多种社会群体的成员，从而具有相应的群体成员身份或者社会身份。通常，人们拥有四到七种重要的社会身份(Brewer，2000)，如国家、民族、性别、职业、宗教、政党派别和社会经济地位等。有关多重社会身份对他人感知的影响的研究发现，感知者有时是根据主导性的类别身份评估他人，并且忽视甚至是抑制其他的类别身份(Crisp & Hewstone，1999；Macrae, Bodenhausen, & Milne，1995)；有时则是根据不同类别身份之间的线性可加性联合评估

　　* 本节内容根据我们已发表的论文修改而成，原文参见：辛素飞，辛自强(2012). 社会身份复杂性的研究：理论、方法与进展. 心理科学进展，20(3)，433—442.

他人(Hewstone，Islam，& Judd，1993)。然而，这些研究并未考虑感知者对自己具有的多重社会身份的表征方式是否影响他们的人际知觉和社会行为。

例如，一个同时是白人和基督教徒的人如何看待一个既是黑人又是基督教徒的人，可能取决于感知者是依据种族身份还是宗教身份界定自己的内群体。有关内群体的表征不仅影响自我概念，而且还影响自我和他人之间关系的性质，因此理解多重社会身份的结构是很重要的。

为了更好地理解多重社会身份的结构以及它对群际态度与行为的影响，罗卡斯和布如尔(Roccas & Brewer，2002)提出了社会身份复杂性(social identity complexity，SIC)的概念，它的提出促进了群际关系领域的社会心理学研究。本节先介绍这一理论的发展过程，再详细介绍社会身份复杂性的测量方法和实验操纵方法。

一、社会身份复杂性理论

社会身份复杂性理论是在 2002 年由以色列开放大学的索尼亚·罗卡斯(Sonia Roccas)和美国俄亥俄州立大学的玛丽莱恩·B. 布如尔(Marilynn B. Brewer)提出的，这一理论的基础是多重内群体身份表征模型。我们课题组在使用社会身份复杂性理论时，又对原初的观点进行了拓展(辛自强，辛素飞，2014)。这部分按照理论演进的逻辑加以介绍。

（一）多重内群体身份表征模型

在现实生活中，存在于群体之中的个体可能同时具备多重社会身份，不同身份有时会出现重叠现象，并且这种重叠程度可能是因人而异的(Roccas & Brewer，2002)。例如，一些群体可能完全被嵌入其他群体中(例如，所有天主教徒都是基督教徒)，一些则完全不交叉(如伊斯兰教和基督教)，还有一些可能仅仅是部分重叠(如医生和女人)。如果根据不同类别界定的内群体之间的重叠程度较高，那么身份就是相对简单的，对于任何一个类别来说，构成内群体和外群体的个体大都是一样的。例如，如果几乎所有的摩门教徒都居住在美国犹他州并且几乎所有的犹他人都是摩门教徒，那么基于宗教信仰的内群体包含的个体与基于居住地的内群体包含的个体都是一样的。然而，当重叠程度较低时，社会身份就变得相对复杂，在某一类别上是内群体成员的个体同时在另一类别上又是外群体成员。例如，一名女性高层经理，在职业身份上，她极有可能将男性同事作为内群体成员，然而在性别身份上，她有可能将男性同事作为外群体成员。也就是说，身份重叠会简化身份结构，反之，则增加身份复杂性。当一个人意识到自己的多重内群体是非重叠成员身份，其主观身份结构就会变得更加包容和复杂。

人们可以根据复杂性和包容性的连续体对多重社会身份进行表征，它能够反映个体的群体身份表征方式以及不同的身份被区分和整合的程度。为了进一步说明社会身份是怎样结构化和组织的，罗卡斯和布如尔(2002)提出了多重内群体身份表征模型，主要包括四种多重社会身份表征模式(见图 4-1，其中的 A 和 B 表示两种社会类别)，它们反映了多重内群体之间关系的不同主观表征方式。

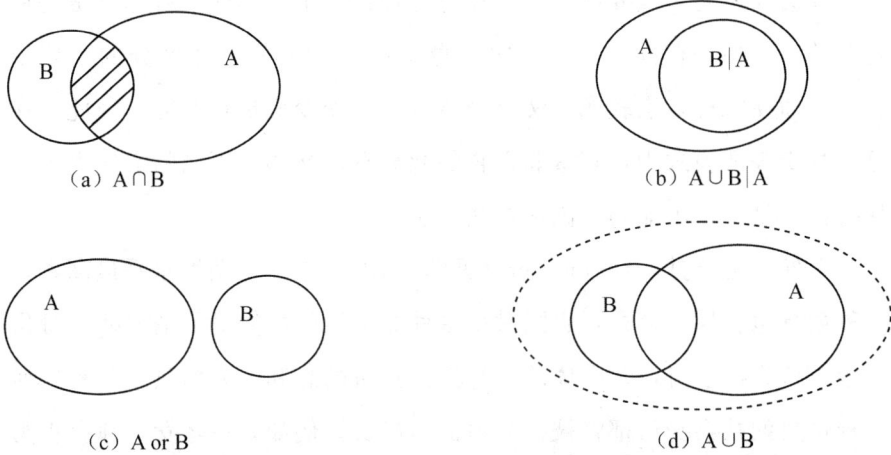

图 4-1　多重社会身份表征模式

（资料来源：Roccas & Brewer，2002）

第一种是交集表征（intersection）（见图 4-1a），是复杂性最低的形式，它将多重社会群体身份简化成一种单一的高度排他性的社会身份，将内群体界定为多重群体成员身份的交集（或重叠），不具备交集身份的个体都将被视为外群体成员。例如，一名女律师根据性别和职业的交集身份界定自己的主要社会身份，她可能将其他的女律师看作内群体，将男律师作为外群体。

第二种是主导表征（dominance）（见图 4-1b），也是一种低复杂性的形式，在该模式中有一种主导型的社会身份，其他的类别身份附属于它，都包含在主导群体身份之中。例如，一名将职业身份作为主导社会身份的女律师，会将其他的男律师和女律师都作为内群体成员。

第三种是区分表征（compartmentalization）（见图 4-1c），代表较高复杂性的形式，认为多重社会身份保持高度的情境特性。在某种情境下，一种社会身份是最重要的；然而在另一种情境下，其他的群体身份是最重要的。例如，在办公室里，职业身份可能是内外群体区分的主要依据；然而在家里，宗教或者文化群体身份可能变成最重要的。因此，在这一身份表征模式中，多重非重叠的社会身份能够在不同的情境中得以保持，但是个体不能同时激活这些身份。

第四种是合并表征（merger）（见图 4-1d），它的复杂性水平最高，是一种最具包容性的形式，它同时将多种非汇聚的群体身份纳入社会身份之中，认为社会身份是个体的所有群体身份的总和。人们只要具有任何一种重要的社会身份都将被视为内群体成员。例如，一名女律师会将男律师和非律师的女性都作为内群体。

上述四种模式体现出社会身份有高复杂性和低复杂性的区别。高复杂性意味着承认各种内群体分类之间的差异和不同，其中，区分表征与合并表征是高复杂性表征模式。然而低复杂性意味着个体具有多重身份，但各种身份之间的同质性很强，交集表征和主导表征属于低复杂性表征模式（Roccas & Brewer，2002）。然而，在该理论模型中，作者还没有提出有效的度量社会身份复杂性的指标和方法。因此，她们后来对社会身份复杂性的量化方法进行了完善。

（二）社会身份复杂性理论

社会身份本身是客观存在的，但我们对多重社会身份的主观表征的复杂程度可能是不同的，这会影响人们对他人的感知判断。为了更好地理解多重社会身份表征的影响，布如尔及其合作者提出了社会身份复杂性的概念，它是指个体对自己的多重内群体身份之间的关系进行主观表征的方式，是个体感知到的多种群体身份之间的重叠程度（Brewer &

Pierce，2005；Miller，Brewer，& Arbuckle，2009；Roccas & Brewer，2002）。低社会身份复杂性的人认为他们的内群体身份之间的重叠程度很高，即保持一种相对简化的身份结构。例如，一名具有低社会身份复杂性的白种共和党人可能认为基本上所有的白种人都是共和党人，所有共和党人都是白种人。然而，高社会身份复杂性的人则认为他们的内群体身份之间重叠程度很低。例如，高社会身份复杂性的白种共和党人会意识到并不是所有的白种人都是共和党人，并不是所有的共和党人都是白种人。

　　社会身份复杂性是认识和解释自己内群体身份信息过程的产物，拥有一种复杂的社会身份取决于两个条件：意识到多重内群体身份并且这些身份是非汇聚的（Roccas & Brewer，2002）。由类别表征理论（Smith，1998）可知，社会类别可以从群体原型属性和群体成员构成两个方面来表征，因此，罗卡斯和布如尔（2002）提出，社会身份复杂性可以根据两个不同但相关的子成分来理解，即重叠复杂性（overlap complexity）和相似复杂性（similarity complexity）。重叠复杂性是对不同社会类别之间在数量或比例上的实际重叠程度的主观感知。当个体认为他们的多重内群体之间高度重叠时，就会表现出低社会身份复杂性；相反，当他们意识到并不是所有的内群体都重叠时，就会表现出高社会身份复杂性（Brewer & Pierce，2005）。相似复杂性则是个体根据类别的定义和特性等内容对其所属类别之间的相似性做出的主观判断。它评估的是人们感知到自己作为不同内群体成员的意义是否相似，也就是说，当个体认为他们所属的内群体之间越相似，那么他们的社会身份复杂性就越低（Al Ramiah et al.，2011）。

　　罗卡斯和布如尔（2002）认为社会身份复杂性可以作为一种个体差异

变量来评估，为了操作化的目的，她们将社会身份复杂性界定为个体感知到的所有内群体身份配对之间的重叠程度的总和，这是对社会身份复杂性的"反向"评估。具体来说，用自我报告问卷直接询问被试他们对自己的社会群体身份或特性的重叠程度的感知，求出一个重叠平均数作为社会身份复杂性的反向测量指标。高程度的重叠表示一种低复杂性的社会身份表征，低程度的重叠反映了一种更加复杂和包容的社会身份表征。

社会身份复杂性的操作定义类似于林威尔（Linville，1985）的自我复杂性（self-complexity）概念。林威尔（1985）认为人们在自我知识结构的复杂性上存在个体差异，一种简单的自我概念就是具有重叠特征的自我方面的数量较多，而复杂的自我概念则由具有多种独立特征的方面组成，重叠程度较低。社会身份复杂性跟自我复杂性是相类似的，因为它们都是描述自我的各个方面（自我概念的内容或者社会身份）之间关系的概念，都会受到认知风格、情境特性的影响，而且它们可能存在年龄差异，年长的人可能要比年幼者的复杂性程度要高。然而，它们所关注的内容和测量方式方面存在差异，自我复杂性关注的是对个体属性的感知结构，社会身份复杂性关注的是对内群体身份的感知结构。

因此，当测量自我复杂性时个体报告的是他们对自己个人属性的感知，来源于个体自我特性的多重表征，是一种个人自我。然而，当测量社会身份复杂性时，个人报告的是他们对自己所属群体原型（prototype）的感知，来源于他们对内群体的整体性表征，是一种集体自我（Roccas & Brewer，2002）。

（三）社会身份复杂性理论的拓展

社会身份复杂性的概念自从 2002 年提出后，布如尔课题组以及其他一些研究者都在使用（如 Al Ramiah et al.，2011；Crisp，Turner，& Hewstone，2010）。研究者主要探讨了社会身份复杂性如何影响人们的群际知觉和态度。研究结果表明，高社会身份复杂性的个体将会比低社会身份复杂性的个体更能容忍外群体，这主要是因为高社会身份复杂性的个体更有可能意识到在某一个群体身份维度上是外群体的人，可能同时在某些不同的维度上又是内群体成员，从而降低对内群体的积极评价，增加对外群体的容忍与肯定（Brewer & Pierce，2005；Miller et al.，2009；Roccas & Brewer，2002）。

虽然社会身份复杂性理论的提出有重要意义，但是反观该理论及有关研究，可以发现有两方面问题值得澄清（辛自强，辛素飞，2014）。一方面，社会身份复杂性应该包含主观和客观两个层面，但后者却被忽视了。布如尔等人的理论主要是从主观表征层面界定社会身份复杂性的，该理论假定人们本身具有多重群体身份，人们需要对自己具有的多重身份之间的重叠程度进行主观评定以确定其复杂性，但并未讨论身份数量多少的问题。然而，每个人具有的身份数量多少本身是不一样的，并且身份数量更直接地体现了身份的复杂性。可见，社会身份数量多少本身就值得研究。由此，我们对布如尔等人的概念进行了拓展，从客观层面对社会身份复杂性重新进行操作界定，用以指代人们具有的社会身份数量的多少（辛自强，辛素飞，2014）。个体具有的社会身份数量越少（或单一化），复杂性越低；社会身份数量越多（或多样化），复杂性越高。

另一方面，要区分自身与他人。具体地说，社会身份复杂性不仅指我们表征到的自身身份的复杂性，也应包括表征到的他人身份的复杂性。因为人们的社会交往和社会决策，既取决于如何表征自身的社会身份，也受制于如何表征他人的社会身份。到目前为止，布如尔等人的社会身份复杂性理论只关注个人表征到的自身社会身份复杂性如何影响其对他人的人际知觉，而没有考虑个人表征到他人的社会身份复杂性如何影响其对他人的感知与评价。

总结一下，我们在上述分析中实际上提出了如图4-2所示的对社会身份复杂性的类型划分（辛自强，辛素飞，2014）。作为一种社会事实，自身和他人都有或多或少的社会身份，社会身份数量的多少体现出客观的社会身份复杂性；一个人在社会交往中，既要表征自身的社会身份，也要表征他人的社会身份，由此做出相应的社会决策，如评价他人是否可信，决定是否信任他人。布如尔等人主要关注了图4-2中"表征到的（主观的）自身社会身份复杂性"，而相对忽略了其他三个类型。

	自身	他人
心理表征	表征到的自身 社会身份复杂性	表征到的他人 社会身份复杂性
社会事实	自身客观的 社会身份复杂性	他人客观的 社会身份复杂性

图4-2　社会身份复杂性的类型
（资料来源：辛自强，辛素飞，2014）

实际上，无论自身还是他人，首先拥有的是客观的社会身份复杂性，即身份数量的多少。"人在本质上是社会关系的总和"，但是每个人实际拥有的社会身份或社会关系的数量可能是不同的。这种客观的社会身份复杂性会直接影响人们的社会行为。譬如，有更多社会身份的人就可能卷入更多群体的活动并拥有相应的社会资源。而且我们的研究表明，他人多重社会身份的凸显（客观社会身份复杂性增高）会提高人们对其可信性的评价（辛自强，辛素飞，2014）。

不仅是客观的社会身份复杂性，人们对于同样的多重社会身份之间关系的表征的认识可能也是不同的，用布如尔等人（Brewer & Pierce，2005）的话说，这些身份的重叠程度或相似程度越高，表征到的社会身份复杂性就越低。然而，遗憾的是布如尔等人只是探讨了人们表征到的自身社会身份的复杂性有何影响，而在社会交往中，我们不仅要知道自己是谁以及有什么样的社会身份，还要知道对方是谁以及有什么样的社会身份。个体表征到的他人社会身份的复杂性，也可能影响个体的社会决策和社会行为。

二、社会身份复杂性的测量方法

社会身份复杂性测量就是计算感知到的多种社会身份之间的重叠或相似程度。已有研究（如 Brewer & Pierce，2005；Crisp et al.，2010；Miller et al.，2009；Roccas & Brewer，2002）基本都是采用问卷法对社会身份复杂性进行测量，下文综合这些研究具体说明社会身份复杂性的测量方法。

（一）问卷调查法

根据前面提到的社会身份复杂性理论可知，社会身份复杂性有两个指标：重叠复杂性和相似复杂性。社会身份复杂性测量就是计算感知到的多种社会身份之间的重叠和相似程度。罗卡斯和布如尔（2002）采用问卷调查法对美国和以色列大学生的社会身份复杂性进行了测量。这里以美国大学生的研究为例，具体说明社会身份复杂性的测量方法。

研究的初始阶段让被试列出多种他们所属的社会身份（如种族、宗教、政治、社会组织等），并且指出哪些群体身份对他们比较重要。结果发现，大多数学生列出至少四种不同的社会身份，他们认同自己是白人、美国人、大学生并隶属相关的宗教派别。然后，研究者提醒被试刚才所列的社会身份，并询问一系列关于他们内群体身份的所有配对（如天主教和美国人）之间关系的问题。其中，一些问题用来评估被试对各种内群体身份在每个比较方向上重叠程度的主观印象。例如，"在天主教徒中，有多少人是大学生？""在大学生中，有多少人是天主教徒？"要求被试用 10 点量尺（1＝很少，5＝大约一半，10＝全部）对问题进行一一判断。因此，重叠复杂性指标是通过计算所有内群体配对间的重叠性评估的平均数得到的，高分表示在表征多重身份时高重叠（低复杂性）。另外，还有一系列问题是用来评估对每个内群体间相似程度的主观印象。对于四种内群体身份的所有配对，都会要求被试报告其中一个群体中的典型成员跟另一群体的典型成员"是否高度相似"。例如，"典型的美国人与典型的大学生很相似"，要求被试用 7 点量尺（1＝非常不同意，7＝非常同意）对问题进行一一评分。因此，相似复杂性指标是通过计算所有群体配对间的相似性评估的平均数得到的，高分代表更多的相似特性，也就是低社会身份复杂性。

社会身份复杂性问卷是从被试所列的群体身份中选取多种相同的身份编制而成的，问题比较有针对性，对于同一被试群体的每个人来说，内群体身份都是恒定的，可以保证被试之间的高度可比性。但是，该方法可能会受到被试群体的影响，对不同的被试群体进行施测需要编制不同的问题，稍显烦琐。此外，已有的测量仍然比较粗糙，测量的信效度也需要进一步验证。

（二）计算机测验法

社会身份复杂性的测量也可以在计算机上实现。有研究者设计了一种简单的电脑程序收集社会身份的重叠分数（Miller，Brewer，& Arbuckle，2009），这种技术仍然是利用被试提供的自我生成的内群体身份。测试中的被试，以3~5人为小组，通过电脑独自完成"群体生成问卷"（Group Elicitation Questionnaire，GEQ）和一系列测量社会身份重叠度的题目。

群体生成问卷由一系列多重选择问题组成，用来获得被试的每个类别的群体身份信息，包括种族/民族、宗教信仰、家乡城市大小、出生地区、运动迷、社会经济地位和政党团体。对于每一个类别，向被试呈现他们可能属于的群体身份清单。例如，被试会被问及"这些民族/种族群体中的哪一个能最好地描述你"，后面跟着一个种族/民族身份清单（如白人、非洲裔美国人、亚裔美国人等），记录被试反应之后，接着进行下一个问题（如你属于下面任意一个宗教群体吗？如果是，是哪一个?），然后从身份清单中选择。每个问题都包括"以上都不是/不适合"选项。被试对每一个类别做出反应之后，屏幕会呈现出被试的所有反应，并生成一个他们所属群体的表格。由于被试都是大学生，因此，研究将"大学生"这一共同群体身份增加到所属群体表格中，然后让被试选择四个最重要的群体身份。对每个被试来说，多重内群体的集合都是与众不同的，即使不同的被试选择不同的内群体，但是内群体集合的大小和正交性是恒定的，感知到重叠的任何差异都是对主观认知差异的反应，可以有效地保证被试之间的可比性。

社会身份复杂性的重叠度指标测量是由一系列问题组成的。研究让被试评估四个群体所有配对之间的身份重叠程度。在评估之前告知被试："在测试的这一部分，我们对于你对你所属群体身份的印象感兴趣。例如，一些属于同一个宗教群体的人也属于同一个政治群体。我们将询问你一些问题，用来评估自己所属群体之间成员的重叠程度。

例如，我们可能问你群体 1 的人有多少是群体 2？如果所有群体 1 的人也都是群体 2，那么你要说 10(所有都是)；如果群体 1 没有人是群体 2，那么你要说 0(没有人)。"然后要求被试采用 11 点量尺(0～10)对四个群体所有可能的配对进行反应：0 表示"没有人是"，2 表示"很少人是"，5 表示"一半人是"，8 表示"大部分是"，10 表示"全部都是"。重叠复杂性分数是通过计算所有配对的评定分数的平均数得到的，高分数表示群体之间重叠程度高，具有低社会身份复杂性；低分数表示群体之间重叠程度低，具有高社会身份复杂性。

计算机测验法利用被试生成的群体身份和对这些群体重叠度问题的反应成功地重复了先前研究的结果(Brewer & Pierce，2005；Roccas & Brewer，2002)，因为采用该方法测量的社会身份复杂性和相关变量(群际情感和态度等)之间的关系与采用问卷调查法得到的结果是一致的。从本质上来说，上述两种方法都是调查法，测量的内容大都是一致的，只不过问卷调查法是纸笔方式，而计算机测验法则是用电脑控制的方式，操作更自动化。

三、社会身份复杂性的实验操纵方法

先前的研究主要将社会身份复杂性当成个体差异变量加以测量，由于缺乏实验操控逻辑，难以考察它对其他变量的因果作用，而只能考察变量之间的相关关系。为了获得因果性知识，我们在实验研究中开发了社会身份复杂性的操纵方法，主要从两个方面来操纵社会身份复杂性：一是客观的社会身份内容及其数量，这种客观刺激很容易操纵，直接在刺激材料中提供即可（辛自强，辛素飞，2014）；二是主观的社会身份复杂性，它可以通过实验干预加以激活或改变（Xin，Xin，& Lin，2016）。在这里，我们重点说明自身的主观社会身份复杂性和他人的客观社会身份复杂性的实验操纵方法。

（一）主观社会身份复杂性操纵：社会身份地图法

如前所述，布如尔及其合作者主要采用"相关研究"设计，将社会身份复杂性作为一个稳定的个体差异变量用问卷加以测量，这种设计难以探究变量之间的因果关系。而罗卡斯和布如尔（2002）认识到，社会身份复杂性不仅是一个个体差异变量，也是一个情境性变量。她们发现复杂多元的社会环境和认知需要的增加可以导致社会身份复杂性的提高，而内群体威胁和压力的增加均可降低社会身份复杂性，使其身份结构趋于简化。这充分说明，社会身份复杂性存在被激活或者改变的可能。基于已有研究者（Gresky，Ten Eyck，Lord，& McIntyre，2005）提出的自我概念地图方法，我们（Xin et al.，2016）将其修改成自我社会身份地图

（见图 4-3），用来训练或改变被试的社会身份复杂性：地图中央的圆圈代表自我，周围分布有几个或几十个圆圈，被试需要在其中填上能描述自己各种身份的信息，并比较这些身份的异同点，说明其关系。我们通过这种方式并加以训练，就可以改变被试表征的自身社会身份复杂性的高低。其具体操纵方法如下。

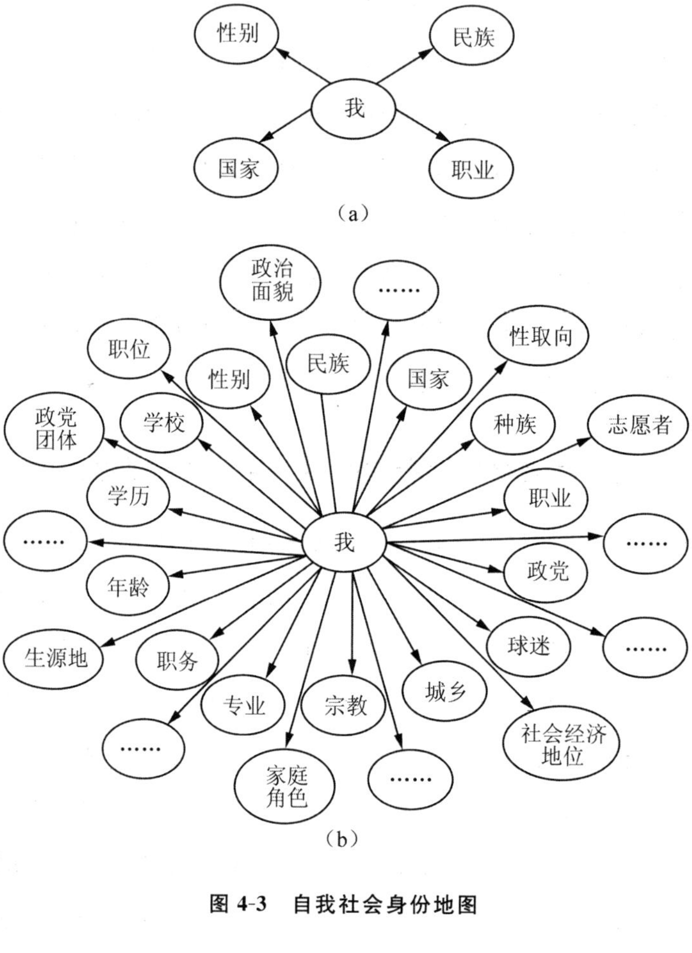

（a）

（b）

图 4-3　自我社会身份地图

对于低社会身份复杂性的一组，被试被告知"描述一个人，首先我们要知道他的社会身份。因此，描述个体信息的最好方法就是绘制社会身份地图，要准确描述一个人就要发现个体最本质和最重要的社会身份特征，只用较少的节点和连线绘制社会身份地图，能够提供个体最本质的身份信息"。然后，实验者给被试展示一张只有1个中央节点（我）和4个分支节点（性别、民族、国家、职业）组成的自我社会身份地图（图4-3a）。最后，给被试一张白纸，白纸中心只有一个小圆圈标记为"我"，告诉被试让他们在白纸上绘制自己的社会身份地图，被试要根据图4-3a示例的身份类别信息，具体描述自己的身份，如说明自己的性别是男性，民族是汉族等。

对于高社会身份复杂性的一组，被试被告知"描述一个人，首先我们要知道他的社会身份。因此，描述个体信息的最好方法就是绘制社会身份地图，要准确描述一个人就是要发现个体最全面的社会身份特征，要用较多的节点和连线绘制社会身份地图，提供个体最完整的身份信息"。然后，实验者给被试展示一张自我社会身份地图（图4-3b），它与第一组被试看到的地图一样，有4个相同的分支节点，并且另外还有24个不同的分支节点。最后，给被试一张白纸，白纸中心只有一个小圆圈标记为"我"，告诉被试让他们在白纸上绘制自己的社会身份地图，根据示例提供自己具体的身份信息。

此外，为了保证高、低社会身份复杂性操纵的两种条件所用的时间相等，我们均告知两组被试在5分钟内完成自己的社会身份地图，而且让低社会身份复杂性一组的被试多绘制两位明星（如刘德华、姚明）的社会身份地图，以平衡所用时间和认知努力。

对于社会身份复杂性操纵处理有效性的检查应该同时包括两个指标：客观指标和主观指标。客观来说，主要是检验两组被试所列身份节点数目的差异；主观来说，主要是采用一个项目来评定自身社会身份的重叠度，题目为"现在假如你是某一群体的成员，你觉得自己在多大程度上同时又是另一群体的成员"，要求被试进行 7 级评分。如果高社会身份复杂性组的被试所列社会身份节点数目显著多于低社会身份复杂性组的被试列出的节点数目，并且高社会身份复杂性组的被试在重叠度题目上的得分显著低于低社会身份复杂性组被试的得分，方可说明社会身份复杂性的操纵是有效的。事实上，这种操纵方法在我们的研究中已经被证明是合理和有效的，而且高社会身份复杂性能增加人们对陌生人的人际信任和对外群体的信任(Xin et al.，2016)。

（二）客观社会身份复杂性操纵：社会身份数量法

布如尔等人的理论主要是从主观表征层面界定社会身份复杂性，但并未讨论实际身份数量多少的问题。然而，每个人拥有的身份数量本身是不一样的，有些人可能要比其他人拥有更多的社会身份。并且，相较于对社会身份的主观表征，身份数量可以更直接和更客观地体现社会身份复杂性，也就是说，个体的社会身份数量是一个反映客观社会身份复杂性的指标(辛自强，辛素飞，2014)。在这里，我们通过两项研究来展示两种客观社会身份复杂性的操纵方法。

第一种方法是通过让被试阅读一份自编的新闻材料来对他人的客观社会身份复杂性进行操纵。辛自强和辛素飞(2014)在研究中给被试一则最近发生的有关车祸的新闻报道，要求被试在阅读新闻后，回答相关问题。给予第一组被试的材料中，标题为"大众撞人案或本周四开庭"，只笼统地提及有关车主的单一社会身份(市民)；第二组被试阅读的材料与第一组不同的是，提供了车主的多重社会身份(如市民、中年人、企业员工、经理助理、司机等）。这样的操纵是为了考察车主社会身份数量是否影响人们对其证词可信性的评价。在新闻材料后设计了 4 个项目（"新闻发生的时间""新闻发生的地点""车辆名称"以及"车主和行人的观点"）来考察被试是否认真阅读了该则新闻，再用一个项目让被试选择材料中车主的社会身份，并要求被试对车主社会身份的复杂性进行 7 级评分，以此来考察客观社会身份复杂性的操纵情况。在正式实验之前，以上所提及的各种身份经过他人评定均为"中性"（在内容上与因变量无关），并且大众车也被评定为中档车，没有明显的身份阶层差异。另外，为了控制信息量多少的影响，对单一身份材料和多重身份材料进行了平衡，两种条件下的字数是相等的，句段结构也是对等的。具体来说，在单一身份材料中，为在字数和句段结构上与高复杂性条件下的多重社会身份信息相匹配，提供了车主的一些身体特征信息，如"身高中等，头发较短，身着灰色外套"，以及车牌号等。

辛自强等人（2014）的研究结果发现，所有被试均正确地完成了检查题目的勾选，表明被试确实认真阅读了实验材料，并成功回忆起车主所具有的社会身份。虽然不同实验组的被试都阅读了新闻材料，但与被告知车主单一社会身份的被试相比，被告知车主多重社会身份的被试对车主的社会身份显著感受到了更高的复杂性，这说明研究成功地操纵了被试感受到的他人的客观社会身份复杂性。该研究表明，提供被信任者（车主）的多重社会身份时，确实提高了人们对其可信性的评价。

第二种方法是通过 E-prime 软件编程实现对他人的客观社会身份复杂性的操纵。由于辛自强等人（2014）的研究仅将客观社会身份复杂性简单分为低社会身份复杂性（单一身份）和高社会身份复杂性（多重身份）两极，并未体现他人的客观社会身份复杂性在量上的连续变化。因此，为了更加直观和细致地展现客观社会身份复杂性在量上的变化，我们（Xin & Zhang，2018）采用了单因素被试内设计进行考察。在该研究中，自变量为他人的社会身份数量，共有 4 个水平，即 1～4 个身份，身份数量越多，表示被信任者的社会身份复杂性越高；身份信息包括本市市民、企业员工、本科学历和中共党员；身份数量为 1～3 时所包含的身份为随机从以上 4 个身份中选取 1～3 个身份，且各自变量水平上身份信息的出现顺序是随机化的，以控制顺序效应。本研究采用 E-prime 2.0 程序完成，其具体实验流程如下。

在正式实验开始前，被试需要进行练习以熟悉操作和可信性评价方法，练习阶段任务背景如下："本市某路口两辆车相撞，因两辆车在交警赶到前均已移至路边，只能依据目击者的证词进行判断。1 位目击者目睹了这次事故。你需要判断该目击者的可信程度。假如你是交警，请依据下面呈现的目击者信息来判断该目击者的可信程度。"当被试已经理解以上信息后，按键进入下一界面；在下一界面将给被试呈现目击者的身份信息——其他车辆的"司机"，要求被试对其可信性进行评价，采用 7 点计分（1＝非常不可信，7＝非常可信）。当被试进行评分后，练习阶段结束。

正式实验阶段的任务背景与练习阶段类似，将目击者的数量增加至4 人，具体内容如下："本市某路口两辆车相撞，因两辆车在交警赶到前均已移至路边，只能依据目击者的证词进行判断。共有四位目击者目睹了这次事故。两位目击者认为责任方为由南向北的车辆，另两个目击者认为责任方为由北向南的车辆，需判断四位目击者的可信程度。假如你是交警，请依据下面呈现的四位目击者的信息来分别判断四位目击者的可信程度。"实验阶段的任务与练习阶段一样，需要被试依次对四位目击者的可信性进行评价，也采用 7 点计分。四位目击者的身份信息及评价分四屏呈现，每一屏只呈现一位目击者的身份信息并做可信性评价，记录被试的评价分数以及每一屏从内容呈现到进入下一屏的时间。当被试对具有不同数量身份的四位目击者的可信性全部评价完成后，实验结束。该研究的结果表明，被试对目击者可信性的评价会随着目击者身份数量从 1~4 个的增加而提高。

如上所述，我们将社会身份复杂性按照"自我—他人""客观—主观"两个维度区分为四类。虽然这里只介绍了其中两类社会身份复杂性的操纵方法，但其余类型可以借鉴这些方法进行实验操纵。

第二节　社会认知复杂性的测量[*]

> ▶**导言**：社会认知复杂性作为描述个体社会认知结构特点的个体差异变量，自20世纪50年代以来逐渐成为国外社会认知领域研究的热点。目前，它已被广泛应用于社会心理学、临床心理学、传播学、管理学、营销学等诸多学科领域。在这些领域中，社会认知复杂性的测量主要采用库格测验、客体分类测验和角色分类问卷三种方法，但这三种方法自产生之初就一直存在争议，不同领域的研究者大都依据自己对社会认知复杂性概念的理解采用不同的测量方法。

一、社会认知复杂性概述

社会认知复杂性，也可简单地说是"认知复杂性"（cognitive complexity），这一概念及其测量方法可以追溯至美国临床心理学家乔治·凯利（George Kelly）1955 年提出的个人构念理论（personal construct

---

＊ 本节内容根据我们已发表的论文修改而成，原文参见：张梅，辛自强（2008）．社会认知复杂性测量方法的比较．心理研究，1(2)，36—41.

theory)。个人构念理论是现代社会认知模型的先驱，它假定每个人都是科学家，个体会像科学家那样理解、控制和预测外部世界，而预测是人们活动的动力和根本目的。"构念"（construct）是这个理论的核心概念，它有两层含义：在静态层面，它是一种观念、思想或看法，人们用它来解释经验，预测现实，在这个意义上，作为一种认知结构，它可被译为"构念"；在动态层面，它是个体解释经验、赋予经验意义并预言现实的过程，从这个意义上讲，它可被译为"建构"。凯利认为人们具有多种相互联系并等级化组织的认知构念，而一个构念便是一个用于判断的双极维度（如友好—不友好）。人们把这些构念用于环境和事件中，并用已有的经验对外部世界进行预测。如果某种构念做出的预测为经验所证实，则这个构念便被认为是有效的，可以在以后类似情境中使用；如果某种构念做出的预测没有得到经验证实，则便被认为是无效的，需要修正或放弃。

凯利提出个人构念理论的同一年，他的学生毕瑞（Bieri，1955）正式提出了"认知复杂性"的概念——"认知复杂性指个体构念的分化程度，也就是一个人的判断使用不同维度的相对个数"。毕瑞关注于社会知觉的研究，认为人类行为的基本特征在于其对人际关系环境具有强大的预测力。毕瑞进而假定每个人都有一个知觉外部世界的构念系统，这些构念是预测的基础。由于构念代表着对环境的分化知觉或辨别，因此，构念间的分化程度越高，个体的预测能力就越高。为了评价个体构念系统的预测效率，毕瑞提出用构念系统的分化程度来反映构念系统结构的认知复杂性（或简单性）。一个分化程度较高的构念系统便被认为是认知复杂的，反之，一个在对他人评价时提供较少分化的构念系统便被认为在结构上是认知简单的。毕瑞（Bieri，1956）随后证明了认知复杂性程度与预测准确性呈正相关，并提出用库格测验(Repertory Grid Instrument，简称 Repgrid)测量个体的认知复杂性。

认知复杂性概念的提出引起了许多学者的研究兴趣。最初的研究主要集中于认知复杂性的测量方法上。虽然毕瑞的库格测验是当时较典型的测量方法，但此后又涌现出许多其他测量方法。这些测量方法大多基于对认知复杂性内涵的不同理解而提出，并与毕瑞的库格测验及凯利的个人构念理论相关。下面介绍当前最常用的测量认知复杂性的三种方法。

二、库格测验

毕瑞的库格测验是 20 世纪五六十年代测量认知复杂性的经典方法。最初的库格测验是一个 12×12 的表格，之后修改为 10×10 的表格，其结构及计分方式为：表格的每列代表一个被评价的角色，如"最喜欢的老师""我自己"，每行代表一个评价时所用的构念，如"友好—不友好""大方—小气"，被试需要对每个角色在每个构念上进行 6 级评定。结果处理时，要对每个角色上的构念进行两两比较，即对于每个被评价的角色(即每列)都比较每个维度(即构念)上的评价与在其他各维度上的评价是否相同，如果相同，就找到一个匹配(match)，记为 1 分，反之记为 0 分，直到所有比较都进行完毕。这样在每个角色上要比较 45 次(10 选 2 的组合)，10 个角色总共要比较 450 次，总体匹配分数的取值范围是 $40 \sim 450$。10 个被评角色所有匹配个数的平均值(取值范围是 $4 \sim 45$)，就是这个评价者的认知复杂性分数。毕瑞认为，如果评价者在不同维度上都做出同样的评价(这时匹配分数高)，他就没有以复杂的、分化的方式评估该角色，这反映了其认知复杂性较低；相反则表明其认知复杂性较高，即匹配分数越高，认知复杂性越低。这种测量方法背后的逻辑是：不同构念应该适用于不同的被评价个体，而如果一个被评价角色在两个构念上获得了相同的分数(即存在匹配)，则说明这两个构念功能相同。

在实际应用库格测验过程中，可以依据研究的需要设定角色和构念，以及构念的评定等级。例如，我们在一项有关青少年认知复杂性的研究中，制作了如图 4-4 这样的库格测验(Zhang，Xin，& Lin，2012)。测验时被试要对 10 种人物角色中的每个角色从周围人中选出一个合适的人(或最类似该角色的人)，并将其名字填写在图 4-4 中角色后的虚线位置，然后对每种角色在右侧所列的每个构念上进行 6 级评定(用 1~6 的数字，或＋3、＋2、＋1、－1、－2、－3)，并将数字填入对应的方格内。在数据分析时，计算匹配分数作为认知复杂性的反向指标。

库格测验除了提供匹配分数这一经典的测量指标外，研究者还开发了许多新的指标用于测量认知复杂性。随着各种针对库格测验数据的专用计算程序的研制，这些指标的计算变得比较容易。例如，澳大利亚墨尔本大学的贝尔(Bell)在 2004 年公布的 Gridstat 软件，就可以计算若干种认知复杂性(或简单性)指标。下面结合该软件介绍有关指标(可参考辛自强，池丽萍，2007)。

第一，相关分析。研究者很早就提出用构念之间相互关系的"强度"(intensity)表示认知复杂性的思路(Bannister，1960)。在不同构念上评价的关联性越强，表示其分化程度越低，认知复杂性也越低。可以用如下两种方法计算"强度"分数。

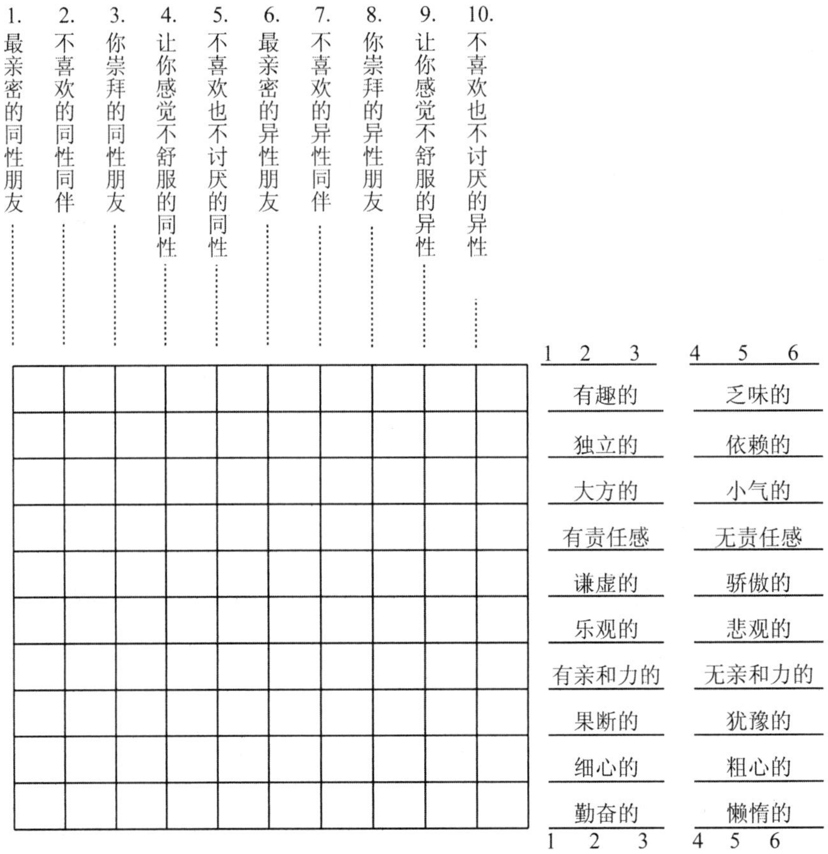

1. 最亲密的同性朋友……
2. 不喜欢的同性同伴……
3. 你崇拜的同性同伴……
4. 让你感觉不舒服的同性……
5. 不喜欢也不讨厌的同性……
6. 最亲密的异性朋友……
7. 不喜欢的异性同伴……
8. 你崇拜的异性朋友……
9. 让你感觉不舒服的异性……
10. 不喜欢也不讨厌的异性……

1 2 3	4 5 6
有趣的	乏味的
独立的	依赖的
大方的	小气的
有责任感	无责任感
谦虚的	骄傲的
乐观的	悲观的
有亲和力的	无亲和力的
果断的	犹豫的
细心的	粗心的
勤奋的	懒惰的
1 2 3	4 5 6

图 4-4　库格测验

(1)平均相关系数。社会认知复杂性可以用各构念(或评价维度)之间的平均相关系数表示。Gridstat 软件直接计算出的构念间的组内相关(intra-class correlation，ICC)就是一种构念之间的平均相关系数，该数值越大表示构念之间越不分化，评价者认知复杂性越低。然而，该计算方法最大的问题是没有考虑构念之间相关系数大小的异质性，而简单化地求其平均值。

(2)RMS。由于相关系数本身是非线性的而不能直接相加或简单求平均，所以被广泛使用的方法是计算某构念与其他构念间所有相关系数的平方后均值的平方根（root-mean-square，RMS）。Gridstat 软件可以直接给出所有构念上 RMS 的平均值，它可以作为表示强度的指标，得分越高表示评价者认知复杂性越低。

(3)SMC。与上述方法相比，贝尔（2004）认为表示构念之间关系的另外一个或许更好的指标是多重相关系数的平方（squared-multiple cor-relations，SMC），因为这样计算可以将构念之间的重叠考虑进去。对于某个构念而言，多重相关系数反映的是该构念与其他一系列构念的关系强度，该系数的平方（即 SMC）反映了这一构念上的变异能被其他一系列构念组合起来解释的比例。Gridstat 软件可以直接给出所有构念上 SMC 的平均值，其得分越高表示评价者认知复杂性越低。

第二，因素分析。对构念之间的相关阵进行因素（或成分）分析，可以探讨构念之间的内在结构以提供有关认知复杂性的指标。通过 Grid-stat 软件进行因素分析可以获得如下有关复杂性的指标。

(1)因素个数。贝尔认为因素数量是衡量个人构念系统复杂性的良好指标。如果所有构念都负荷在一个因素上，显然这些构念分化程度很低；相反，因素数越多就说明构念越分化，认知复杂性越高。在研究中，可以用抽取出的特征根大于 1 的因素的个数表示认知复杂性。

(2)第一主成分或者因素的大小。相关系数矩阵第一主成分的大小可以用其特征根或其能说明的数据变异的比例（即贡献率）作为指标。第一主成分越大，说明个人构念系统的复杂性越低。

(3)所抽取因素的累积贡献率和平均贡献率。虽然上一方法为很多研究者使用，但对于全面衡量构念之间的关系而言，只用第一因素来说明或许并不充分，因此可以采用抽取的特征根大于 1 的所有因素的累计贡献率来说明个人构念系统的整体复杂性，但是这种累计贡献率易受因素个数影响，因此更好的做法可能是用所抽取因素的平均贡献率表示认知复杂性，其得分越高表示复杂性越低。

第三，冲突分析。我们的认知或思维中经常包含不一致、冲突和矛盾。例如，我喜欢参加聚会，我不喜欢郁闷，但是聚会伴随着郁闷。这句话可以解释为一个元素（我）和两个构念，即参加聚会与否和郁闷与否。而库格测验就涉及对一个元素做不同构念（维度）上的评价。对于库格测验结果，贝尔提供了分析其中所包含冲突的理论和方法，称为冲突分析（conflict analysis）。他认为，冲突的存在包括两种情况：对一个元素而言，在两个构念上的评价相同或相似，然而这两个构念本身不同或相去甚远；或者，对一个元素而言，在两个构念上的评价不同，然而这两个构念本身相似。

对于这一理论界定，采用如下步骤加以操作化：我们把构念和元素之间以及不同构念之间的关系定义为距离（如欧式距离）。首先，把在一个构念上对某元素的评价作为这个元素和构念之间的距离。这种评价将把构念的一极作为基础，当然使用两极中的哪一个并没有实际影响，因为方向不影响距离。其次，考察两个构念之间的距离，它取决于该构念与所有元素之间的平均距离。最后，分析三种距离之间的关系。如果两个构念之间的距离以及元素到两个构念之间的距离能构成三角形，即出现了"冲突"；也就是说，三点（一个元素和两个构念）中任意两者中的最长距离不超过两个较短距离的和，这时就认为出现了"冲突"。

对于库格测验而言，所有的可能的冲突数为 $NE \times NC \times (NC-1)/2$，其中 NE 为元素数，NC 为构念数。对于包含 10 个元素和 10 个构念的库格，可能的冲突数就为450。一个库格整体的冲突情况，可以用观察到的实际冲突比可能的冲突来表示。实际上，Gridstat软件可以直接统计出这种"冲突百分比"，这个数字越高表示冲突越多，也就是评价者的思维中包含了越多的不一致和矛盾。从理论上讲，认知复杂性高的个体，更可能辩证地看待事物的多个方面，在思维中容纳这种冲突和矛盾，保持认知的多样性和复杂性。

第四，费德勒分数。库格测验中被评价的角色，可以有积极和消极之分。积极的角色如"你愿帮助的人"，消极的如"你不喜欢的人""难以相处的人"。费德勒（Fiedler）在1967年曾把角色分成"最喜欢的人"（most preferred person，MPP）和"最不喜欢的人"（least preferred person，LPP），并计算出两类角色上的评价得分（分别用MPP、LPP表示），再把两者相减后计算出"相反角色的相似性"（assumed similarity of opposites，ASO）。

上述费德勒分数被认为可以体现认知复杂性（Seaman & Koenig，1974）。道理何在？通常我们对于不喜欢的人很容易想到其消极品质，而对于喜欢的人很容易想到其积极品质，然而认知复杂性高的人能做到给不喜欢的人一些积极评价，而给喜欢的人一些消极评价。也就是说，认知复杂性意味着同时看到一个人的积极和消极方面。因此，如果能给喜欢的人一个较低的评价，就得到较低的MPP分数，这可能表示评价者对这类积极角色较高的认知复杂性；相反，给不喜欢的人一个较高的评价，就得到一个较高的LPP分数，这可能表示评价者对这类消极角色较高的认知复杂性。ASO作为MPP和LPP的差值，得分越小表示对两类角色的评价越接近，这时它整体上反映了个体对他人评价时较高的复杂性。

目前，很少有研究专门针对库格测验中评价者认知复杂性的各种表示方法或指标(特别是冲突分析)进行系统的分析，以考察这些指标的关联和异同。我们的一项研究(辛自强，池丽萍，2007)对比了上述测量方法的差异。研究以 402 名初一、初二年级青少年为被试，采用库格测验收集数据，以 Gridstat 4.0、Excel、SPSS 等软件统计数据，分析了上述各种复杂性指标的内在关联。研究结果发现，如果按照毕瑞提出的经典方法计算"匹配"分数作为认知复杂性的基础指标，那么与之有良好关联的(以 r 大于 0.50 为标准)能反映认知复杂性的其他指标，按照相关强度排列依次为 RMS($r=0.58$)、组内相关($r=0.57$)、第一因素特征根($r=0.57$)、冲突百分比($r=-0.56$)、主要因素平均贡献率($r=0.50$)；其余有显著相关的指标依次为主要因素的个数($r=-0.43$)、MPP($r=0.37$)、ASO($r=0.35$)、主要因素累计贡献率($r=0.25$)，而 LPP 与认知复杂性无显著相关；此外，SMC 指标并不像贝尔认为的那样良好，它对认知复杂性并不敏感。这些结果可以为我们今后甄选认知复杂性指标提供参考。不过，该结果是基于青少年样本的，他们的认知复杂性特点和成年人未必相同，各种认知复杂性指标之间的关系是否存在年龄差异，还有待进一步研究。

三、客体分类测验

与那些基于库格测验发展起来的测量认知复杂性的方法相比，斯考特(Scott，1962，1963)提出的客体分类测验(object sorting test)是比较特殊的，它不是通过被试评价的方式来测量认知复杂性，而是基于客体分类任务，采用信息论的方法获得对个体认知结构分化的测量。

斯考特对认知复杂性的界定建立在他对认知及认知结构特点的理解基础之上。斯考特认为，认知是人们关于世界的看法、观点并可由主体进行准确的报告。认知可分为认知结构和认知内容两方面。认知内容是指知觉空间（即特定认知领域）内的客体，尽管它的种类几乎是无限的，但可大体认为它包含了客体概念和属性；认知结构是指概念间的关系，有意义的结构特点数量是有限的，它包括分化、整合、刻板性、灵活性等特点。斯考特关于结构特点的分析沿袭了勒温的思想，认为"分化"，即个体所拥有的关于特定领域不同概念的数量是测量复杂结构特点的基础。斯考特指出，毕瑞对认知结构的测量方法反映了属性间的分化。但是当前许多以"认知复杂性"命名的测量方法虽然大都由毕瑞的方法沿袭而来，却与属性间的分化相关不大。由于认知结构的复杂程度可以通过许多方式从不同角度进行测量，而认知复杂性这一术语的应用又是如此松散，所以，斯考特认为应该用"维度复杂性"（dimensionality）这一更专门的术语来代替它。维度复杂性专指评价者所使用的构念的数量。综上所述，斯考特认为认知复杂性应界定为"个体在描述特定领域现象时使用的独立维度概念的数量，它的评估需要通过客体分类任务基础上的信息产生方法来实现（Scott，1962）"。

基于上述对认知复杂性的界定及当前测量方法的分析，斯考特提出了专门测量认知结构分化的客体分类测验。最初的测验程序一般是这样的：首先让被试自由列举世界上发挥重要作用的国家；列举完毕之后，让被试按照自己的标准将这些国家分成不同的组，想写多少组就写多少组；被试分组完毕后，主试会询问被试这些国家的共同之处，并鼓励被试继续进行分组。在以后的测量任务中，国家一般事先由主试给出（如

28个），被试基于相同特征将它们分成不同的组。测验中的客体可以根据研究需要修改，如可改为照片、图画、单词等。测验完成后将被试对客体的分组进行编号（如 A、B、C 等），被分组的客体（本例中为 28 个国家）也从 1～28 进行编号。然后将每个客体编号下面标上它所在的组的编号，如果"1"包含在 A、B 两组，就在它的下方标"AB"，所有的不同组的联合，如 AB、ABC、A 等则被认为反映了不同的二分属性，称为一个特定的联合组。不同的属性越多（即具有相同结构的组越少），维度复杂性越高。

结果分析时，主要从被试分组的模式（即由分组系统产生的有价值的信息）来评价其认知领域的复杂性。若两个组别包含了相同成员，则认为它们表征了相同的属性；反之则被认为两组表征了对立的属性或一个基本维度的不同类别。在这里，每个属性都是二分的（例如，一个国家或者包含在一个组别，或者没有）。认知复杂性的计算应用类似信息论中测量离中趋势的 H 统计来实现，它的公式为：

$$H = \log_2 N - 1/N(\sum n_i \log_2 n_i)$$

在公式中，H 是绝对复杂性，指被试的分类系统中产生的信息维度的数量；N 是指分类国家（或其他客体）的总数；n_i 是指特定联合组的数量。

四、角色分类问卷

认知复杂性的概念提出之后，除了库格测验和客体分类测验，应用最广泛的就是克洛科特（Crockett）1965 年编制的角色分类问卷（role category questionnaire）。克洛科特关注认知复杂性在人际交往领域的应用，并将其界定为"个体构念系统的分化（包含更多构念），清晰（包含更精致、更抽象的元素），整合（组织化、相互关联）程度"（Crockett，1965）。这一对认知复杂性的界定融合了凯利的个人构念理论和沃纳（H. Werner）的结构发展理论。该定义从凯利的理论中抽取了认知结构的基本单位——个人构念。凯利认为人们需要通过认知结构这一中介来理解外部世界。个人构念是认知系统的基本单元，它通过个人对世界各方面的解释、预期、评估、理解组成基本的认知结构。沃纳的理论则提供了处理构念系统个体差异的方法。沃纳认为事物的发展遵循"层级发展或正向演化原则"，即"发展一旦发生，它就会从一种相对宽泛和缺少分化的状态向分化、清晰、层级整合的状态发展"。将这一原则应用到个体构念上，则构念系统越发达，它就会越分化、越清晰、越整合。这些更高级的构念系统可被定义为相对复杂的。换句话说，一个人际关系构念系统相对分化、抽象且更具组织性的人则被认为具有较高水平的认知复杂性，反之则说明认知复杂性较低。

基于上述理论分析，克洛科特发明了角色分类问卷。作为一种定性分析工具，它首先让被试对熟悉的个体进行自由描述，然后对这些描述中所包含的构念进行编码，构念的数量则被视为认知复杂性的指标。这种方法背后的逻辑是，被试在这种自由描述任务中所使用的构念数量反映了被试认知结构系统中的构念数量。其最初的程序是：让被试用口头或书面方式描述提前确定好角色的 8 个同伴，其中喜欢与不喜欢的人各半、男女各半、同龄人与比自己大的人各半，每个人用三分钟尽可能详细地描述。后来为了获得更高的信效度，克洛科特修改了原先的测验，形成了当前的通用版本：让被试用尽可能详细的信息来描述两个同伴，一个喜欢的，一个不喜欢的，每个同伴用五分钟进行描述。要求关注同伴的习惯、信仰、特殊嗜好、人格特点、对待他人的方式等。

测试完毕后，研究者对被试的自由描述进行编码，主要是计算被试描述每个同伴时所使用人格及行为方面的不同构念（如"盛气凌人的""渴望成功的"）的数量，以此代表认知结构的"分化"程度；而被试描述时所使用的生理特征，如对同伴外表各方面的描述都不考虑。然后，在"分化"分数的基础上还可以计算"抽象"分数，即在确认了不同构念后，进一步区分构念是抽象的还是具体的。抽象构念指那些有关他人的气质、态度、情感、动机等内在特点的描述，如"内向的"；具体构念指对他人具体行为表现的描述，如"爱借东西不还"。抽象构念的总数或占比则为抽象分数。在对构念进行编码前需要先培训编码者，编码过程要遵循严格的评分规则，以保证较高的评分者一致性信度。

综上所述，库格测验、客体分类测验和角色分类问卷是当前应用较广的社会认知复杂性的测量方法，但这三种方法自诞生之初就一直存在分歧或争议，争议之一是哪种方法更能反映年龄差异。社会认知复杂性是对个人构念系统分化程度的度量，而个人构念系统作为一种认知结构应该随年龄增长而逐渐完善。因此，社会认知复杂性也应该随着儿童年龄的增长而提高，并在成年人中具有较高的稳定性。我们的一项研究（Zhang，Xin，& Lin，2012）检验了认知复杂性不同测量工具对年龄差异的敏感程度。研究同时采用库格测验和角色分类问卷测查了初一至高二五个年级共 234 名被试的认知复杂性。结果表明，基于库格测验计算的各种认知复杂性指标对年龄差异不敏感，而角色分类问卷测得的认知复杂性分数与年龄相关显著（$r = 0.45$）。这说明角色分类问卷在分析青少年社会认知复杂性发展差异方面具有更强的效度，而库格测验对年龄差异并不敏感；此外，角色分类问卷结果对青少年社会地位(认知复杂性与社会喜好分数的相关为 0.36)、学业成绩($r = 0.32$)都有预测作用或显著相关。我们的另一项研究也显示，角色分类问卷结果(分化分数、抽象分数)对青少年人际交往能力有预测作用(张梅，辛自强，林崇德，2011)。这些结果都表明角色分类问卷的有效性。然而，库格测验、客体分类测验等经典测量工具是否真的有效，是否适用于我国被试，还有待进一步考察。

第三节　关系－表征复杂性模型[*]

> ▶▶**导言**：认知及其发展研究涉及两个核心问题：一是如何确定实验任务或问题的复杂程度，二是如何确定个体在任务上的认知表现或水平。我提出的关系－表征复杂性模型试图用关系复杂性说明任务的复杂程度，用表征复杂性指代个体对任务所含关系的表征能力，以求在一个框架内处理这两个核心问题。本节首先说明该模型与现有理论的关系，也即它吸收了哪些已有理论观点且与之有何不同，然后重点阐明模型中的主要概念和从属概念以及如何使用它进行任务分析，最后综述有关该模型的应用情况和价值意义。

一、理论背景

关系－表征复杂性模型(the relational-representational complexity model)的提出最初主要是为了刻画数学应用题的难度和儿童对其表征

---

[*] 本节内容根据我已发表的论文修改而成，原文参见：辛自强(2007). 关系－表征复杂性模型. 心理发展与教育，23(3)，122—128.

水平(辛自强，2002，2003，2004，2005)。对该模型有直接启发意义的是两个数学应用题解决理论(Kintsch & Greeno，1985；Mayer，1986)。这两个理论都认为，应用题的解决需要问题表征和解决计划的执行两个过程。其中的关键是问题表征，而问题表征的关键是识别问题类型，即正确理解和表征问题中的集合关系。每个数学问题总是包含若干个数量集合，这些集合的关系决定着问题的类型和难度。以算术应用题为例，按集合关系可以将其分成变换、组合、比较三类。变换问题描述了加减这种操作引起的事物在数量上的增加或减少；组合问题中有个并不变化的量，问题解决者需要做出合并或分解；比较问题是比较两个不变的量的大小。儿童在解决问题时往往在对这些关系的表征方面存在困难，从而导致问题解决的失败。由此可见，关于问题和任务难度的说明，可以从对其所含集合(推广言之，称为"要素")关系的分析着手，以此为基础说明个体对这种关系的表征水平。

我们在最初提出关系－表征复杂性模型时吸收了这一分析思路，然而该模型更关注那些复杂问题特点的说明，而非以往数学认知专家主要关注的简单算术应用题。简单的算术应用题，一般只涉及三个集合，其中两个集合已知，求第三个。在这些问题中，三个集合存在一定的关系(如组合问题中的部分－整体关系)，我们不妨称之为集合之间的初级关系。如果集合的集合又与别的集合发生了关系，那就是建立在初级关系基础上的二级关系，依次类推，可以有三级关系、四级关系等。这种由关系的层级数决定的问题的复杂性，可以称为关系的等级复杂性。在水平方向上，关系的多少或数量就表示了问题中关系的水平复杂性。总之，问题中集合关系的等级复杂性和水平复杂性可以统称为"关系复杂性"，它可以说明问题难度的本质。问题的关系复杂性必然影响主体对问题的表征和解题过程，而尤以对表征的影响最大。如果说问题复杂性有"水平的"与"等级的"之分，那么对问题表征的质量也应该相应从两个方面衡量：表征广度与表征深度。表征广度是能同时表征的同一层次上集合关系的数量；表征深度是能理解的关系的最高层次。如果对问题表征的广度与深度越大，这种表征就越复杂，因此，可以称之为"表征复杂性"，这种表征的复杂程度反映了表征的质量和水平。这就是关于关系复杂性和表征复杂性两个概念的最初界定（辛自强，2002，2003，2004，2005）。然而，当超越于数学应用题的研究时，就需要在更广泛的理论背景下，重新阐释关系－表征复杂性模型的内涵。

对关系复杂性作"等级的"和"水平的"区分这种做法，在认知及其发展研究中有很长的传统。传统上对工作记忆的测量是根据所记住的同质项目（如数字、字母）的个数计算的（Miller，1956），也就是说，它考察的是不涉及等级关系的同类并列项目的数量，测量时项目或要素的关系只是水平并列。而皮亚杰及新皮亚杰学派采用的测验任务往往包含多个要素，要素之间有复杂的关系层级，以此考察个体能理解到哪个关系层级。例如，塞尔曼等人（Selman & Byrne，1974）采用这种类型的任务探讨了儿童观点采择的发展阶段：从只知道自己的观点，到能认识到自己与他人观点的不同，再到协调考虑自己和他人的观点，最后到跳出自我和他人观点的"二元"系统而站在一个第三者乃至一般的社会习俗角度协调各种观点。很显然，这里刻画的发展阶段实际上是根据个体对要素（各种观点）关系或结构的理解所确定的，能协调考虑不同观点的关系或能理解的关系层级越高就意味认知水平越高。

在新皮亚杰学派中，哈尔福德（Halford）是专门研究"关系复杂性"的学者之一，但是它的理论观点更偏向信息加工观点而非皮亚杰的观点。他认为，以往对加工能力的测量大多测的是为以后加工而储存的信息，而不是实际被加工的信息；而且不仅是项目，项目之间的关系或结构也限制着认知加工。因此加工能力的限制应根据能够并行加工的关系复杂性来界定。关系复杂性，指关系的数量，确切地说是相关的实体或变量的数量(Halford et al.，1998，2002)。由此可见，哈尔福德所说的关系复杂性，仍然主要指"水平"意义上的关系复杂性，即任务所要求记住和加工的相互关联的变量个数。实际上他并未充分分析关系的层级对记忆的影响，这也是其理论备受指责的地方(张丽，辛自强，2006)。举例来说，哈尔福德认为传递性推理任务和"类包含"任务都属于三元关系，但实质上"类包含"任务还蕴含内在的层次关系，即类和子类之间存在包含关系或整体—部分关系，而传递性推理任务中各维度之间是并列的、独立的。实验研究也确证了这一点，那就是类包含任务的难度大于传递性推理任务(Berch & Foley，1998)。显然，只用哈尔福德的分析方法，无法区别这两类任务的难度差异。我们所讲的"水平复杂性"概念类似于哈尔福德的观点，强调的是任务所要求的并行加工的有关联的关系或要素的数量(辛自强，2005)，所不同的是，我们还认为等级复杂性的分析尤为重要。

虽然根据记住的"水平"罗列的项目个数来确定工作记忆容量的方法，以及从关系"等级"角度刻画认知发展的做法都有很长的历史，但后来是考曼斯等人明确提出了"等级复杂性"和"水平复杂性"的概念(Commons et al.，1998，2002)。考曼斯等人认为，任务的复杂性以两种方式变化，这两种方式被定义为：水平的复杂性和等级的复杂性。这里所说的"水平复杂性"出自经典的信息论，它指完成一个任务时包括的"是—否"问题的数量。比如，如果一个人问别人："抛一个便士的硬币，头像是否会朝上？"如果回答"头像朝上"，就传递了 1 个比特的"水平"信息。如果有两个这样的硬币，这个人就得对每个硬币问至少一个问题，每个问题各要求 1 个比特的信息，总任务的信息量可以通过加和得到。可见，水平复杂性就是任务所要求的"比特"的总和。考曼斯等人研究的重点不是水平复杂性，而是等级复杂性，它指在一组基本元素上必须执行的起协调作用的动作循环的数量。我们对关系复杂性的分析仍然沿用了这两个概念，但赋予的意义并不完全相同。其中，水平复杂性尤其不同，我们关心的不是比特层面的信息，而是决定某个任务或某个关系所同时要求的低一级关系或要素的数量。而关于等级复杂性的分析吸收了考曼斯的部分做法，但如后文将详述的那样，也有所不同。另外，考曼斯等人所构造的等级复杂性模型是一个对任务要求的反应的等级化组织进行分类的跨领域的、普遍性的系统，该模型并不分别说明任务的复杂性和主体的认知或表征复杂性。而关系－表征复杂性模型试图在区分任务难度的基础上，再考察被试在不同任务上的表征能力。因为被试能达到的表征复杂性或水平要根据客观的任务复杂性"量尺"来确定，而且受到任务的很大影响，是否能做跨领域的、普遍的推广不能只根据在单一或少数任务上的研究确定。换言之，我们不能像传统的阶段论那样，简单地假定表征复杂性遵循普遍的发展阶段。

上面主要分析了关系－表征复杂性模型中的核心概念"关系复杂性"的理论背景，此外，"表征复杂性"的提出也受到了已有理论的影响，并试图有所超越。现有文献较少使用表征复杂性的提法，更多使用更为广义的"认知复杂性"概念。对认知复杂性的研究最早要追溯到社会认知研究，而非一般的认知心理学中。社会认知复杂性的概念与凯利(Kelly)1955 年提出的个人构念理论关系密切。在个人构念理论提出的同年稍晚一些，凯利的学生毕瑞(Bieri，1955)引入了"认知复杂性"的概念，用以指代个人构念系统的分化程度。此后，许多学者在社会认知领域探讨与人际认知或自我认知有关的复杂性问题(Bell，2004；Rafaeli-Mor，et al.，1999)。对此本章第二节已经做了专题论述。

除此之外，还有一些认知心理学家、发展心理学家、测量学家讨论任务或认知的复杂性问题。例如，在 20 世纪 80 年代，有人从成分复杂性、同位复杂性、动态复杂性三个维度定义任务的复杂性(Wood，1986)；20 世纪 90 年代，有学者在讨论"认知复杂性"的概念时，认为智力行为是认知复杂性的函数，认知复杂性取决于认知过程对特定领域知识结构的操作(Ceci，1990)；后来出现的认知复杂性和控制理论，主要讨论了儿童早期所使用的规则的复杂性问题(Zelazo & Frye，1998)；智力的测量学研究也广泛吸纳了信息加工理论的影响，从认知过程复杂性的角度研究高级智力(Stankov，1999)。由于这些人的研究工作与关系－表征复杂性模型的提出并没有多少关联，这里不再详述。在我们的模型里并没有采用认知复杂性的概念，而采用了外延更小的"表征复杂性"的提法，这与我们最初主要关注应用题数量关系的表征有关，在该模型里"表征"被用来特指对任务中关系的表征，由此探讨个体的表征复杂性或表征能力。

基于对上述文献的分析，可以获得如下认识。

第一，关于任务复杂性和认知复杂性的研究是心理学中由来已久的重要课题之一。许多研究者基于皮亚杰理论、信息加工理论、社会认知理论、测量学理论等对此进行了探讨，他们有的人明确使用了任务或认知"复杂性"的提法，而还有很多人并不这样讲但在这样做。目前，需要系统探讨这一课题，认真比较各种概念和方法的异同，以求建立更为整合的模型。

第二，令人惊奇的是，很多涉及任务或认知复杂性的理论和实证研究，往往只在各自领域内或理论取向内甚至更狭窄的学术圈子里产生影响，它们之间的相互影响和相互引证较少。例如，哈尔福德很少提到社会认知复杂性方面的研究，反之亦然。"认知复杂性和控制理论"、哈尔福德的关系复杂性理论分别强调了复杂性的等级方面和水平方面，但他们很少比较彼此观点的差异；而这些理论提出者都很少引用考曼斯的重要著作，反之亦然。此外，他们同样很少对数学心理学家或智力测量学家有关复杂性的研究表现出兴趣。

第三，理论取向和方法论上需要整合。上面提到的研究上缺乏整合的状况可能与各自的理论取向和方法论的不同有关，其直接的结果是这些模型主要在特定任务的难度及认知表现的解释上表现出各自优越性，而难以推广到不同领域、不同类型的更广泛的任务上。例如，哈尔福德的理论主要从信息加工的角度研究任务中相互关联的要素对工作记忆的影响，考曼斯主要从结构论的角度刻画认知发展阶段，数学心理学家研究的是题目本身的结构特点对问题表征的影响而无须考虑发展问题。

第四，这些研究者很少认真区分客观的任务复杂性和主观的认知或表征复杂性，而通常将其混为一谈。例如，考曼斯等人讲的"水平复杂性"还是在客观地定义任务的信息量，而作为对应概念的"等级复杂性"却是用来分析个体对任务的反应的，以此作为发展阶段的本质，显然这是在讨论主体的认知发展问题。哈尔福德的理论也同样因为没有区分任务复杂性和认知复杂性而受到批评。例如，有学者指出："是从客观的观察者的角度来分析还是从个体内在的角度来分析，哈尔福德的任务分析方法在这方面存在混乱（Pascual-Leone，1998）。"实际上，如下文将要表明的，每个任务都有不依赖于具体的问题解决者的一般意义上的难度，这种难度是由问题中的要素关系决定的，这种关系结构存在时，问题即存在，否则问题即不存在。只有首先说明问题的关系复杂性，才能以此为基础说明主体在这种任务上的表征复杂性或认知复杂性。

综上所述，就关系－表征复杂性模型而言，它直接受益于先前的数学应用题解决过程模型（Kintsch & Greeno，1985；Mayer，1986），进而受到皮亚杰和新皮亚杰学派思想的启发，开始考虑对数学以外的更广泛的认知发展任务及个体表征水平的分析。例如，该模型合理兼容了考曼斯关于等级复杂性的思想和哈尔福德关于关系复杂性（实为水平的关系复杂性）的思想，不仅如此，还试图在区分任务的关系复杂性和主体的表征复杂性的基础上，建立二者的联系，而非混淆在一起。在理论取向上该模型主要以信息加工理论关于加工能力有限性的思想和皮亚杰以来对发展任务的逻辑－数学结构的分析方法为基础，试图说明知识贫乏领域任务（如逻辑推理、图形推理）与学科知识领域任务（如数学、物理学）的关系复杂性以及个体在这些任务上的表征复杂性。

"关系－表征复杂性模型"在 2002 年提出后主要用于精细地考察数学应用题的难度并区分儿童的表征能力。2007 年我在《心理发展与教育》杂志发表了"关系－表征复杂性模型"一文（辛自强，2007），对该模型做了更一般的阐述，以便用于更广泛领域的问题或任务难度以及表征能力的刻画。这篇发表的论文，只是我当时手稿的前半部分，限于篇幅规定，后半部分一直没有发表，本节中得以完整呈现。下文对该模型进行更一般意义上的阐述，其中重点阐明关系复杂性、表征复杂性的一般含义以及如何将它们用于实际的任务分析。

二、关系复杂性

对于认知发展研究而言，总是要采用各种实验或测查任务，而这些任务只不过是个体每天处理的现实世界中林林总总的各类任务的一部分。要确定个体的发展水平，一个重要前提是分析任务的特点，即考察其关系复杂性。

关系复杂性的考察，有如下默认的基本前提：①事物的本质在于关系。根据系统论或结构主义的原则，任何事物、实体都包含要素，要素之间是有关系的，关系之间也是有关联的；事物不是孤立的元素的堆积，而是在关系基础上的整合的实体。②关系既有简单重复和并列的关系，也有逻辑上前后相继的嵌套关系。③关系复杂性的分析要暂时抛开要素和关系的内容，只探讨其形式或结构。不同的任务有内容不同的要素，而可能有相似的关系或相同的形式结构（即同构）；不同的任务中要素之间关系的性质可以不同，但可以有相同的关系层次。因此，可以在形式层面做关系复杂性分析。

任务（或问题）的复杂性主要表现为任务中所含要素关系的复杂性。关系复杂性包括关系的水平复杂性和等级复杂性。研究者可以对设计好的或选用的实验任务进行这种复杂性的分析，这种分析不需要依赖于被试的实际表现，而完全是研究者的一种逻辑的分析，其旨在确定被试完成任务通常必须进行的最低层次的理解或者确定被试必须理解的任务中所包含的关系。

首先来看关系的等级复杂性。所谓"等级"是强调理解低一级关系的输出是理解高一级关系的输入，高一级关系的理解必须以低一级关系的理解为前提，二者有迭代和嵌套关系。而等级复杂性反映的就是这种关系的迭代和嵌套程度。最简单的任务只有一个要素，这时无所谓关系，称为零级关系。如果有两个或更多要素同时有关联，就构成一级关系；然后一级关系又与同样级别的关系或要素发生关系，就形成了二级关系，以此类推可以有三级、四级关系，等等。可见，分析等级复杂性时的逻辑起点是单一要素或零级关系，以此为基础，凡是包摄了低一级关系的关系即为高一级关系。例如，包摄了一级关系的就为二级关系。

如何对每级关系加以界定呢？下面用逻辑的形式表示（在下边的理论公式中 R 表示关系，其后的下标数字代表层级数）。

零级关系（R_0）：$R_0(A)$，即任务中只有一个要素，任务的解决通常是要素的识别、再认等，这种任务不要求对关系加以推理。

一级关系（R_1）：$R_1(A, B)$，定义是"两个或多个要素的关系"。如 $A+B$、$P \wedge Q$。这里的关系的存在是通过要素之间的运算来体现的，运算就是一种关系规则。运算性质不同也会影响任务难度，这个问题后面会专门论述。例如，$A+B$ 和 $A \times B$ 都是一级关系，但运算性质不同，分别是加法和乘法运算，不同性质的运算，对于主体而言理解的难度不同。

二级关系（R_2）：$R_2[R_1(A, B), C]$，或者 $R_2[R_1(A, B), R_1(C, D)]$，定义是"两个要素的关系又与同级（一级）关系或低一级的要素发生了关系"，简单地说是"关系的关系"，如 $(A+B) \times C$、$(A+B) \times (C+D)$ 或 $(P \wedge Q) \vee (P \wedge R)$。

三级关系（R_3）：$R_3\{R_2[R_1(A, B), C], D\}$，其中 C、D 可以是要素，而要素 D 也可以换成低于三级的（即二级或一级）关系，要素 C 可以是低于二级的(一级)关系。可见，三级关系可以定义为"两个要素的关系又与同级(一级)关系或低一级的要素发生了关系之后，再与同一级或低一级的关系(也可能是要素)发生了关系"，简单地说是"关系的关系的关系"，如 log(A＋B)×C 或[(A＋B)×C]的 3 次方是多少这样的问题。

更高层级的关系，依次类推。

如上面的理论定义所说，问题中包含的关系的层级数越多，嵌套越复杂，问题就越复杂。在其他因素确定的情况下，三级关系总是比二级关系更难理解。

此外，水平复杂性也会影响问题难度。就像在上述理论公式中，任何层级的关系的括号里的要素(或关系)都可以有不同个数，如两个、三个乃至更多，这样在每级关系表征中可能要同时理解的其所包含的下级(即低于该级的)关系(或要素)的数量就是该级关系的水平复杂性。每个层级上的水平复杂性只需要分析这个层次关系所"同时"依赖的下级关系或元素的数量即可。这里强调的"同时"有两个含义，一是指"共同"或"一起"，即这些下级关系或元素组织在"一起"才能决定这个层次的关系；二是指"即时"或"直接"，即该层级关系直接包摄或使用的下级关系或元素，而不必对其下所含的关系再做出进一步分解。

决定一个问题难度的往往是最高层级的层级数，它代表了等级复杂性程度，在此基础上是水平复杂性的影响。任何一个任务或问题，总是有一定的等级复杂性(最少为零级)，也总是有一定的水平复杂性(最少为 1，因为不存在少于 1 个要素的任务)，要构成一级或更高层级的关系，至少要有两个或更多的要素。但是，等级复杂性和水平复杂性，并不必然是一个越多，另一个也越多。

虽然水平与等级复杂性都是一种线性量尺，但二者在测量性质上有根本不同。水平复杂性是简单累加性的，它至少是等距变量。如果A、B、C三者的水平复杂性依次相邻排列，那么A－B等于B－C。而等级复杂性是迭代式的增加，它是个等级变量，且有传递性。如果事物A的等级复杂性高于B，而B的高于C，那么A的一定高于C；如果A、B、C三者相邻，A－B未必等于B－C。

综合分析一个任务的水平与等级复杂性就可以反映任务的关系复杂性。从理论上讲，最高层级的关系R_n是最难以被表征的。这里的n代表了关系的层级数，它是一个非负的整数，代表了该任务的等级复杂性。而在每个层级上的水平复杂性，是一个正整数，可以用m表示，对于一个任务的不同层级就有m_1、m_2……m_n。该任务的整体的水平复杂性可以用其中最大的m表示或所有m的平均数表示（至于哪种做法更好依具体情况而定）。

上述对水平复杂性的分析只是就某个层级的一种关系内部所同时包摄的要素或关系的数量而言的，可以称为"关系内"的水平复杂性。而实际情况往往是，同一层级的关系不止一个，如某个任务有3个一级关系、3个二级关系和2个三级关系，对于某个层级的每个关系都可以分析其内部的水平复杂性，而同级关系的数量本身也部分反映了任务的复杂程度，它可以称为"关系间"的水平复杂性。关系－表征复杂性模型最初在应用题领域的应用（辛自强，2002，2003，2004），只是分析这种关系间的水平复杂性，而没有涉及关系内的水平复杂性。

在做任务分析时，通常需要分别确定这两种类型的水平复杂性。就像前面用小写m表示关系内的水平复杂性，这里用大写M表示关系间的水平复杂性，在每个层级上的关系间的水平复杂性依次记为M_1、M_2

……M_n。所有 M 的平均数可以表示某个任务的关系间的水平复杂性。

"关系内"与"关系间"的水平复杂性有何区别呢？关系内的水平复杂性，指的是构成或形成某种关系的条件或前提的数量，而关系间的水平复杂性却是作为结果，即所构成或形成的关系的数量。虽然对于刻画任务的复杂性而言，两种水平复杂性都是重要的，但是关系间的水平复杂性并不必然造成工作记忆负荷，除非该级别的所有同级关系同时被包摄到高一级关系中（这时就成了高一级关系内部的水平复杂性）。事实上，对于那种任何一个层级的所有并列关系（且只有这些）都被包摄到高一级关系中的任务，某个层级的关系间的水平复杂性就是高一级关系内的水平复杂性。对于这种特定的然而很多问题或任务都可能如此的情况，是否详细区分关系内的和关系间的水平复杂性就不太重要了。因此，在这种情况下，为了简化任务分析，通常只考察二者中的一个，并把它笼统地称为关系的水平复杂性。

三、表征复杂性

表征是认知心理学的基本概念，但关于表征的内涵目前的说法各一。例如，傅小兰（2006）认为，表征有内部和外部之分。内部表征是指记忆系统中的诸如概念、命题、图式、语义网络、生成规则及其他类型的知识和结构；而外部表征是指对内部认知活动有直接影响，甚至是有决定性影响的信息的外部表达和环境的结构，包括客观物体、媒体媒介、物理符号、外部规则、约束条件和边界条件等。国外有学者认为，虽然人们对表征的定义不同，但基本承认的核心观念是，表征是认知系统内部的携带信息的中介状态。要满足这一界定，首先要有起表征作用的世界和被表征的世界，这分别类似于内部表征和外部表征，而表征就是前者代表后者的过程，是外部事物在头脑里加以内在表示的过程（Markman & Dietrich，2000）。基于此，我们所说的"表征"特指一种理解过程，特别是对事物中隐含关系的理解或推理，即对关系的表征。主体能够表征的关系的复杂程度，即表征复杂性，这是其表征水平或能力的体现。

任务的关系复杂性概念为标定主体的表征能力或表征复杂性提供了一个客观的量尺，我们通过考察被试在任务上实际的表现，就可以确定其表征能力。关系复杂性与表征复杂性有时对应，条件是只使用一种确定的表征方式且能达到任务的正确表征或解决；否则要根据具体表征方式（如对于一题多解问题）做出在线分析（辛自强，2004）。

表征复杂性是被试在关系复杂性尺度上的最佳表现。表征复杂性的测量，要看被试在任务的关系复杂性尺度上达到的表现程度，它是在主客体相互作用的情况下被试表征能力的体现。要构造成这种序列性的尺度，当然可以用关系复杂性不同的一系列任务；也可以用单一的但是包含了多种可能的表征方式的任务，每种表征方式都意味着表征不同的关系，这样同一个题目也类似地包含了关系复杂性的序列。如果被试在哪种任务上，或一种任务的哪种表征方式上表现较好（如75％的情况下都能完成，这个标准是研究者根据理论需要确定的），就可以认为他已经具有了相应的表征能力，表征达到了该程度的复杂性，而在这个序列上总有一个较难的任务是被试无法通过的，这就是被试表征能力没有超越的上限。

表征复杂性包含表征广度与深度，分别对应于任务的水平复杂性和等级复杂性。这种区分是要强调如下两点。

一方面是认知加工容量的有限性。因为我们能同时加工的信息的容量是有限的，所以表征广度就是能同时加工的信息（分析单位可以是一个关系或要素）的多少。这一个观点体现了信息加工理论的核心理念。

对于认知发展来讲，表征广度的发展当然是重要的，这是大部分信息加工的发展研究者（如 Case & Edelstein，1993；Halford et al.，1998）所关心的。表征广度的发展与生理成熟所造成的工作记忆容量的提高有关（Pascual-Leone，1998），也与加工策略（如组块）和加工自动化有关。虽然，从孤立项目的加工容量上看，心理学家早就提出了 7 ± 2 个组块的说法（Miller，1956），但当这些项目彼此关联时，我们同时只能加工四元关系（在哈尔福德理论中，"元"指要素个数），即相互关联的四个变量，这是个限制（Halford et al.，1998）。当超过这个限制，就必须用策略（如组块）来克服。我们可以使用速度概念来说明概念的"组块"，速度定义为 $v=s/t$。速度、距离和时间的关系是三元关系，但是速度可以表达为一个维度，如仪表盘上指针的位置（如 60 km/h）。在这个一元维度表征中，速度、距离和时间之间的关系没有界定。如果我们想要计算随着距离的增加和时间的减少速度所发生的变化，我们必须回到三维或三元表征中。这样，概念组块就节省了加工容量，但是其代价是一些关系临时变得无法通达。由此可见，工作记忆容量对表征广度施加了"硬件的"限制，而我们可以借助策略、熟练化或自动化等方式部分超越这种限制。

另一方面，发展最重要的表现是表征深度的增加。能理解的等级关系的嵌套程度或逻辑层次，就是表征深度。这个观点，可以追溯到皮亚杰及新皮亚杰学派（如考曼斯）。

大部分皮亚杰和新皮亚杰任务都可以用于测量我们能理解的任务的嵌套程度，即表征深度。认知发展最重要的表现是表征深度的发展，这是皮亚杰范式关心的核心问题。以皮亚杰的守恒任务（如液体守恒）为例，研究表明儿童能否协调考虑问题的不同维度，是能否获得守恒概念的关键。为什么？儿童可以很容易地比较在一个维度上两个事物的大小，如这个试管的液柱更高（高度），而那个烧杯里的液柱更矮（高度），这时只是表征一级关系，至此直接做出的结论显然达不到守恒水平。要达成守恒，儿童首先要从问题情境中抽取出液柱高度和横截面大小两个维度，而且还能把二者协调起来做乘法运算，然后再比较两个维度乘积的大小从而做出结论（Case & Edelstein, 1993）。可见，守恒概念获得的关键是要有足够的表征深度，能表征问题中多个层级的关系，这种复杂的关系恰恰决定了任务的本质，是达成守恒遇到的最大难点。此外，在做两维协调时也可能会遇到困难，因为乘法运算的理解纯属推理过程，很难直接利用日常的观察经验，比观察液柱是高是矮或是粗是细要难得多。（我们后来在研究儿童的等值分数概念发展时，同样观察到了这种乘法思维的关键作用，辛自强，韩玉蕾，2014）。可以说，守恒的获得依赖于表征深度和对特定运算的理解能力，而守恒任务的本质就是由其中的要素（如液柱高度与横截面）及其关系（二维相乘）的关系（乘积大小的比较）决定的。推而言之，各种任务解决的关键通常是表征其中的复杂关系，关系表征能力的发展乃是认知发展的核心之一，也应该是发展研究的主要内容。

　　表征广度与深度有什么关系呢？可以说，表征的广度在某种"门槛"意义上对表征深度有限制，即如果没有超过工作记忆容量的限制，广度就不会被限制，深度也就不受其限制；然而一旦任务要求超过工作记忆容量则受到限制。在工作记忆限制的情况下，通过把零散的要素合成整体(组块或合成)或采用外部辅助的方式(如书面记录和出声思维)，可以降低认知负荷，确保表征的深入。

由此，理论上讲，可以测量一个人表征的最大深度的实验任务，未必能测量到最大广度，因为这时任务要保证被试思考更高层级的关系，就不能设计过大的水平复杂性而造成工作记忆的限制以至于阻断了深入思考。反过来，能测量到最大广度就一定不能测量到最大深度，因为测量最大广度时，应该提供高于表征能力上限的水平复杂性，这就阻碍了更高层级关系的表征。可见，对于表征广度和深度二者应该分别测量。

然而，实际上一个人达到的表征深度总是受到水平复杂性的影响，因为任何包含等级复杂性(一级关系及以上)的任务至少会涉及两个要素或集合，这时水平复杂性至少大于2。当然，水平复杂性越高就越影响表征深度或其表现出的理解程度。因此，一个人的表征能力，应该体现为有深度情况下的广度，有广度情况下的深度。

在实证研究中，要测量这种包含了广度和深度及其相互影响的表征能力，就对实验任务设计提出了更高的要求。目前大致有两条思路可以用于处理这一问题。其一，可以系统对一类任务的水平复杂性加以变化，以考察不同水平复杂性下的表征深度。其二，也可以考察不同等级复杂性任务上，被试所能达到的表征广度。

表征广度测量与传统的工作记忆容量的测量是有区别的。日常生活中表征广度的体现，总是与一定等级复杂性的任务有关，因此，表征广度的测量要看是在哪个层级的关系上测量广度。然而，传统上在实验室里对纯粹工作记忆的测量(如数字记忆广度测验)通常只是测量能记住的没有关联的若干要素的数量。这种做法在实际问题解决中并不适用，因为现实中的要素往往是有所关联的，这包括传统测量中可能涉及的要素的简单并列或呈现顺序，也包括更复杂的关系（如算术运算中的组合、比较、变换等）。因此，应该着重考察关系背景下的工作记忆，即表征广度。

在这方面，哈尔福德等（Halford et al.，1998，2002）注意到应该考察要素的关系。他们认为信息加工的限制不应该由项目而应该由可并行加工的关系复杂性来定义。前文已经提及，哈尔福德的所谓关系复杂性，指的是关系的数量，确切地说是相关的实体或变量的数量。一元关系只有一个变量，如类概念中黑狗是狗的一种，即狗（黑狗），这里括号前的概念表示关系或操作，括号里表示关系的一个例证。而二元关系则有两个变量，如大象和老鼠哪个比较大，即较大（大象，老鼠）。三元关系则有三个变量，如 2、3、5 三个数字相加，即相加（2，3，5）。四元关系则有四个变量，如比例问题（或等值分数问题）就有四个相互作用的成分，诸如 2/3＝6/9，等等。每个变量都对应一个"槽"。比如，二元关系就有两个变量或者说两个槽，其中每个槽都能填充很多不同的内容，如较大（马，狗）或者较大（山峰，田鼠丘）。因此，每个变量对应一个维度，N 维关系就是 N 维空间里点的集合。这里实体、变量和维度的含义是等同的。很显然，根据关系－表征复杂性模型来看，哈尔福德明显忽略了关系的层级问题。例如，同样是 2、3、5 三个数字，只是简单相加（2＋3＋5），根据该模型的看法这只是一级关系，而如果要组成（2＋3）×5 的算式，就成了二级关系，这时问题难度明显增加。不过，在哈尔福德看来这里只有三个变量或数字，就是三元关系。如果以此类推，一百个自然数相加，就应该是非常困难的问题，然而它并不比三个数相加本质上更困难多少。因为对于同类的要素重复施加同类关系，并不造成问题的复杂。可见，应该考虑的不是简单的"元"（要素个数）的问题，而是这些"元"在什么关系层级上被组织起来，"级别"才是关键的，在此基础上才能分析构成每个级别的"元"的多少。在关系－表征复杂性模型中就分别定义为等级复杂性（关心的是关系有几"级"的问题）和水平复杂性（关心构成该级关系的"元"，即要素和关系的多少）。总之，考虑工作记忆时要像哈尔福德那样考虑相互关联的项目的多少，更要像关系－表征复杂性模型那样进一步考虑在什么关系层级基础上的项目关联。

在不同的关系层级上的水平复杂性可以是相同的（如都为 2 或 4），表征广度是否能相同呢？这还需实验探讨。由此，在实验中可以考察不同关系等级上（这时不应该超过被试的表征深度）的表征广度，即每个级别上设计尽可能多的同级要素或关系，以测量最大表征广度。

四、任务分析

认知研究或认知发展研究的核心内容之一是做任务分析，因为研究结果和理论的确立往往依赖于特定实验任务。例如，心理理论的研究往往离不开"错误信念"任务，道德推理研究通常采用道德两难故事。即便在同一个研究领域内，实验任务设计的不同甚至只是细微的差异，往往会造成很多关于同一问题的结论之间出入很大，甚至完全不同或相反。要说明这些结论的不一致，就要分析所用实验任务的差异。此外，研究者还通常存在对研究结论过分概括和推广的倾向，而忽视了结论对于特定任务的依赖性。这都要求加强对实验任务的分析。这种分析不仅是针对任务本身的，也考虑任务解决过程和知识基础等主观方面。

目前，关于任务本身的难度及原因有多种多样的解释。测量学家喜欢用通过率表示问题难度；信息加工心理学家用解题过程中的认知负荷或记忆负荷来说明问题难度（如 Sweller，1988）；很多数学心理学家则用题目的结构特点、语言陈述方式、图式的可得性等解释问题难度（如 Lewis & Mayer，1987）。这些观点都有道理，但大多没有抓住问题难度的本质。比如，通过率是问题难度的结果而非原因；图式可得性是影响问题解决难度的因素，而非问题难度本身；语言表述方式或结构特点倒是问题本身的属性，但未必是本质属性；认知负荷主要涉及问题解决过程中的工作记忆压力问题。这些观点所体现的单维视角，已经制约了人们对问题难度本质的深入探讨（辛自强，2003，2005）。而关系－表征复杂性模型认为，任务分析必须考察任务所含要素的关系，这种关系的复杂性决定了任务的难度。

任务分析要考虑的首要因素就是任务的水平和等级复杂性，这是理解表征能力发展的基础。在分析时首先确定任务的关系层级，即等级复杂性，然后确定每个层级上关系内的水平复杂性和关系间的水平复杂性，最后综合用层级数 n 以及平均的 m_n 和 M_n 分别代表三者，从而获得该任务复杂性的量化指标。对于这些问题，前文已经介绍，不再重述。这里结合实例，介绍一些可能遇到的特殊情况。

形如 A＋B＋C＋D＝？ 这样的问题，究竟如何确定关系复杂性呢？按照上述分析思路，如果仅仅从表征，即理解四个数量的关系这个角度讲，它应该是等级复杂性为 1、水平复杂性为 4 的问题，因为被试只需理解这四个数量的简单加和关系（为一级的部分－整体关系），就可以知晓问题的本质。然而，对于这类任务的分析可能会遇到分歧。

先看水平复杂性，它为什么不为 5 呢？因为除了四个子集（加数），还有一个总集(作为和的结果项)。确实有必要考虑总集，如果这种数量关系出现在文字应用题中，总集尤其需要考虑；但在纯粹代数表达式中可能就不需要，因为人们处理这种问题时并不需要专门构想出一个总集，加法运算符号已经说明四个数量要相加。可见，是否考虑结果项的问题，应该依据问题性质而定。

再看等级复杂性，它一定是 1 吗？因为人们在解决这类四个数相加的问题时，不能直接获得结果，实际上执行计算的过程往往是分步的，如 A＋B 的结果再加 C，求出的和再加 D，这样好像是三级关系。然而，在讨论表征时并不考虑这种简单累加式的计算过程，理解四者的关系并不像计算那样需要多个层次或步骤，而且这种简单循环的运算过程不增加理解的难度。因此，对于这种需要对若干要素执行同样的运算或循环运算的代数式，要素的关系还是一级的。

可以概括地说，关系复杂性概念侧重的是决定任务本质的关系，考虑的是需要表征的关系，而非计算程序；此外，还要根据任务类型(如是代数式还是文字应用题)，以确定任务分析时是否考虑结果项。

例如，如果同样四个数量，但为 A×B＋C×D 这种形式，就分析为两个一级关系(同级的两个乘法关系)，然后是一个二级关系(加法关系)。该任务等级复杂性(n)为 2，每级关系内的水平复杂性(m_1、m_2)都是 2，而该任务在一级和二级关系上的外部复杂性(M_1、M_2)分别为 2 和 1。可见，一级和二级，也就是等级复杂性的划分是根据关系的嵌套层次确定的，即考察一个关系的理解是否要以另一个为前提。而对于水平复杂性的确定要在每个层级上考察该关系同时依赖的较低级别的关系的数量或要素的个数(即关系内的水平复杂性)和该层级上并列关系的数量(即关系间的水平复杂性)。

要全面分析任务特点和表征水平，除了分析关系复杂性外，还要考察其他影响因素，包括各种客观因素(如运算的性质)和主观因素(如工作记忆缓存、心理操作过程)。

(1)运算性质。运算是要素或关系之间的组织规则，它是事物作为整体的基础。然而，不同运算的表征难度可能并不相同。例如，同为一级关系的乘法通常比加法难以理解。同样，逻辑学中的合取与析取运算理解的难度也可能不同。例如，四个变量的简单相加是很容易的，而四个变量有交互作用则是很难被理解的。例如，在实验设计和分析中，四个自变量如果被假定各自独立，将四者影响(对因变量变异的贡献)简单累加就可以解释它们对因变量的整体影响；然而，如果四者交互作用，问题将变得极为棘手，在对结果的描述和解释上都会面临语言的贫乏和思考的困难。可见运算性质会对问题的复杂性造成很大影响，有时甚至是根本的影响。

这里还有必要稍微说明乘法运算的复杂性。像 A×B×C×D 这样的数量关系，如果四个子集只是四个数字(常数)，四数相乘只能是个简单的一级关系；然而如果是四个性质不同的变量的相乘，问题就极为复杂，协调了空间三维和时间一维的四维运算就是如此，这时可能应该确定为三级关系。

(2)工作记忆缓存。表征过程中，必然要使用工作记忆。一方面，要通过工作记忆进行加工，另一方面要用它来缓存加工内容(加工结果和所需来自外部以及长时记忆的信息)。理解时要在工作记忆中缓存的内容多少将影响表征水平。例如，经典的河内塔问题，就要求大量的缓存，从而难以表征和解决。在表征过程中，在要素(数量、变量或集合)相同的情况下，任务直接给出的要素要比作为加工结果且需要在工作记忆中暂存的同样数量的信息更容易加工。当然，如果每一步表征的结果都以外部储存的方式保存，如写在纸上，这样就有助于减轻工作记忆缓存的负担，给加工留出更多空间，从而提高表征复杂性。

（3）知识背景和知识要求。不同领域的任务，知识背景和知识要求就不同，即便在同一领域每个任务要求的知识点也可能不同。这种知识要求的不同，必然会影响问题的难度。例如，我们曾使用过的长方形面积任务，都涉及面积公式，但是其中部分问题还要求使用周长公式，从而增加了任务难度（辛自强，2003；Xin，2008）。

（4）心理操作过程。例如，关系翻转、语义解码等心理操作过程都可能影响问题难度。例如，数学减法问题中的"语言不一致问题"（Lewis & Mayer，1987），即关系性文字陈述和实际数量关系不一致，这种不一致会增加任务难度，包括语义解码的困难，也会导致被试因为要做"关系翻转"而产生更多的理解错误。实际上，随着心理操作过程的增加，任务变得更难。

（5）问题解决策略。问题解决策略不同，可能意味着所使用的表征方式或顺序也不同。例如，使用正向求解和逆向求解策略，将影响嵌套关系分析的方向或层级关系的顺序。在正向求解时理解的一级关系，将是逆向求解时的高级关系，而后者的最高关系，将是前者的最低关系。通常只需要按照正向求解顺序进行关系等级的分析即可，然而必要时可能应考虑具体解题策略的影响。

这里只是大体罗列了有关因素，在具体实验任务的设计和分析中，可以具体考虑各因素的作用，有所侧重地处理。

如何对任务的复杂性或主体的认知或表征复杂性进行形式化的分析呢？我们可以采用"关系网"分析这种技术。那种有单一表征方式的问题的关系网通常是一种树状结构或等级结构，而那些有多种表征方式的问题通常有更多的并行的树状结构。这种关系网络图的复杂程度（宽度和高度以及连接线的数量）就直观地反映了问题的复杂程度。

例如，"上个月，哥哥做家务 13 次，弟弟比哥哥少做 4 次，他们兄弟二人总共做家务多少次？"这道数学问题。图 4-5 提供了该任务的关系网络，其中的 S1、S2 分别为问题中赋予两个角色的数量（子集），Sd 为二者差异，S 为总集；实线椭圆指问题文本中直接提供的集合，虚线椭圆指表征中构思的集合。其等级复杂性 $n=2$；一级和二级关系内的水平复杂性均为 2，所以任务的关系内水平复杂性平均为 $m=2$；

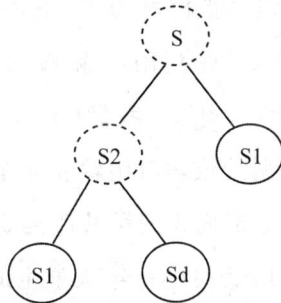

图 4-5　问题的关系网络

一级和二级关系层次上外部水平复杂性均为 1，所以任务的关系间水平复杂性平均为 M＝1。此外，每个层级关系上的运算性质也不同，一级关系为减法运算，二级关系为加法运算，在关系的概念类型上都为部分－整体关系。在每个层级上的工作记忆缓存内容都不超过两个单位。

五、模型的应用与价值

上文对关系－表征复杂性模型所涉及的关系复杂性和表征复杂性以及属下的主要概念做了阐述，还从理论上说明了如何依据该模型进行任务分析。不仅如此，目前已经有大量实证研究应用了该模型，检验了模型的实际价值。

首先，数学任务研究。该模型在各类数学应用题任务分析和发展研究中得到了广泛应用（刘春晖，辛自强，2008；辛自强，2003，2004；辛自强，张莉，2009；辛自强，张梅，2008；张皖，辛自强，陈英和，胡卫平，2016；张夏雨，2010；张夏雨，喻平，2009；仲宁宁，陈英和，张晓龙，2009；Xin，2008）。例如，我们（辛自强，张莉，2009）编制了基于关系－表征复杂性模型的数学应用题表征能力测验（包括路程问题、归一问题、归总问题、长方形面积问题共四类24题），并采用该测验调查了小学四、五、六年级以及初中一年级学生的表征水平，结果表明，该测验有良好的构想效度，事前分析确定的任务等级复杂性对两个事后难度指标（错误率和 Rasch 模型分析的任务难度）的解释率分别为74%、79%，而且该测验得分与测查思维水平层次变化的 SOLO 分类测验（Biggs，1992）上的得分有较高相关（相关系数为0.65）；该测验能够测查表征水平随年龄的变化，问题的等级复杂性对难度有决定性影响，等级复杂性从1到3上的通过率依次为0.95、0.82、0.52，而且随着问题这种关系复杂性的增加，通过率的年级差异增大。

其次，推理任务研究。该模型被用于分析各类不涉及领域知识的推理任务的分析及表征发展研究，这些任务包括经典的平衡秤任务（张丽，辛自强，2008）、类比推理任务（张莉，辛自强，古丽扎伯克力，2010）、图形推理任务（胡清芬，辛自强，张莉，张丽，2008）、图形顿悟问题（窦东徽，金萍，蔡亮，2007）、齿轮推断任务（张皖，辛自强，2015）。例如，张丽和辛自强（2008）所做的一项研究，以小学高年级的264名儿童为被试，对其施测用计算机程序呈现的平衡秤任务（共6类51个项目），考察了这些任务的难度。研究者基于关系－表征复杂性模型，从水平复杂性、等级复杂性和知识经验的要求三个角度对任务的难度做了事前分析，结果表明这些变量可以有效解释任务难度。如果以通过率作为任务难度的事后指标，等级复杂性和知识经验等变量可以解释其变异的95％。可见，关系－表征复杂性模型提供的分析任务复杂性的思路和方法是较为合理的。又如，窦东徽等人（2007，p.9）以该模型为基础对顿悟问题的属性做了新的界定，认为"顿悟问题正是通过自身多种多样的'表征陷阱'引发解决者的定势思维，使得问题无法得到正确表征。我们利用辛自强提出的关系－表征复杂性模型将顿悟问题界定为关系复杂性较低而表征复杂性较高的一类问题"。他们选用经典的顿悟问题 T Puzzle 任务（一种用"四巧板"拼成"T"形图的任务）为材料，通过实验探讨了关系复杂性和表征复杂性在顿悟问题解决中所产生的作用和影响机制。

最后，该模型还被用于化学问题分析、考试难度分析、图式层级研究、表征的微观发生研究等诸多领域（郭兆明，宋宝和，张庆林，2006；李桢，2005；罗玛，王祖浩，2016；任红艳，姜海娟，李广洲，2013）。例如，我们（张皖，辛自强，2015）采用微观发生法，以齿轮推断任务为材料，探讨了小学五年级儿童表征深度的变化路线、速度及来源。结果表明，在整个实验期间，儿童的表征深度发生了显著变化，其表征深度变化路线主要体现为从最基本的一级水平向更高级的二、三级水平的递增过程，但这种变化路线的个体间差异较大；其变化速度体现出先快后慢的特点。上述变化特点与练习及自我解释、练习模式的特征以及任务难度等因素有关。

根据斯腾伯格（2000，p.15）的观点，"两种基本检验形式可以验证智力的外显理论。这两种形式是内部检验和外部检验。"内部检验指判断一个理论在多大程度上解释了该理论涉及的任务领域中的数据。对于关系－表征复杂性模型的内部检验主要是验证它能否解释或预测问题难度的序列。上述关于数学应用题和平衡秤任务的两项研究都表明，该模型可以较好地预测或解释问题难度，模型的内部效度良好（辛自强，张莉，2009；张丽，辛自强，2008）。而外部检验的一种方式是考察模型能否说明理论所涉及的任务领域之外的数据。比如，我们早期的研究表明，根据学业成绩等指标区分的优、中、差三类学生所能达到的表征复杂性能被有效地区分开，这说明关系－表征复杂性模型有良好的外部效度（辛自强，2003）。此外，该模型还可以合理解释问题图式与策略选择的关系（辛自强，2004），可以拓展用于解释顿悟问题的本质及其解决机制（窦东徽等，2007）。

关系－表征复杂性模型的使用者不仅有我们课题组的成员，也包括来自认知发展、学科教学、心理测量等不同领域的其他研究者。例如，张夏雨等数学认知研究专家在《数学教育学报》先后发表了题为"基于关系－表征复杂性模型的问题图式等级性研究"（张夏雨，喻平，2009）、"基于关系－表征复杂性模型的有背景问题难度研究"（张夏雨，2010）等文章，在数学问题解决研究中完整应用了该模型。还有研究者部分使用了该模型或对此做了评价。例如，李桢(2005，p. 58)把该模型推广应用到高中生化学问题解决的研究上，而且在其博士学位论文中对该模型的理论价值和应用前景做了肯定的评价，认为"辛自强关于表征复杂性的研究是我们看到最新的关于数学应用题的表征研究，……该设计的思路、方法的使用以及对表征与图式、策略的关系描述，值得认真研究，是一种非常有价值的模型。"

综合上述实证研究和有关评论，可以看出关系－表征复杂性模型的理论意义和应用价值。第一，如前所述，现有研究已经直接表明该模型有助于解释任务难度、表征发展、问题解决过程、图式组织、策略选择等重要心理学问题，这里不再重述。第二，为教学或考试问题的设计提供了思路。例如，考试题目设计中，可以通过分析问题的关系复杂性以及知识要求，从而事先大致确定题目的难度水平，使题目设置和题目顺序安排更为合理(辛自强，2005)；此外，教学中也可以针对不同表征能力的学生设计关系复杂性适当的任务。第三，与前一点类似，该模型可以服务于认知发展任务的分析。例如，当比较不同领域任务上的发展模式是否有差异时，可以分别考虑任务内容的影响和关系复杂性这种形式结构特点的影响，这有助于理解发展的领域性与一般性问题。第四，可以用于刻画表征能力的发展，包括大时间尺度的发展与短期内的微观发生过程或知识的微观建构过程(辛自强，2006；张晓，辛自强，2015)，也可以用于考察个体差异，如专家与新手之间或不同类型学生之间的差异。第五，有助于对维果茨基"最近发展区"理论操作化。根据"最近发展区"理论，教学应该走在学生现实的发展水平之前，引导他们达到更高的可能水平，然而，实际上如何确定现有水平和可能水平是很困难的。但如果从关系－表征复杂性模型的角度看，教学中只要选择那些比学生已能表征的关系层级更高一层级的任务进行学习就可以了(辛自强，2005)。

总之，科学研究的重要任务是确定隐藏于事象中的"秩序"，对于认知及其发展研究而言，通常要确定两种"序"：一是确定认知任务或者说客体的难度序列，如研究中所用认知作业的难度大小；二是确定被试或者说认知主体在完成这些任务时所能达到的认知水平，即确定认知之"序"，这种序可能与发展有关，也可能是学习的结果。可见，确定认知主体和客体两个方面的"序"，是认知发展和学习研究的重要课题之一，而且这两个方面的"序"是联系在一起的。我们可以用关系－表征复杂性模型从理论或概念层面上有效描述这两种"序"：关系复杂性用于刻画任务之序，表征复杂性用于刻画认知或表征之序。这就是该模型的价值所在。

第五章

量表设计方法

　　在实验研究中，研究者往往特别注重无关变量的控制，确保所研究的自变量和因变量之间关系的明确性；在使用量表或问卷做研究时，却往往忽视了严格的研究控制。其实，无论是设计、修订还是使用量表，都要严格控制无关变量，尽量减少被试对量表项目反应中的系统误差。量表指导语的表述、项目的措辞、量尺的形式等方面都可能存在大量的无关变量，我们必须充分认识并合理控制它们的干扰，确保量表测量结果只代表了我们关注的心理特质。本章第一节介绍了量表中语言表述方式所引起的"措辞效应"的类型和成因，并着重阐述了措辞效应的控制方法；第二节专门探讨量尺制作的方法学问题。通过这两节内容，我们试图传递一个观念：量表作为心理测量的工具，本应是一种非常精密的工具，其设计和使用都是严谨的科学工作，来不得半点马虎。用量表做研究，并非不科学，只是我们没有从科学的高度来对待它。

第一节　量表中的措辞效应 *

> ▶**导言**：量表是心理测量的常用工具，它主要以语言文字为载体传达意义，受测者基于对量表语义的理解对各个项目做出反应。量表中语言表述的结构、内容等因素均可能导致测量结果的差异，其中，语言表述方式对量表测量结果产生的影响称为"措辞效应"。本节介绍措辞效应的类型、机制，并着重探讨控制措辞效应的方法。

一、措辞效应的类型

从根本上讲，措辞效应（wording effect）是一种方法效应或者说反应偏差，它是一种与测量构念无关的、系统的误差反应。量表中的措辞既包括指导语和题干的语言表述，也包括量尺上的选项表述。根据措辞效应的来源，可将其分为三类：正向—反向表述效应、问题表述焦点效

---

* 本节内容根据我们已发表的论文修改而成，原文参见：余小霞，辛自强，苑媛（2016）．量表中的措辞效应：类型、机制及控制方法．心理技术与应用，4(9)，561—573.

应、量尺选项的措辞效应。

（一）正向—反向表述效应

国内外研究者在使用"wording effect"这一概念时，往往将其等同于"项目表述效应"（item wording effect），即项目的正向和反向表述方式引起的与测量内容无关的系统变异（顾红磊，温忠麟，2014；DiStefano & Motl，2006）。事实上，项目表述效应仅是措辞效应的一种表现形式，由于其具有普遍性和典型性，将显著影响量表的信度和效度，因而引起了众多研究者的关注。

在大多数量表中，为了避免被试产生趋同反应，只在量尺的一端作答，往往同时采用正向题和反向题。以罗森伯格自尊量表（Rosenberg Self-Esteem Scale，RSES）为例，该量表共有 10 个条目，包括 5 道正向题（比如，"我认为自己是个有价值的人，至少与别人不相上下"）和 5 道反向题（比如，"我觉得自己没有什么值得自豪的地方"）。

即便对反向题进行了反向计分处理，使正向题和反向题在逻辑上具有等价性，正向题和反向题的混合使用仍带来了新的问题。许多人格量表都是单维结构，正向题和反向题引起的项目表述效应使得项目间的相关降低，导致因素分析中单维结构拟合不佳，这一现象在包括罗森伯格自尊量表在内的许多量表中都得到了证实。同时，对于哪些项目适合正向表述，哪些项目适合反向表述，以及正向和反向表述各占多大比例等问题目前尚无定论。

在"正向—反向表述"中，还有一种较为特殊的类型：比较式表述。当进行两个事物的比较时，既可以采用正向比较（如"A 比 B 好"），也可以采用反向比较（如"B 比 A 差"），研究者将这两种表述形式分别称

为"优于"（more than）句式和"差于"（less than）句式（Bruckmüller &
Hoorens，2015）。在逻辑意义上，两种句式是等价的，然而研究表明，
人们对正向比较表述的同意程度和喜欢程度均高于反向比较表述，并且
"优于"句式（"多于""好于"……）比"差于"句式（"少于""弱于"……）更有
说服力。

（二）问题表述焦点效应

在理解问题表述时，措辞中隐含的特定意义以及问题表述中涉及的
关键词语都可能成为焦点，从而影响被试对项目的反应。

第一，引导性措辞。引导性措辞是指问题表述通过传达隐含的假
设，引导回答者以特定的方式思考问题，从而给出研究者期望的答案
（Lehman，Krosnick，West，& Li，1992）。比如，"你在多大程度上认
为有关 X 的新闻报道含有对 X 的偏见?"这句话中暗含了一个确定的判
断：新闻报道含有对 X 的偏见。这类措辞容易引起人们的默许反应倾
向和证实倾向，从而掩盖其真实态度，做出社会大众或研究者所赞许的
行为。

第二，关键词表述。问题表述中有一些较为关键的措辞，它们可能
成为被试关注的焦点，从而影响反应结果。这些措辞主要涉及专业术
语、敏感话题、频率词、反应内容、行为主体等方面（可参考 Podsa-
koff，MacKenzie，Lee，& Podsakoff，2003）。

专业术语的指代含义十分明确，但其熟悉度和理解难度对于不同群
体差异较大；而且在日常使用中，人们还会对一些专业术语附加一定的
褒贬意味，使得作答结果表现出很强的社会赞许性。例如，研究者在调
查临床医疗中安慰剂的使用频率时采用了两种问卷，一种直接使用专业

术语"安慰剂"，另一种将其隐晦地表述为"非特异性疗法"，结果采用"安慰剂"表述的问卷上，医生回答的使用频率显著低于另一种问卷（Tilburt，Emanuel，Kaptchuk，Curlin，& Miller，2008）。此外，若量表涉及"性观念"等敏感话题，其作答也容易受到社会赞许性的影响。

人格和心理健康测量中经常使用一些表示频率的词语，这些词语的使用也可能影响被试的反应。当题目中包含极端的频率词（如"总是""从不"）时，被试往往因避免极端选项而选择中点值。另外，量表的指导语或题干表述明确指出了被试需要做出何种反应。比如，是评价"喜欢程度"还是"同意程度"，前者侧重情感，后者则含有较多的认知成分，由此，这类引导反应内容的措辞可能导致不同的结果。最后，问题表述中行为主体规定的是"自己""特定他人"还是"一般人"也将影响被试的反应。当涉及自我评价时，社会赞许效应会更明显，因此如果量表含有敏感话题，最好涉及"一般人"而非被试本人。

（三）量尺选项的措辞效应

量表是心理测量的工具，它不仅包括项目陈述，还包括用于评分的量尺（如通常所说的"五点"量尺）。量尺方面也可能存在措辞效应。量尺是否标出所有选项、选项呈现的顺序以及两端选项的表述这三个特征是引发措辞效应的主要因素。

第一，量尺选项的完整性。通常情况下，量尺要么标明所有选项，要么只标注两端的选项。有研究对比了这两种量尺的差异，但结论存在争议。从量尺得分来看，一些研究发现两种量尺得到的平均分虽然没有显著差异，但是标出所有选项时选择两个极端选项的被试的比例显著少于只标注两端选项的情况（de Leeuw，Hox，& Scherpenzeel，2011）。

而从信度和效度的角度，选项的完整性对量表的影响尚无稳定的结论。值得注意的是，李克特量尺严格来讲是一种顺序量尺或等级量尺，只是在处理数据时通常将其视作等距量尺。在量尺上标出所有选项有利于被试理解，但文字表述间往往并不等距，易破坏量尺的等距性（辛自强，2017，p. 111）。

第二，量尺选项的顺序效应。选项的呈现顺序可能影响被试的回答，进而产生首因效应或近因效应。研究表明，首因效应和近因效应的出现与作答形式有关，量表以视觉形式呈现时（如自陈式填答），首因效应更明显；以听觉呈现时（如电话调查），近因效应更明显（Christian，2007）。

量尺上选项的方向性在一定程度上也会影响测量结果。李克特量尺通常采用水平方向的呈现方式，左端为消极表述。右端为积极表述。比如，"非常不同意—非常同意"，但也有反向呈现的量尺，即采用"非常同意—非常不同意"的形式。此外，也有少量研究采用垂直方向呈现的量尺，如调查生活满意度时使用的"梯形量尺"，要求被试在一个 10 级的梯子上标示自己生活所处的位置。从已有研究结果来看，选项的方向性对垂直量尺的影响似乎更大，眼动技术还显示，被试在水平量尺和垂直量尺选项上注视点数量和注视时间具有差异，无论选项的方向如何，水平量尺左右两端获得的注意较为平均，垂直量尺上总是顶端部分获得的注意更多（Höhne & Lenzner，2015）。

第三，量尺端点的文字表述。量尺选项的文字表述直接影响到被试对量尺的理解，措辞上的细微变化可能导致不同的反应。其中，量尺端点的文字表述尤为重要。量尺端点的文字表述可能通过激活与之对应的概念影响被试在量尺上的回答，量尺的端点值采用"非常不 X"和"非常

X"时，主要是量尺明确标记的概念类别(X)被激活，而采用"非常 Y"和"非常 X"(X 与 Y 意义相反)时，X 和 Y 两个类别都会被激活。对此，本章第二节将专门讨论。

二、措辞效应的心理机制

（一）语义理解

正向—反向表述引起的项目表述效应，可能是因为项目措辞本身的结构特征差异造成了所传达语义的差异，由此人们形成了对项目不同的语义理解。也就是说，可以从语义理解的角度说明措辞效应的心理机制。

我们往往认为，正向表述和反向表述的区别在于表达形式，其语义是等价的，但事实上，这两种表述背后的概念可能不同。在兼有正向和反向表述的量表中，"反向表述效应"更为普遍，这是因为理解否定陈述更具复杂性，等价的否定陈述与肯定陈述的信息加工方式不一致(Mayo，Schul，& Burnstein，2004)。比如，在理解反向表述"我不是有罪的"时(对应的正向表述为"我是无辜的")，人们不是简单地将"不是有罪的"转换为"无辜的"来进行理解，因为"有罪的"与"无辜的"并非只是意义相反，可能是两个不同的概念体系。由于语义理解很大程度上取决于个体的语言能力，正反表述的反应偏差还可能受到被试语言能力的影响。

语义理解的差异也为关键词表述引起的措辞效应提供了可能的解

释。有人(Manstead & Parker,1995)发现,在评价某一事物时,询问"是否喜欢"和"优势劣势"将分别激活态度的不同方面,导致评价结果不同。"是否喜欢"的表述激活情感性信念,诱发诸如兴奋、紧张、害怕等情绪,被试将基于情绪体验来进行评价;"优势劣势"的表述激活工具性信念,使被试更多地考虑客观实际的后果,基于行为的具体结果进行评价。

语义理解具有文化差异,从而使措辞效应的具体表现不一致。例如,采用罗森伯格自尊量表在 53 个国家开展的大规模调查发现,该量表中的反向表述效应在不同国家样本中具有强弱程度的差异(Schmitt & Allik,2005)。这是因为反向表述的理解更加复杂,在不同文化中更容易产生差异,这或许也是反向表述效应更为普遍的原因之一。有关罗森伯格自尊量表的诸多研究证据启示研究者,在翻译、修订量表时,需要格外注意文化差异导致的语义理解上的分歧。以学习动机量表为例,研究者发现,中文版量表中的一些项目与其在美国开发的原量表中所隶属的内生和外生动机取向不同(池丽萍,辛自强,2006)。比如,"我想要知道自己究竟能在学业上做得多出色",该项目在原量表中是内生动机的组成项目,中国被试却通常认为"出色"是与他人比较得出的结果,这种理解致使该项目成了关于外生动机的陈述。

语义理解还受到日常使用习惯的影响,这导致人们对一些特定的表达方式具有独特的理解。比如,对于两个极端的类型,如"好一坏""高一矮"等,人们习惯于使用"好""高"一端,这一端往往涵盖了正向、反向的所有类型,而相反的一端只包含了其本身指代的类型。比如,当人们问"这个人有多让人讨厌"时,意味着这个人是让人讨厌的(只是在问讨厌的程度),而在问"这个人有多让人喜欢"时往往没有这样的预设

（Bruckmüller & Hoorens，2015）。

（二）认知加工特征

从认知加工的角度来看，人们在决策判断中的认知偏见、认知比较以及认知资源的分配可以分别解释不同类型的措辞效应。

"假设证实策略"（hypothesis-confirmation strategy）可以解释引导性措辞的影响。当问题表述中隐含的假设被个体知觉到时，人们倾向于证实它而非证伪它，因此会无意识地搜集与之符合的证据，并选择性地忽略反面证据（Skov & Sherman，1986）。决策与判断领域的研究将这种现象称为"判断焦点效应"（Lehman et al.，1992），认为人们普遍存在内隐的、支持题干表述焦点的倾向。这一效应受到被试作答动机的影响。比如，利己性动机可能导致不同程度的措辞效应，在涉及个人特质时，问题表述对个人特质越有利，被试越容易赞同，如果量表不仅仅是自我评价，还关系到自我在他人面前的表现，那么措辞效应将更为明显。

一些项目表述含有对两个事物的比较。研究发现，人们在对两个事物进行比较和判断时，通常习惯把一方作为基准，通常是地位更高或占据多数的一方；而对于两个社会地位一致的群体，当把其中一个作为比较的基准时，该群体会被认为具有更高的地位和权力（Bruckmüller & Abele，2010）。比如，"男性跟女性有什么不同"和"女性跟男性有什么不同"两个问题得到的答案可能有一定区别，当人们缺乏关于这两个群体的地位的知识时这种现象尤其明显。基于这一机制，在比较句式中将哪一方作为基准尤其重要，这将影响人们对两个事物相对特性的期望。在具体表述时，人们更偏好正向比较句式（"A 比 B 好"）而不是反向比较句式（"B 比 A 差"），这是因为"多于""好于"等句式更符合日常的语言使用习惯，具有更高的认知流畅性（Bruckmüller & Hōorens，2015）。

量尺选项引起的措辞效应源于认知资源的有限性，这种有限性使得个体在不同选项上分配的认知资源不均衡（Höhne & Lenzner，2015；Krosnick & Alwin，1987）。标出量尺的所有选项与仅标注两端两种条件下，被试对量尺的认知加工存在差异。在前一种条件下，被试要阅读、加工并理解所有选项，因此各选项得到的注意程度及被选择的可能性更为平均，这也解答了为何标出所有选项时极端回答更少。量尺选项的首因效应和近因效应更突出体现了各个选项上认知资源分配的不均衡性，这两种效应的强弱受到作答形式的影响，不同作答形式导致对选项的加工深度不同，加工越深的选项越容易被选择（Christian，2007；Krosnick & Alwin，1987）。当量表以视觉形式呈现时（如自陈式填答），第一个选项往往能获得更深层的认知加工，容易出现首因效应；当量表以听觉形式呈现时（如电话调查），第一个选项还没来得及加工，第二个选项又会呈现，因此最后一个选项往往能获得更深层的加工，出现近因效应。

三、措辞效应的控制方法

措辞效应并非不可避免，研究者可以从两个层面尽可能地减少甚至消除措辞效应的影响：一方面是程序控制，编制量表时适当转换项目表述方式和量表形式等；另一方面是统计控制，在事后统计分析时通过比较不同模型的拟合度，辨析措辞效应是否存在并予以分离。

（一）程序控制法

方法一，舍弃反向表述项目。反向表述引起的措辞效应更为普遍，因此，一些研究者认为避免措辞效应最为简便的方法就是只采用正向题（Lindwall et al.，2012）。但这样容易导致被试在各个项目中的反应趋同，带来共同方法偏差，所以遭到大多数研究者的反对。较早之前有研究者提出仍然保留反向题，将其作为填充题或测谎题，计算总分的时候只使用正向题（Marsh，1996）。这种方法可能有效，但也带来了新的问题。由于一些正向题和反向题属于同一个维度，但内容不同，如果忽略反向题的得分，就必须增加与之对应的、等价的正向题，这就会使得量表项目的数量增加。

方法二，将单极表述项目改为双极表述项目。主要做法是将正向或反向单极表述的项目转化为由一对反义词或一对意义相反的表述构成的双极表述项目（Schweizer，Rauch，& Gold，2011）。在具体操作时，需要找到表述方向相反的一对项目，明确它们表述的核心概念，再定义量尺的两端。比如，可以将评价自己"符合程度"的两个项目"大多数时候我都很开心"和"大多数时候我总是闷闷不乐"转化为"大多数时候我的情绪状态"，并采用"十分沮丧—十分开心"作为量尺。这种做法具有三个较为明显的优势。其一，转化后的项目能对所属维度做出更准确的描述（单极项目只能描述该维度的一个方向），从而使分量表的项目之间，以及分量表与总量表的相关性显著提高。其二，双极表述项目较为中性，能排除情感因素的影响，有效减少偏见，避免被试对项目产生独特的理解，更具有客观性。其三，这样的转化还能减少量表中的项目数量。

方法三，改变量表形式。一些研究者建议用"特殊构念量表"（con-struct-specific scale）代替询问"同意程度"的李克特量表（Saris，Revilla，Krosnick，& Shaeffer，2010）。常用的李克特量表都是采用类似"你在多大程度上赞同'陌生人是可信的'"这类题目，相应的文字量尺为"非常不同意—非常同意"。事实上，可以将题目表述转化为"陌生人多大程度上可信"，量尺采用"非常不可信—非常可信"。这两种量尺形式都是在测量"陌生人的可信程度"，区别在于"特殊构念量表"在项目和选项中直接使用了测量的目标概念。对两种量表形式的比较研究发现，被试在询问"同意程度"的李克特量表中往往避免选择"强烈赞同"等极端选项，有较明显的趋中作答倾向，而在"特殊构念量表"中，被试在各个反应选项上的选择较为平均（Christian，2007）。而且，对于"特殊构念量表"被试在作答时只需要考虑一个维度，即量表测量的维度，而不需要同时考虑量表测量的维度以及"是否同意"这一反应维度，从而有效减少测量误差（Saris et al.，2010）。

　　方法四，在题目表述和选项设置的其他细节上尽量避免措辞效应。首先，对于反向表述项目，语义要尽可能明确，让被试理解答题要求；同时，注意避免双重反向表述，防止产生更强的方法效应。其次，在翻译量表的过程中，为保证量表所测项目的有效性，可以根据量表编制者的理论意图和概念界定对一些容易产生歧义或者不符合语言习惯和文化背景的项目进行修正（池丽萍，辛自强，2006）。最后，注意控制项目表述的难度，避免多重语义。比如，可将询问同类行为发生频率的问题拆分成若干个只针对某一具体行为的问题，避免把所有行为放在一道问题中导致被试无法详尽考虑所有情况。

（二）统计控制法

在编制量表的过程中，应首先考虑程序控制手段，这样才能从源头上避免措辞效应。但是，由于难以穷尽量表措辞的所有细节，一些措辞的微弱差异也很难事先探查到，因此研究者试图在事后用统计方法验证措辞效应是否存在，并通过特殊的统计方法将其分离出来。

在包含正向和反向表述项目的人格量表中，若要探明人格结构的实质，分离措辞效应尤其重要。目前，分离措辞效应的统计方法在有关正向、反向项目表述效应的研究领域已十分成熟，其基本思路是，运用验证性因素分析的方法，建立包含项目表述效应因子在内的多个模型，比较模型的拟合度，探查措辞效应存在与否并进一步分析计算。

研究者基于"多元特质—多重方法"（multitrait-multimethod）的概念框架，先后发展了"相关特质相关方法"（Correlated-Trait Correlated-Method，CTCM）和"相关特质相关特性"（Correlated-Trait Correlated-Uniqueness，CTCU）两类模型。两类模型的原理具有差异：CTCM 模型把项目表述效应当作一种稳定特质，通过构建独特的潜变量方法因子，将项目表述效应从特质效应和误差效应中分离出来，并得到估计；CTCU 模型则把项目表述效应当作影响因子结构的噪声，通过将所有的正向题或反向题的测量误差设定为存在"相关"，将项目表述效应分离，但不能对其单独估计（Lindwall et al.，2012；Podsakoff et al.，2003）。相比之下，CTCM 模型的一大优势在于包含了独立的方法效应因子，使得方法效应能够量化，并考察它与其他变量的关系。

下面以我们（Xin & Chi，2010）对社会支配倾向量表（social dominance orientation scale）的研究为例，详细说明如何运用 CTCM 和 CTCU 的方

法确定量表的结构。帕雷托等人（Pratto，Sidanius，Stallworth，&
Malle，1994）编制的社会支配倾向量表由 16 个条目构成，正向表述项
目和反向表述项目各 8 个，采用 7 级评分（1 为"非常不同意"，7 为"非
常同意"），在数据分析时对反向表述项目进行反向计分处理。原量表被
认为是单维结构，只包含社会支配倾向特质（SDO）一个因子，后来有的
量表使用者却提出，该量表可能包含 2 个甚至 3 个因子。为了探明该量
表的结构，澄清量表结构之争，我们依据 CTCM 和 CTCU 的方法构建
了多个可能的模型，如图 5-1 所示。

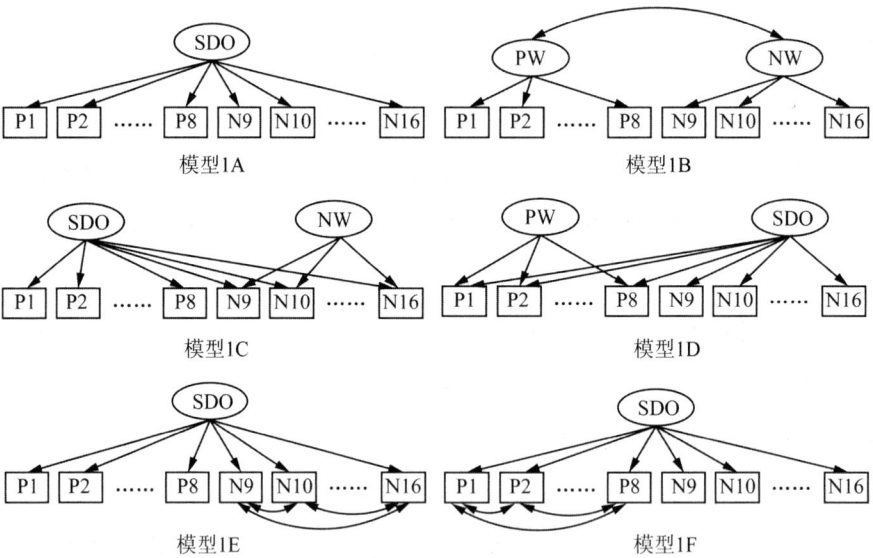

图 5-1 社会支配倾向量表探索性因素分析的模型建构

（资料来源：Xin & Chi，2010。注：SDO 为社会支配倾向；PW 为正向措辞效应；
NW 为反向措辞效应；P1 至 P8 为 8 个正向表述项目；N9 至 N16 为 8 个反向表述项
目。下同。）

在图 5-1 中，模型 1A 是一个单维结构模型，所有项目均负荷在 SDO 一个因子上，是原量表作者设定的理论模型；模型 1B 为两因素结构，正向和反向表述项目各自负荷在一个因子上，有学者认同这种结构划分；模型 1C 和 1D 为"相关特质相关方法"(CTCM)模型，认为量表不仅包含 SDO 因子，还存在一个与 SDO 因子不相关的反向表述因子(模型 1C)或正向表述因子(模型 1D)；模型 1E 和 1F 为"相关特质相关特性"(CTCU)模型，认为在 SDO 因子的基础上，存在反向题的测量误差相关(模型 1E)或者存在正向题的测量误差相关(模型 1F)。

采用验证性因素分析方法检验这 6 个模型的拟合度，可以得到它们各自的拟合度指标和因素载荷。研究结果表明，单维结构模型，即模型 1A 不可接受。也就是说，量表不只包含一个因子。模型 1B，即两因素结构的拟合度也不高，所谓"二因素结构"，是由措辞效应干扰导致的虚假二因素结构。比较这 6 个模型发现，模型 1E 具有更好的拟合度，这说明社会支配倾向量表不仅包含 SDO 特质因子，还包含由反向表述项目引起的方法因子，即反向措辞效应因子。同样道理，模型 1C 的拟合度也可以接受。

如何证明反向表述项目隶属的因子是方法效应(措辞效应)而不是稳定的人格特质呢？我们以"群际信任"(group trust)为效标，检验了特质因子和方法因子与效标因子的关联度。理论上，特质因子为测量的目标特质，其与效标因子的相关性应该可以达到统计上的显著水平，方法因子为系统误差，与效标因子应当没有关系。由于模型 1E 中方法因子不是独立的，无法计算效标关联度，我们以模型 1C 为基础，加入效标因子并构建了模型 2(见图 5-2)。

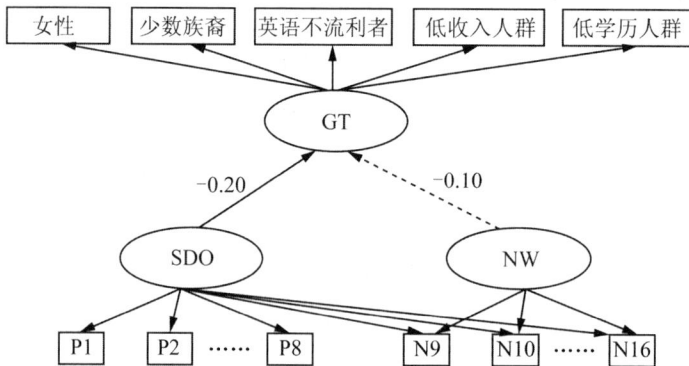

图 5-2　社会支配倾向因子和反向措辞效应因子对群际信任的预测模型

（资料来源：Xin & Chi，2010；注：GT 为群际信任，它以对女性、少数族裔、英语不流利人群、低收入人群、低学历人群的信任为观测变量。）

同样地，采用验证性因素分析方法检验模型 2 的拟合度。结果表明，模型 2 具有很好的拟合度。而且结果显示，社会支配倾向因子到群际信任的路径是显著的，反向措辞效应因子到群际信任的路径不显著。也就是说，只有社会支配倾向因子是量表测量的目标特质，它能有效预测群际信任水平，反向措辞效应因子仅仅是个方法因子。

按照上述步骤，对于可能含有措辞效应的量表，可以依据 CTCM 和 CTCU 方法建构模型，比较模型拟合度，探明量表的实际结构；结合效标关联程度，进一步确认该量表中的措辞效应是方法效应还是稳定特质；此外，还可以通过跨文化比较，探究量表结构在不同文化中的稳定性。例如，我们（Xin & Chi，2010）以中国、美国、加拿大三国公民为样本的比较研究发现，我们所提出的社会支配倾向量表的结构具有跨文化的一致性：在三个国家的使用中，该量表都测量了社会支配倾向这一人格特质，但同时也包含了"反向措辞效应"这一方法因子。我们所提出的量表结构划分以及措辞效应的估计和分离方法，后来得到该量表原作者以及其他研究者的认可和使用。

四、小结

措辞效应在不同的量表中普遍存在，它使得测量结果中掺杂了新的误差变异，增加了测量结果产生偏差的可能性。对此，要么在量表编制阶段，改进编制方法，做好源头上的"程序控制"；要么在数据分析阶段，分离出措辞效应因子，做好"统计控制"。

目前与措辞效应相关的研究侧重于正向—反向项目表述效应，其他各类措辞效应的实质和特点有待深入探究。今后，研究者在可能涉及措辞效应的研究中还需关注以下几个方面。

其一，探明措辞效应的影响因素及因素间的相互作用。有些因素对措辞效应的影响已经得到了验证，但已有研究对其他一些因素的作用存在争议，且不同因素间是否存在相互作用尚不明确。未来还需进一步探究各种可能的影响因素，并关注它们与一些重要的心理变量是否存在交互作用，这样才能更好地在量表编制、研究设计的程序上对措辞效应加以控制。

其二，考察不同文化背景下一些常用量表是否存在措辞效应及其具体表现。不同文化下语言的形式和语义理解存在较大差异，这可能是措辞效应的重要来源。针对罗森伯格自尊量表措辞效应的研究发现，对其他量表也具有重要的借鉴意义，一些常用量表还需置于不同文化中考察是否存在措辞效应，以解释不同文化下测量结果的差异，促进量表的完善。

　　其三，借鉴语言学的视角深入探究措辞效应的本质。措辞效应源于语言形式，语言学的已有研究成果或许有助于解释措辞效应的本源，继而指导量表编制中的措辞使用。在未来研究中，从语言学和测量学的双重视角探究措辞效应的实质不失为一条好的研究路径。

第二节　量尺制作的方法学问题 *

> ▶**导言**：一般来说，量表不仅包括指导语、题干表述，还包括
> 特定的评分标尺，即量尺。在量表设计中，究竟采用几点评分量
> 尺，是用文字还是用数字标示量尺。这些看似简单的问题，对量
> 表质量有重要影响。本节将基于对常见的量尺形式的比较，阐述
> 有关量尺制作的方法学问题。

一、量尺与量表的概念及区分

　　量尺是一个定有参照点和单位的连续体，也有一些研究者将该连
续体称作"量表"。以往研究者未严格区分"量表"和"量尺"两个概念，
两者对应的英文表达均是"scale"，但"量表"的内涵更加丰富，"量尺"
则专指量表所使用的评分标尺。实际上，李克特量表（Likert-type
scale）、语义分化量表（semantic differential scale）译作李克特尺和语

　　* 本节内容根据我们已发表的论文修改而成，原文参见：余小霞，苑媛，辛自强
（2017）．文字与数字量尺的差异及心理机制：兼论量尺制作的方法学问题．心理科学进
展，25（2），201—210.

义分化量尺更加准确，因为它们在本质上体现的是评分标尺的差异。作为量表构成的重要部分，有关量尺制作的问题具有重要的方法学意义，然而，在量表编制和使用过程中这一问题往往被研究者忽视。

在各类量尺中，李克特量尺最为常见，这种量尺最早由美国社会心理学家李克特（R. Likert，1903—1981）在 1932 年设计出来用于测量态度。使用该方法时，研究者会设计若干个积极或消极的项目，被试需要表明自己是"赞成"还是"不赞成"这些项目，或者"喜欢"还是"不喜欢"项目陈述的内容或事物。为了区分同意或喜欢的程度，一般采用"五级"评分量尺（如 1＝完全不同意，2＝不同意，3＝说不准，4＝同意，5＝完全同意）。

虽然测量的内容各不相同，但从采用文字还是数字形式呈现的角度，这些量尺可以分为三类：①文字量尺，即选项均采用文字表述，由一系列强度渐次变化的形容词或者副词与形容词的组合构成；②数字量尺，即选项为等距的数值点，用数值大小表示强度变化，通常会对两个端点用文字表述标定以明确量尺的意义，如"1 代表最不喜欢，5 代表最喜欢"；③文字－数字量尺，即文字表述和数值同时呈现并一一对应，文字和数字代表的强度变化方向一致。

其中，文字量尺往往是对称的两极表述，数字量尺则有单侧正数序列（如"1～5"）和正负数对称序列（如"－2～＋2"）两种形式。以反映喜欢程度的五级评分量尺为例，图5-3展现了这三类常用的量尺形式。

非常不喜欢	有点不喜欢	中立	有点喜欢	非常喜欢

(1)文字量尺

1	2	3	4	5

(2)数字量尺

非常不喜欢	有点不喜欢	中立	有点喜欢	非常喜欢
1	2	3	4	5

(3)文字－数字量尺

图 5-3　常用的三种量尺形式(以五点评分为例)

从表面形式来看，三种量尺似乎是等同的，其测量结果也应一致。但在实际使用中，大部分研究者并未对文字和数字量尺进行区分，选择何种形式往往依据个人习惯。然而，一些研究已经揭示了不同量尺引起的结果差异，这些研究基于对量尺差异及其心理机制的探讨为量尺制作实践提供了启示。

二、量尺形式对测量结果的影响

（一）相关研究及结论

以美国堪萨斯大学心理学教授贝奈特(M. Biernat)为代表的研究者在研究社会心理学中的刻板印象问题时，发现了文字和数字两种评定方式的差异。研究发现，用幻灯片呈现男性和女性的头像，再让被试用文字或数字估计其身高、体重和经济地位，结果数字量尺反映了普遍存在的性别刻板印象，即男性在身高、体重、经济收入上均高于女性，而文字量尺使评定结果发生了改变，男性与女性之间的差异减小甚至消失了

（Biernat，Manis，& Nelson，1991）。

以刻板印象和偏见为研究焦点，贝奈特与其他研究者进行了大量类似研究，但量尺本身并不是其关注的重点，文字和数字量尺之间的差异被相对忽视。直到有人（Dimofte & Johansson，2009）在研究消费者对同类产品两种品牌的评价时，发现文字量尺和数字量尺会引起消费者对两种品牌评价的差异。以 A 品牌和 B 品牌为例，消费者在数字量尺上的评分表明 A 品牌优于 B 品牌，但在文字量尺上两个品牌的评分无显著差异，这为两种量尺的差异提供了新的支持证据。

然而，上述这些研究有两个共同的局限：①研究者使用的文字量尺包含正反两极形容词的对称表述，而数字量尺采用单侧正数序列，两种量尺的差异可能是由于选项不对应；②研究者只比较了文字量尺和数字量尺，在实际运用中许多量尺都是同时呈现文字和数字的，这三者有何区别尚不明确。

近年来，食品科技领域的研究者（Feng et al.，2015；Nicolas，Marquilly，& O'Mahony，2010）在有关食品评价的研究中以文字量尺和数字量尺的差异为焦点，采用九点喜好量表（the 9-point hedonic scale）对文字量尺、数字量尺以及文字－数字量尺进行了比较，拓展了已有的研究成果。他们所使用的量表最初采用文字量尺，包含从"非常不喜欢"到"非常喜欢"的九类语言描述。随后，研究者对该量表进行了发展，新增了数字呈现、文字与数字同时呈现等形式。

在尼科尔斯等人（Nicolas et al.，2010）的研究中，被试先品尝 5 种巧克力，然后按喜欢程度进行排序，最后在文字量尺、数字量尺、文字－数字量尺上进行标记。研究结果显示，无论数字量尺是单极（1～9）还是双极（－4～＋4），对同种巧克力的文字评价显著高于数字量尺上的评价。同时，文字量尺和文字－数字量尺测量的结果无显著差异。也就是说，文字和数字同时呈现时，文字对人的影响可能更大。此外，有趣的是，被试在文字和数字量尺上评定分数的离散程度不一致，文字量尺的评定结果较为集中，而在数字量尺上相对分散。后来的跨文化研究发现，文字量尺和数字量尺的差异在不同文化下均存在，且被试在文字量尺上的评分更集中。另外，亚洲人的评分范围比美国人小，评定结果更加集中（Feng et al.，2015）。

（二）量尺影响测量结果的心理机制

第一，标准改变效应。对文字量尺和数字量尺存在差异的一种解释是，文字和数字的表述形式影响了被试的评价标准，尤其在主观文字评定时被试的标准发生了改变，这种现象被称为"标准改变效应"（Biernat et al.，1991）。具体来说，由于在刻板印象中女性在身高等方面处于劣势，被试在用文字描述进行评定时放宽了对女性的标准，使男性与女性在因变量上的表现更加接近。由此可见，评定标准的改变跟评定对象的相对地位有关。因此，研究者（Dimofte & Johansson，2009）用"支持弱者倾向"（support for underdog）对量尺的差异做出了进一步解释。他们认为，主观文字评定会无意识地、自动地激活被试的支持弱者倾向，数字量尺则不存在该现象，因而导致测量结果的差异。此外，他们还发现，量尺间的差异受到其他因素的影响。比如，产品知识能调节文字量尺和数字量尺引起的结果差异，具有较多产品知识的消费者在进行主观评定时更不容易改变评定标准，使得文字量尺和数字量尺的结果趋于一致。

第二，认知比较策略。尼科尔斯等人（Nicolas et al.，2010）认为，人们在文字量尺上进行评价时采用的是绝对认知策略，即无须对刺激进行比较，只需要针对该刺激进行简单的直觉判断，评分可能会更为集中；而在数字量尺上则采用相对认知策略，基于对刺激的比较做出最终评定，因而评分更为多样。所以在其研究中发现，被试在数字量尺上评价巧克力时，比在文字量尺上评分更分散。

第三，认知加工差异。在日常交流中，文字信息和数字信息都经常被使用，但人们的使用习惯和加工理解不尽相同。文字信息与数字信息在认知上的一般差异可以帮助我们进一步分辨数字量尺和文字量尺的区别。有研究者通过实验发现，抽象语言（如形容词描述）引起的是较为浅层的启发式加工；而具体语言（如行为描述）引起的是更深层、更系统的加工，更少受到启发式的影响（Ter Doest，Semin，& Sherman，2002）。譬如，对于某个客观的事件，有"小明打了小刚"或"小明很好斗"两种具体或抽象的表述，人们在处理前一种表述时将会启动更多认知资源，综合其他信息进行分析和判断，处理后者则主要依据已有经验。数字也具有具体、客观等特点，与行为描述类似，那么对数字的处理也可能采用了系统式的加工。在风险决策领域，有研究者比较了用数字概率（如80%）和文字概率（如"非常可能"）表达不确定性的差异，认为文字概率更多地引发直觉思考，数字概率更多地引发分析式思考（杜雪蕾，许洁虹，苏寅，李纾，2012）。综上所述，研究大致可以认为，由于文字量尺中的语言更多地采用形容词描述，人们在用文字量尺进行评定时采用的是启发式的加工，而用数字量尺进行评定时则采用系统式的加工。

这两种加工方式使得人们在数字量尺上进行评定时会进行精细的区分，使评定结果更分散，而在文字量尺上进行直觉判断将模糊评定对象的差异，导致评定结果更集中。还有研究者发现，不同的语言描述能调节人们的评定结果，形容词描述引起启发式加工，使评价更积极；行为描述引起系统式加工，使评价更消极（Rubin，Paolini，& Crisp，2013）。如果数字评定与行为描述引起的加工方式类似，就不难解释在一些研究中为何文字量尺上的评分高于数字量尺（Feng et al.，2015；Nicolas et al.，2010）。

第四，内在意义明确性。人们在文字量尺和数字量尺上进行评定是建立在对量尺意义的理解上的，因而内在意义的差别可能导致各具差异的测量结果。一般而言，文字信息能更好地传达意义，但其客观性弱于数字信息，不同个体对同一文字表述的解读不尽相同，这可能导致文字量尺的可信度降低。而数字信息缺乏内在意义，意义的不明确性使得人们对数字量尺的理解更易受其他线索的影响，致使评定结果产生偏差。但是，数字信息具有一些独特的优势：加工时间更短，识别更快，回忆更准确。人们对文字信息和数字信息的偏好还受到情境因素的影响，比如，在告知病人医疗风险时，医生更偏爱数字，数字描述能增加人的信任感和舒适度，而且擅长数字计算的人更相信数字信息（Gurmankin，Baron，& Armstrong，2004）。

三、文字量尺与数字量尺的制作方法

量尺间的差异在本质上是量表形式的问题，以往有关量表的探讨更关注内容（如量表维度和项目内容的确定，以及文辞表述的准确性），量表形式对测量结果的影响相对被忽视了。测量法作为一种重要的研究方法被广泛使用，在使用中选取何种量表和量尺才能达到测量目的并确保其精准度是每个研究者必须思考的问题。文字量尺和数字量尺的差异启示我们在选用和制作量尺时必须关注不同量尺本身的特性及其对测量结果可能的影响。

（一）文字量尺的制作

由于不同的回答者可能对文字量尺上的各种文字表述赋予独特的意义，在制作文字量尺时，确定选项的文字表述是关键。具体来说，需要格外关注量尺上文字表述内在意义的明确性和对不同受测者的一致性，并尽可能增强各项文字表述间的区分度。综合相关研究结论，制作文字量尺时需要重点考虑端点表述、文字表述风格、中值选项三个方面的问题。

首先，端点表述。总的来说，在制作文字量尺时，需要根据测量的内容明确测量过程中要激活受测者的何种概念，并控制文字表述可能引发的措辞效应，从而确定量尺端点及各选项的文字表述。

量尺端点的文字表述包含了测量所涉及的核心概念，是受测者理解量尺的关键，不同的概念被激活可能引起具有差异的应答。根据核心概念的使用方式，量尺可分为单极量尺（unipolar scale）和双极量尺（bipolar scale），单极量尺的端点值为"非常不 X"和"非常 X"，双极量尺则是"非常 Y"和"非常 X"（X、Y 意义相反）。有研究（Gannon & Ostrom，1996)发现，在双极量尺中，X 和 Y 两个类别都被激活，而且一个与之均不同的类别会被设定为中间点；在单极量尺中，量尺明确标记的类别（X）被激活，另一个未被明确标记的类别会被用来判断量尺最左端的值（"非常不 X"），在大多数情况下这个类别就是 X 的反面。基于这一发现，在制作文字量尺时需要斟酌测量关注的核心概念是什么，以决定是采用单极量尺还是双极量尺，以及究竟如何表述核心概念。

除了考虑激活哪种概念以外，还需要特别关注由正向表述和反向表述等因素所引起的措辞效应。严格来说，单极文字量尺（即量尺两端均基于一个关键词来表述）有两种表述形式，除了基于 X 表述的"非常不X——非常 X"外，也可采用 X 的反义词 Y，即"非常 Y——非常不 Y"。这两种表述是否等价？措辞效应的相关研究表明，人们对等价的否定陈述与肯定陈述的信息处理方式是不一致的（Mayo，Schul，& Burnstein，2004）。对于文字量尺中正向表述和反向表述的问题，研究者可参阅本章第一节介绍的有关措辞效应的研究结论和控制手段，在此不做详述。

其次，文字表述风格。在确定文字量尺的选项表述时，还需要根据受测者表达态度的语言习惯适当调整量尺的文字表述。当量尺的文字表述与受测对象的语言风格不一致时，受测者的反应也许不能代表其真实态度。比如，有研究发现中国大学生更喜欢"非极端表述"（"同意、比较同意、不确定、不太同意、不同意"）而不是"极端表述"（"非常同意、同意、不确定、不同意、非常不同意"）的量尺，他们在态度表达上倾向于用较温和的方式表达极端态度（李艳玲，2006）。因此，受测对象的语言风格倾向也应作为确定文字表述的参考因素之一。

最后，中值选项。是否保留中值选项以及中值选项的表述值得关注。中值选项的一个重要问题是增加了被试的默许反应倾向（Weijters，Cabooter，& Schillewaert，2010）。还有研究者认为，许多被试把中值选项看作与其他选项均无关联的独立选项，不代表任何值，在总分计算中应将其删除（Raaijmakers，van Hoof，Hart，Verbogt，& Vollebergh，2000）。由于研究者对中值选项的探讨较少，该方面有待进一步探究。结合目前的实际应用来看，多数人的做法是用偶数个选项而非奇数个选项，以回避这一问题，避免被试的趋中作答倾向。

（二）数字量尺的制作

在制作数字量尺的过程中主要有三个值得关注的方面：数字取值区间大小；数值是否正负对称；数字选项是否有限。

首先，确定数字取值区间。数字量尺的取值区间主要取决于被试的分辨能力，取值范围太小容易缺乏区分度，但范围太大则容易使被试难以做出选择。通过对不同等级量尺的信度和效度等指标进行比较，或者采用电脑模拟的方式考察量尺的合适等级数，大多数研究者认为5～7级较为合适。例如，有研究者在健康评估中比较了4级、5级和7级量表的难易程度、一致性系数，认为5级量表更合适（Nagata et al.，1996）。也有人对2～11级量表的信度、效度和鉴别力进行了比较，发现7级量表更好（Preston & Colman，2000）。不过，量尺等级数的选择还需要考虑被试的年龄、受教育程度等可能影响个体分辨能力的因素，如有研究发现在调查儿童时将等级数减至4级更合适（Borgers，Sikkel，& Hox，2004）。广而言之，数字量尺的等级问题也为制作文字量尺提供了借鉴，由于随着量词级数的增加，语义表述之间的模糊度和重合度也将逐步增加，因此与数字量尺类似，文字量尺通常也采用5～7级。

其次，确定数字的正负对称性。在文字量尺中，选项往往以中值点为中心被分为正向描述和反向描述两端，理论上与之对应的数字量尺也应包含对称的正负数两端，即采用双极数字量尺的形式，但在实际使用中研究者更多地采用单极量尺，即递增的正数序列。以往研究都是将单极数字量尺与文字量尺进行比较，尼科尔斯等人（2010）认为用双极数字量尺代替单极数字量尺，数字量尺与文字量尺的差异可能就不存在了，因此在其研究中同时采用了单极和双极两种数字量尺。结果发现，无论单极或双极，数字量尺和文字量尺的差异始终存在。遗憾的是，他们并未指出两种数字量尺之间是否有显著差异，这一问题还有待未来基于对正数序列和正负数对称序列差异的比较进行检验，确定哪种形式的数字量尺具有更高的信度和效度。

最后，明确数字选项的有限性。常用的数字量尺包含有限个数值点（通常为评分区间的所有整数），被试只需选择其中一个值。有研究者对李克特量尺进行批判，认为其粗糙的分类导致信息遗失，固定的应答类别限制使得收集的信息也是有限的，因而建议在制作数字量尺时用自主评分（在评分区间内选择任意整数或包含小数的数值）代替固定选项，让被试在类似"0～10"的范围上进行任意评分，潜在地提高信度和效度（Hodge & Gillespie，2003）。这一建议在理论上似乎是合理的，但是，在实际的问卷作答中，被试不太容易理解和接受，因而很少被采纳使用。

（三）文字－数字量尺的制作

文字和数字量尺各有优劣，文字量尺意义明确但相近描述缺乏区分度，数字量尺区分度高但缺乏内在意义，因此多数研究将两种量尺结合起来使用，以减少单独使用一种量尺引起的结果差异。而在同时使用文字和数字量尺时，一个非常重要的问题就是如何使两种量尺对应起来。然而，将两种量尺上的选项进行直接对应并不合理，因为数值点是等距的，文字表述之间虽然有严格的序列关系，但相邻词的距离可能不等。

理论上，一种可行的方式是对语义描述重新进行赋值，或者根据数值点确定等距的语义描述，但确定与各数值点对应的语义量词却是量尺制作中的一个难题。有研究者曾围绕文字量尺上选项的赋值问题展开研究，如马谋超(1981，1990)采用区间统计的方法对量词或分类词进行赋值，得出了差异量词(如"无、几乎无……很大、极大")、完好性修饰词(如"劣、差……良、优")和肯定度修饰词(如"少许、基本、坚决")对应的数值。尽管其对语义赋值的成果在实际的量尺制作中鲜被应用，但它为文字和数字量尺选项的对应提供了可借鉴的视角，研究者在制作文字－数字量尺时可参考文字表述对应的数值距离确定量尺上的文字和数字选项，也可以在文字量尺的数据统计中考虑这一思路。

从本质上来说，无论是文字量尺、数字量尺还是文字－数字量尺制作方法的改进，其最终目的在于提高测量水平。用更高级的量尺精确量化心理事件，是心理学研究面临的重要任务。严格来说，心理属性的测量只能达到顺序量尺的水平，心理学家试图通过各种方法和程序尽量使测量水平达到或近似于等距量尺。李克特量尺严格来讲是一种顺序量尺或等级量尺，但是大部分使用者都将其作为等距量尺来处理数据，特别是选项在"五点"及以上时。他们相信借助一条线段视觉化地呈现这个量尺，有助于让相邻的选项保持心理感觉的等距。

然而，若要保持量尺上选项的等距，最好借用语义分化量尺的处理方式，它不要求像李克特量尺那样将文字和数字严格对应。有研究者认为，语义分化量尺较好地实现了量尺选项的等距性，信度和效度优于传统量尺，建议用语义分化量尺替代李克特量尺(辛自强，2012，p.106；Heise，1970，p.235)。语义分化量尺是美国心理学家奥斯古德(C.E.Osgood，1916—1991)等人在20世纪50年代提出的一种态度测量工具。该量尺未给出量尺上每个点的具体含义，仅在两端标出两个对立的形容词以帮助被试选择合适的数字标定自己的感受，避免了对数字的文字解释可能造成的干扰，因而更利于保持量尺的等距性(见图5-4)。通过比较可以发现，语义分化量尺实际上更接近数字量尺形式，这意味着数字量尺选项的等距性优于文字量尺，但语义分化量尺和普通的数字量尺都有不便于被试理解的特点，在使用中要考虑测量对象的认知水平。

请选一个数字代表你对嬉皮士的看法：

好 | 1 | 2 | 3 | 4 | 5 | 6 | 7 | 坏

图 5-4　语义分化量尺举例。

(资料来源：辛自强，2012，p. 107。)

　　总之，量尺间的差异以及量尺制作的相关问题对于心理学研究具有普遍的价值，值得研究者关注。在明确量尺差异及其心理机制的基础上，选用何种量尺需要同时考虑测量的对象、内容和目的，制作量尺的过程中还要全面考虑量尺等级数、选项表述等细节可能对测量结果造成的影响。同时，值得注意的是，改进量尺能提高心理测量的精确度，但这只是量表制作和心理测量工作的一个方面。除此之外，在量表内容设计、施测和数据统计等各个层面，都要设法提高测量的信度和效度。

心理统计方法

心理学作为实证科学，离不开统计方法的使用，统计方法的进步有助于我们更好地分析研究数据，挖掘科学规律。当前，心理学中主导的统计方法有两个特点：一是大多用于分析群组研究数据，不适用于分析单被试实验的数据；二是主要"以变量为中心"做统计，假定个体是可互换的单元，而忽略了个体间的异质性。为此，本章第一节介绍单被试实验数据的统计方法，第二节介绍各种"个体指向"的统计方法。除了学好用好统计方法外，心理学研究者更应该关注统计"之前"和"之后"的问题。统计之前的问题就是测量问题，即如何更好地量化心理、测得数据；统计之后的问题就是理论建构问题，即如何在统计结果和理论模型之间进行合理推导。针对这些问题，第三节对当前的统计实践进行了反思和质疑，指出了今后的努力方向。

第一节　单被试实验的统计方法[*]

▶**导言**：单被试实验有助于得出有生态效度的研究结论，但在分析其研究结果时较少使用客观的统计指标，阻碍了该方法的应用。基于非重叠法的效果量估计对样本量、数据形态要求低，适合用于单被试实验的数据分析。近年来涌现出10多种非重叠法效果量指标，以扩速线指数、非重叠数据占比、提高率差异、非重叠对占比与控制基线趋势的非重叠Tau值这5种指标较为典型。在选用单被试实验的效果量指标时，应基于数据的形态和趋势、指标的鉴别力、精度与统计检验力等因素综合考虑。未来的单被试实验研究在分析结果时应重视非重叠法效果量指标的使用，以提高单被试实验结果的客观性和可比较性，促进单被试实验方法的推广。

---

* 本节内容根据我们已发表的论文修改而成，原文参见：续志琦，辛自强(2018). 单被试实验的统计分析：非重叠法效果量估计. 心理技术与应用，6(2)，89－99.

一、引言

作为一种历史最悠久的实验设计,单被试实验设计(single-subject experiment design)在考察实验处理效果方面具有独特价值,值得加强应用,为此我在《心理学研究方法》第 2 版中专节介绍了这种实验设计(辛自强,2017)。不同于群组设计以组平均数差异作为判断处理是否有效的依据,单被试实验设计考察的是单个个体在实验处理前后的变化。由于关注的是每个独特个体对实验处理的反应,单被试实验设计不仅在小样本、特殊样本研究中具有优势,还可以作为探索新理论、检验实践干预效果的方法使用。然而,单被试实验设计得到的数据通常不符合参数检验的假设。因此,不宜使用群组设计的统计方法(如 t 检验、方差分析等)对单被试实验结果进行分析。

传统上,对单被试实验结果的分析主要依赖定性分析方法,如视图分析技术(visual analysis of graphs)。该技术通过坐标图呈现数据,然后由研究者依据坐标图呈现的数据形态变化推断实验处理是否有效。虽然视图分析操作简便、直观,但其结果缺乏统一客观的衡量标准,无法进行研究间的效果比较和元分析,这无疑阻碍了单被试实验方法的应用以及研究结果的推广。因此,学界(Shadish,2014)呼吁在视图分析的同时辅以统计分析,从而实现客观度量、统一比较与结论推广的目的。

在国内,学界一直缺乏对单被试实验统计方法的系统介绍。国际上,该领域的研究者则一直在完善和筛选单被试实验统计分析方法,开发新兴的统计分析指标。其中,效果量是 f 最受关注和推崇的一类统计分析指标。效果量不受因变量单位和样本量的限制，可以用作与随机群组实验结果的比较和元分析；它不仅能很好地配合视图分析对结果进行展示，还具有成熟的统计理论基础（Parker，Vannest，& Brown，2009；Parker，Vannest，& Davis，2011；Shadish，2014）。

效果量方法根据估计原理可分为三类：非重叠法（non-overlap methods）、参数法（parametric approaches）与均差法（standard mean difference）（Olive & Smith，2005）。其中，基于非重叠法估计的效果量使用最多（Beretvas & Chung，2008），最便捷易用，已成为国际上单被试实验研究的一种通用指标（Shadish，2014）。本节将从估计方法和解释标准两个方面梳理和介绍5种非重叠法效果量指标，并探讨各指标的适用条件，以期加强单被试实验研究的可推广性。

二、基于非重叠法的效果量：概念及指标

在单被试实验研究中，通常以某种实验干预的使用与否为自变量，将实验分为基线阶段（无实验处理的自然状态，又称为阶段 A）和干预阶段（进行实验处理后的状态，又称为阶段 B），通过对比分析各阶段的数据，推断干预是否引发了个体心理和行为上显著的变化。因而，单被试实验研究中的效果量是对基线阶段至干预阶段实际变化的估计（Lenz，2013）。

基于非重叠法的效果量则是根据基线阶段和干预阶段数据的非重叠程度来衡量因变量水平在阶段间的变化的。非重叠（non-overlapping）表面上描述的是数据点之间的大小关系，实际是考察干预阶段某数据点相

较于基线阶段某数据点是否发生了实验预期的变化。在预期实验处理提高因变量水平的情况下，非重叠指阶段 B 某时间点的因变量水平高于阶段 A 某时间点。与之相对的是重叠（overlapping），即阶段 B 某时间点的因变量水平低于或等于阶段 A 某时间点。在预期实验处理降低因变量水平的情况下，非重叠和重叠的含义与前述相反。此时非重叠指阶段 B 某数据点小于阶段 A 某点的情况，重叠则意味着大于等于。由于这种方法基于数据间的非重叠或重叠关系进行估计，有些文献也称之为"重叠法"（overlapping methods，参见 Shadish，2014）。

　　相比于参数法与均差法，非重叠法更适合用于单被试实验的效果量估计（见表 6-1）。参数法基于参数检验估计效果量；均差法使用基线阶段和干预阶段均值之差除以标准差估计效果量。前者对数据分布形态（如呈正态分布）等有一定的假设要求，而单被试实验采集到的时间序列数据基本不符合参数检验假设。后者依赖均值和标准差估计效果量，不能很好地概括单个被试随时间变化的情况。相比之下，非重叠法具有简单便捷、对数据要求低的优点，还能更好地利用和概括数据中蕴含的信息。

表 6-1　非重叠法、参数法与均差法的比较

维度	特点	非重叠法	参数法	均差法
数据特性	对数据分布形态没有要求	√	×	√
	适合处理时间序列数据，较好地概括单个被试随时间变化的情况	√	×	×
使用简便性	计算简单，基于视图手工计算	√	×	×
	对使用者的理论知识要求低，稍加练习就能掌握估计和解释方法	√	×	√
	效果量以百分比的形式呈现，易于理解	√	×	×

目前，已有学者对多个基于非重叠法的效果量指标进行了深入的比较研究和验证，完善了指标的使用规则(参见 Parker & Vannest，2009；Parker et al.，2011；Rakap，Snyder，& Pasia，2014；Scruggs，Mastropieri，& Casto，1987；Wolery，Busick，Reichow，& Barton，2010)。在已开发的 10 余种基于非重叠法的效果量指标中，有 4 种非重叠法效果量指标较为典型，它们分别是扩速线(extended celeration line)指数，简称 ECL；提高率差异(improvement rate difference)，简称 IRD；非重叠对占比(non-overlap of all pairs)，简称 NAP；控制基线趋势的非重叠 Tau 值(Tau for nonoverlap with baseline trend control)，简称 Tau-U。另外，非重叠数据占比(percentage of non-overlapping data)是提出较早、使用较广泛的指数，被许多的研究使用，简称 PND。下文将按提出时间的先后顺序介绍这 5 种指标。

三、基于非重叠法的效果量：估计和解释

（一）扩速线指数

扩速线(ECL)指数由怀特等人(White & Haring，1980)开发，是仅有的三种可以控制基线阶段增长趋势的非重叠法指标之一(Brossart，Vannest，Davis，& Patience，2014)。ECL 基于基线阶段的"速度线"(celeration line)扩展至干预阶段的一条线计算，故称扩速线法。其中速度线即趋势线，因为最初在评价临床变化时用以表示行为模式是加速、减速或不变化而得此名称。非重叠的判断依据是干预阶段数据点超过基

线阶段趋势线延长线。计算时通常采用怀特等人提出的分中线（split middle line）作为基线阶段的趋势线，使用其他类型的趋势线亦可。

下式为假设干预起提高作用时的 ECL 计算公式。

$$ECL = \left(\frac{\text{超出基线阶段趋势延长线的干预阶段数据数量}}{\text{干预阶段总数据量}} \right) \times 100\%$$

（公式1）

需要注意的是，ECL 现以 PEM-T 的名称出现，两者实质一样。PEM-T 是近年学者对 ECL 重新使用、推广时使用的名称。PEM-T 全称"超中值趋势数据占比"（percentage of data exceeding a median trend），由学者（Wolery et al.，2010）在"超中值数据占比"（percentage of data exceeding the median，PEM）的基础上改进而来。PEM-T 和 PEM 的差异在于非重叠的判断依据，PEM-T 的非重叠指超过基线中值趋势，PEM 的非重叠指超过基线中值。因而，PEM-T 相较 PEM 可以控制基线阶段的趋势。基线阶段不存在趋势时，PEM-T 和 PEM 等同（Parker et al.，2011）。

现国内尚无使用 ECL 的研究，下面以图 6-1 所示一个虚构的 A-B 型设计视图为例介绍 ECL 的计算。

(1)使用怀特等人提出的方法在视图上画出基线阶段的趋势线/分中线，延长至干预阶段，得基线阶段趋势线延长线。

趋势线画法为：首先，将基线阶段沿着横坐标（时点轴）分成两半。其次，找出两边时间值的中值 t_{m1}，t_{m2} 和因变量水平的中值 y_{m1}，y_{m2}。当数据点数量是奇数时，中间点可以被随机分配给两半之一，或者分配给每一半，或者不使用。最后，根据 t_{m1}，y_{m1} 和 t_{m2}，y_{m2} 为坐标画两点，并连接两点，即可得基线阶段的趋势线。本例中两点坐标分别为(2, 35)和(5, 47)，画出的趋势线如图 6-1 所示。

（2）计算干预阶段在基线阶段趋势线延长线以上的数据点数量。本例中为 8 个。

（3）根据公式 1 计算效果量指数为 80%。

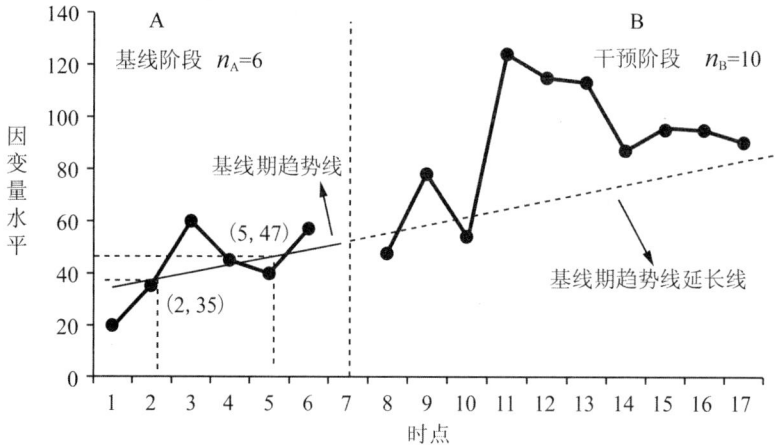

图 6-1   ECL 分析图例

ECL 的原始值等于 50% 时，表示半数的干预阶段数据低于基线阶段趋势线延长线，即被试的变化可能是随机的。为了便于结果的解读和指标间的比较，通常对 50% 以上的原始值进行标准化，采用公式 $ECL_{标准}＝ECL_{原始}/0.5－1$ 得范围 0% 至 100% 的标准值。由于没有统一的参考标准，可以参照有学者（Scruggs et al.，1987）提出的针对 PND 的标准对 ECL 标准值进行解释（Ma，2006）。

ECL 是学者在早期探索单被试实验统计分析方法时的成果，在单被试实验统计指标匮乏时期发挥了重要作用。相比另外两种可控制基线趋势的方法 Tau-U 和 PNCD（percentage of non-overlapping corrected data），ECL 的计算更简单，含义更明晰。然而，ECL 对非重叠的判断依据决定了它的计算易受到极端值干扰。当基线阶段存在极端值时，趋势线也会变得陡峭。此时计算出的 ECL 值较小，表示干预无效，但通过视图分析可以发现干预实际是有效的（Rakap et al.，2014）。此外，ECL 存在无法估计置信区间等缺点。因此，不建议 ECL、PEM-T 与 PEM 的后续使用。请读者了解原理即可，以便于阅读历史文献。

（二）非重叠数据占比

非重叠数据占比（PND）是较早的一种非重叠法效果量指标（Scruggs et al.，1987），以基线阶段极值作为非重叠的判断依据。具体而言，PND 的值等于超出基线阶段极值的干预阶段数据量占干预阶段总数据量的百分比。基线阶段极值是取最高值还是最低值取决于干预效果预期的方向。若预期干预起降低因变量的作用，则取基线阶段最小值进行比较；若预期干预起提高因变量的作用，则取基线阶段最大值进行比较。

下式为假设干预起提高作用时的 PND 计算公式。

$$PND = \left(\frac{\text{超出基线阶段最大值的干预阶段数据数量}}{\text{干预阶段总数据量}} \right) \times 100\%$$

（公式 2）

值得注意的是，由于该指标中非重叠的判断依据单一（只使用基线极值），易受极端值干扰，且无法估计置信区间，无法得知抽样分布等原因，一直有研究者（Parker & Vannest，2009）呼吁废除其使用。然而现在仍存在大量使用 PND 的单被试实验研究，特此介绍作为了解，但不建议使用。

下面以魏玉婷（2016）对自闭症儿童自动强化行为的感觉干预实验为例，介绍 PND 的计算步骤。该实验为 B-A-B 型设计（干预-基线-干预），通过干预的引入、移除和再次引入来验证干预的效果（见图 6-2）。预期

第六章　心理统计方法

293

干预对行为发生频次有降低作用。

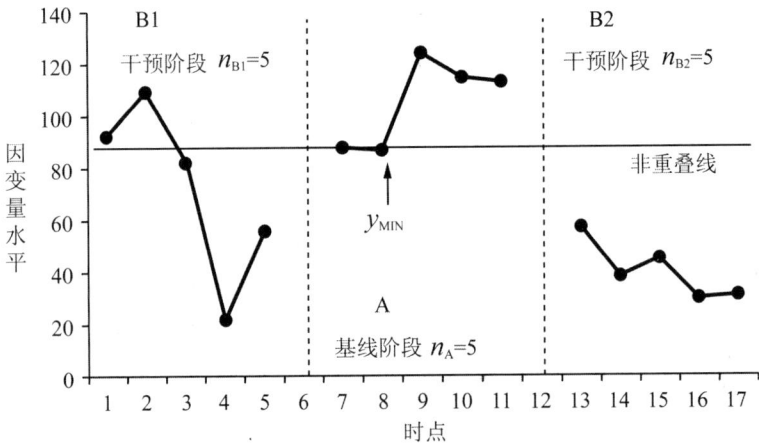

图 6-2　PND 分析图例

①找出基线阶段的最小值 y_{MIN}（本例中为第 7 个点）。

②以此为起点画一条贯穿三个阶段的水平线，即非重叠线。

③计算干预阶段 B_1 和 B_2 小于 y_{MIN} 的数据点数量，即超过非重叠线的数量。本例中 B_1 为 3，B_2 为 5。

④根据公式 2 分别计算 $A-B_1$ 和 $A-B_2$ 效果量指数 PND $_{A-B1}=$ 80％，PND $_{A-B2}=100$％。

⑤本例中，由于是 B-A-B 型设计，分别计算两个干预阶段的 PND 后取平均值作为总 PND，得总 PND＝90％。

　　PND 的范围为 0％至 100％，在预期干预提高因变量水平的假设下，0％表示基线的极值大于所有干预阶段的数据，100％表示干预阶段的所有数据大于基线阶段极值。判断标准采用该方法最初提出者（Scruggs，et al.，1987）的建议，即等于 90％及以上说明干预非常有效，70%～90%说明干预有效，在 50%～70%说明干预的效果弱，等于或低于 50%说明干预无效。

（三）提高率差异

提高率差异（IRD）计算的是基线阶段和干预阶段提高率的差异（Parker et al.，2009）。各阶段的提高率定义为该阶段被试表现提高的数据量占该阶段数据量之比。基线阶段提高的数据是指任何等于或超出干预阶段数据的数据点；干预阶段提高的数据指超出所有基线阶段数据的数据点。此处"超出"指被试表现按预期方向提高，不一定是"大于"。重叠的数据是指为了消除阶段之间数据重叠而至少要被去除的数据点。

需要注意的是，IRD 本称为危险差（risk difference），在医药研究中使用，意为不同组间病患死亡或生病的风险差异。后经帕克等人（Parker et al.，2009）引入单被试研究，改称提高率差异，强调同一被试干预前后的表现提高程度。

现国内尚无使用 IRD 的研究，下面以图 6-3 所示的一个虚构的 A-B 型设计为例，进一步介绍 IRD 的原理。对于数据量大或设计更复杂的研究（如多基线设计），建议使用学者开发的在线计算器（Vannest，Parker，Gonen，& Adiguzel，2016）。

①找出基线阶段和干预阶段需要去除的数据点，去除后要达到阶段间的数据不再重叠。存在多个造成重叠的数据点时，保证所选的去除点数量最小。本例中干预阶段需要去除 2 个数据点，即第 7 点和第 9 点。

②从干预阶段数据量中减去干预阶段去除点数，得到干预阶段剩余数据数量。本例中为（10－2）＝8。

③计算干预阶段和基线阶段的提高率，公式分别为：

$$干预阶段提高率 = \frac{干预阶段剩余数量点数量}{n_B} \quad 和基线阶段提高率 =$$

$$\frac{基线阶段去除数据点数量}{n_A}。$$

本例中干预阶段提高率为 $\frac{8}{10}$，基线阶段提高率为 $\frac{0}{6}$。

④根据公式 3 得效果量指数为 80％。

$$IRD = (干预阶段提高率 - 基线阶段提高率) \times 100\% \quad （公式 3）$$

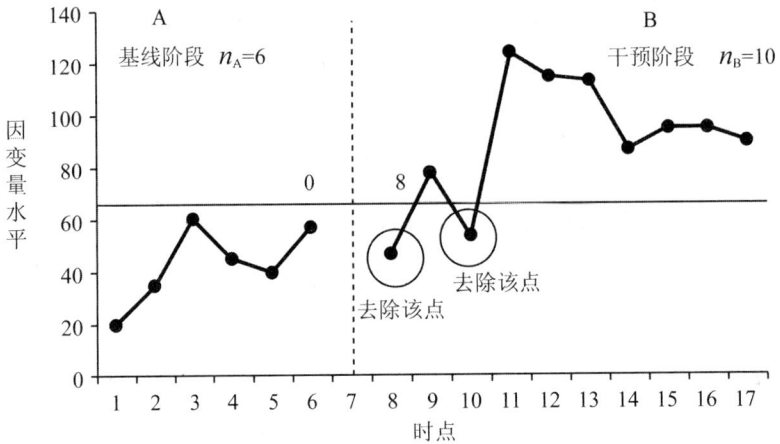

图 6-3　IRD 分析图例

根据帕克等人(Parker et al.，2009)提供的解释标准，当所有的干预阶段数据均超出基线阶段数据时，IRD 达到最大值 100％，表示干预非常有效；等于或大于 70％的 IRD 说明干预效果较大；50％～70％的 IRD 说明干预效果中等；IRD 等于 50％说明半数的基线阶段数据和干预阶段数据是重叠的，即被试从基线阶段到干预阶段的变化可能是随机的，由此推断当 IRD 等于或小于 50％时干预无效或较弱。IRD 也可能是负数，此时说明干预阶段被试的表现恶化，干预阶段的水平劣于基线阶段。

（四）非重叠对占比

非重叠对占比（NAP）是帕克等人（Parker & Vannest，2009）开发的效果量指标。NAP 界定为，成对比较基线阶段和干预阶段的每一个数据点后，得到的"非重叠对"数量占"总对数"之比；或理解为从干预阶段随机抽取出数据的数值超过从基线阶段随机抽取出数据的数值的概率。一对"非重叠对"指的是，把基线和干预阶段的数据点全部两两配成对进行比较时，干预阶段的数据点大于基线阶段的数据点的配对。"总对数"指的是基线和干预阶段的数据两两组合配对的数量，即 $n_{基线阶段} \times n_{干预阶段}$。相应地，"非重叠对"的对立概念"重叠对"指干预阶段的数据点小于等于基线阶段的数据点的配对。如前文所述，此处的大于、小于等于方向是在假设干预具有提高作用的前提下。若假设干预具有降低作用，则比较方向应相反，"非重叠"是小于，"重叠"则是大于等于。非重叠对和重叠对的数量等于总对数。

NAP 有三种计算方法，其结果一致。第一种使用统计软件生成受试者工作特征曲线（ROC），然后求取 ROC 的曲线下面积（area under the curve，AUC）。第二种使用 Wilcoxon 秩和检验分析数据，得到检验的两个 U 值，取最大 U 值 U_L 除以总对数。NAP 还可以使用视图进行手工计算，稍加练习即可掌握。一种算法是找出所有"非重叠对"，然后除以"总对数"。由于计算"重叠对"一般比计算"非重叠对"更容易，所以另一种算法是找出所有"重叠对"，然后从"总对数"中减"重叠对"得到"非重叠对"。

使用第一种软件方法可直接得出 NAP 估计的置信区间，还可避免发生手工计算错漏的情况。下面以 SPSS21.0 为例介绍操作步骤。

①以数据变量为检验变量，阶段编码为状态变量进行 ROC 曲线图

分析，使用干预阶段的编码为状态变量赋值，选择输出"标准误和置信区间"。

②设置"检验方向"，根据预期干预的方向是提高或降低选择"较大的（或较小的）检验结果表示更明确的检验"；再设置置信水平，总数据量在 18～20，建议设置 90％的置信区间，总数据量达到 30，建议设置 95％的置信区间，总数据量达到 60 可设置 99％的置信区间（Fahoome，2002）。

③得到曲线下面积（AUC）即所求 NAP 的值及估计的置信区间。

需要注意的是，不同统计软件估计的效果量置信区间略有不同，建议使用 SPSS 的估计结果。

下式为手工计算 NAP 的公式。

$$NAP = \left(\frac{非重叠对数量}{总对数} \right) \times 100\%$$ （公式 4）

以图 6-4 所示的一个虚构的 A－B 型设计视图为例，NAP 的计算步骤如下：

①计算总对数＝$n_{基线阶段} \times n_{干预阶段}$。本例中为 60。

②两两比较基线阶段的每一个点和干预阶段的每一个点，计算重叠对的数量。本例中，只有图 6-4 中圈出的基线阶段两个数据点存在大于或等于干预阶段数据的情况。两阶段的数据存在相等的情况称为"结"（tie），赋值为 0.5；大于的情况赋值为 1。图 6-4 中的重叠对数量为 $(1 \times 3) + 0.5 = 3.5$。

③从总对数中减去重叠对数量，得到非重叠对的数量。本例中非重叠对数量为 56.5。

④根据公式 4 计算得 NAP 原始值为 94.17％。和 ECL 一样，50％及以上的 NAP 原始值可以转换为范围 0％到 100％的 NAP 标准值，转

换公式为：$NAP_{标准}=NAP_{原始}/0.5-1$。本例中 NAP 标准值为 88.34%。

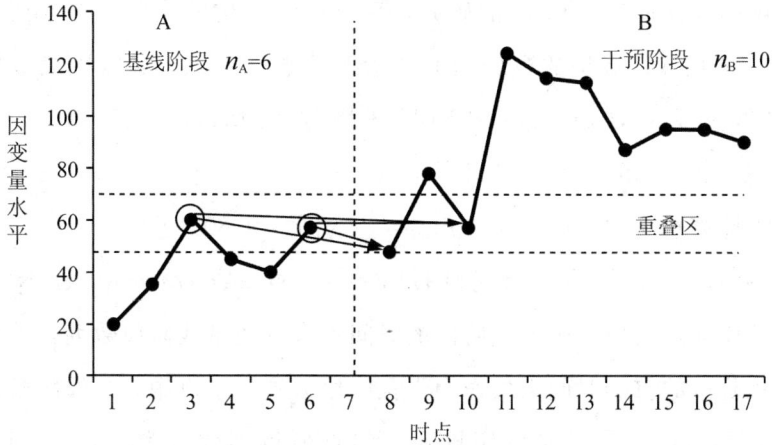

图 6-4　NAP 分析图例

根据上述三种方法得到 NAP 的原始值，范围一般在 50%～100%，低于 50% 表示干预效果与预期方向相反（恶化）。对于 NAP 原始值，0%～65% 表示弱效果或无效果；66%～92% 为中等效果；93%～100% 为强效果。NAP 标准值可按以下标准进行解读：31% 及以下表示弱效果或无效果；32%～84% 是中等效果；85%～100% 是强效果（Parker & Vannest，2009）。

（五）控制基线趋势的非重叠 Tau 值

后来，帕克等人（Parker et al.，2011）又提出了 Tau-U 指标。Tau-U 是控制数据趋势的情况下，基线阶段和干预阶段间数据不重叠的比例或基线阶段和干预阶段间数据提高的比例（Parker et al.，2011；Rispoli et al.，2013）。其实质是肯德尔等级相关系数 Tau 和曼-惠特尼 U 检验的结合应用，因而命名为 Tau-U。计算非重叠数据比例也是使用肯德尔等级相关检验 S 值或曼-惠特尼 U 检验(U_L-U_S)值。

国内尚无使用 Tau-U 的研究,现以一组虚构的实验数据为例阐述 Tau-U 的估计。虚构的数据和前文示例的数据一致,基线阶段数据为 20,35,60,45,40,57;干预阶段数据为 48,78,57,124,115,113,87,95,95,90(按时间顺序排列)。

①计算总对数＝$n_{基线阶段}$×$n_{干预阶段}$。本例中为 60。

②使用肯德尔等级相关检验(Kendall's rank correlation,KRC),首先需要通过反向编码基线阶段的时间点来创建基线阶段数列,然后使用干预阶段的首个时间点值作为干预阶段数列。本例中,基线阶段共有 6 个时间点($t_1 \sim t_6$),则倒序排列时间点值得到数列为:6,5,4,3,2,1;干预阶段的首个时间点为 t_7,则干预阶段数列为:7,7,7,7,7,7,7,7,7,7。

③把步骤 2 创建的数列合并(6,5,4,3,2,1,7,7,7,7,7,7,7,7,7,7)和原始数据(20,35,60,45,40,57,48,78,57,124,115,113,87,95,95,90)匹配,进行肯德尔等级相关检验。

④得到肯德尔等级相关检验 S 值。本例中 S＝46。

⑤根据公式 5 计算得 Tau-U 的值为 77%。

$$Tau\text{-}U＝(S÷总对数)×100\%　　　　　　（公式 5）$$

Tau-U 的范围为 0%～100%,可按以下标准进行解读:65%及以下表示弱效果或无效果;66%～92%是中等及偏高的效果;93%～100%是强效果(Parker & Vannest,2009;Rispoli et al.,2013)。

Tau-U 是除 ECL 和 PNCD 外,仅有的可以控制基线阶段增长趋势的非重叠法(Brossart et al.,2014)。而且 Tau-U 实际上还可以通过调整阶段编码控制干预期趋势。Tau-U 和 ECL 的主要差别在于前者能控制多种形态的趋势，包括线性趋势、曲线以及混合型趋势；而后者只能消除基线阶段的线性趋势(Parker et al.，2011)。其次，Tau-U 是一种完备的效果量计算方法，因其既考虑了基线阶段和干预阶段的水平变化，又控制了基线阶段的趋势。近年有学者开发出了 Tau-U 的在线计算器，大大简化了 Tau-U 的计算工作(Vannest et al.，2016)。

（六）效果量指标的解释标准

由上文可知，单被试实验效果量的大小范围明显不同于群组实验的效果量，其原理和估计方法也各有不同，因而无法使用传统的效果量评判标准进行解释。多位学者通过大量的文献分析和比较确立了大部分效果量指标的解释标准。值得注意的是，这些解释标准仅是对过去研究效果的经验分析和总结，不能将其看作固定的"死标准"来判定变量间的因果关系。具体分析中，还应结合视图分析与理论背景、实验设计进行判断，解释标准只能作为一种参考。

表 6-2 总结了本文介绍的效果量指标的参考解释标准，其中 ECL 没有研究者确立明确的标准，可参考 PND 的标准进行解释（Ma，2006）。解释标准归纳为无效、存疑、有效和非常有效四档。无效主要针对 PND 和 ECL 设立，因这两者的估计方法要求更严格的评判标准，所以将 50% 及以下的 PND 和 ECL 指标划为无效。对于 IRD、NAP 与 Tau-U 而言，效果量处于无效、存疑区间时，实验处理既可能是无效的也可能存疑，此时要结合理论背景、已有研究结果和实验设计判断实验处理是无效还是存疑（Rakap，2015）。此外，在报告和解释效果量时，研究者还应指明使用了哪种非重叠法效果量指标以及对应的参考解释标准，必要时还要说明具体的计算公式。

表 6-2　非重叠法效果量指标的解释标准（单位：%）

方法	分数范围	无效	存疑	有效	非常有效
ECL 标准值	0～100	0～50	51～69	70～89	90～100
PND	0～100	0～50	51～69	70～89	90～100
IRD	0～100		0～50	51～69	70～100
NAP 标准值	0～100		0～31	32～84	85～100
Tau-U	0～100		0～65	66～92	93～100

注：IRD 有可能是负值，此时干预完全无效，因而不纳入表格中考虑。

四、基于非重叠法的效果量：选择及评价

前文详细介绍了 5 种非重叠法效果量指标的估计方法。可以由示例中计算的结果观察到，对于同一组数据，使用不同的效果量指标估计得到的结果也不尽相同。那么，研究者应该如何挑选效果量指标？这既要考虑到各效果量指标的特性，也要考虑数据的特性。具体而言，甄选指标时应考虑数据特征、鉴别力、精度与统计检验力四个方面的因素（见表 6-3）。

表 6-3　非重叠法效果量指标的适用情况

参考因素	适用情况	ECL	PND	IRD	NAP	Tau-U
数据特征	基线阶段数据存在极端值			√	√	√
	基线阶段数据存在趋势	√			.	√
	基线阶段数据存在集中趋势		√	√	√	√
鉴别力	预期实验处理效果较大					√
	比较处理成功的实验					√
精度	需要估计精度信息			√	√	√
统计检验力	预期实验处理效果较小				√	√

首先，要根据实验数据的特征进行选择，主要考虑基线阶段数据是否存在极端值、是否存在趋势和是否存在集中趋势三方面。第一，当基线阶段出现接近因变量极端水平的极值时，不宜使用 PND 和 ECL 进行估计。因为 PND 以基线阶段极值为估计基础，若因变量在基线阶段出现极端水平会干扰对实验处理效果大小的估计。ECL 基于基线阶段的趋势估计，同样会受到极端值的影响。第二，当基线阶段存在趋势时，应使用 ECL 和 Tau-U 控制基线阶段趋势，此时这两者的估计更准确。ECL 相比 Tau-U 的计算简便。但 Tau-U 和 ECL 可以控制的趋势形态不同，Tau-U 可以控制复杂的趋势形态，ECL 仅能够控制单调、无变化的线性趋势。第三，数据是否存在集中趋势决定了是否应采用基于中值或均值的估计方法。使用中值估计效果量的前提是数据的集中趋势大，即中值或均值可以较好地代表整体。但数据形态出现双峰、严重偏斜等没有集中趋势的情况时，基于中值或均值估计将扭曲结果（Wilcox，2010）。5 种指标中的 ECL 基于中值估计，不适用于没有集中趋势的数据。

其次，需要考虑到效果量指标的鉴别力，即指标是否能够很好地区分研究之间的优劣，特别是比较多个实验处理效果较好的研究时，需要指标能够区分研究效果的高低大小。大部分的效果量指标对效果量大小在前 10％的研究都鉴别力不足（Parker et al.，2011）。这一点是非重叠法难以克服的局限。5 种指标中，Tau-U 的鉴别力要高于其他，可在比较实验处理较成功的研究或者预期实验处理效果较大时采用。

再次，要考虑效果量指标的精度，即是否可以估计效果量的置信区间和置信区间的范围大小。上文仅介绍了 5 种指标的点估计，而置信区间估计可以提供估计的精度信息。5 种方法中，除了 PND 和 ECL 之外都可以估计置信区间，以 Tau-U 的精度为最高，IRD 和 NAP 其次。要求估计的精度信息时应优先选择 Tau-U，或 IRD、NAP。

最后，要考虑效果量指标的统计检验力。取得足够的统计检验力对于单被试实验这样的短时序数据来说尤为困难，而统计检验力不足将影响对较弱效果的鉴别。统计检验力低还会削弱指标的精度，导致置信区间过大。5 种指标中，统计检验力最低的是 ECL，其次是 IRD，最高的是 NAP 和 Tau-U(Parker & Vannest，2009)。在预期实验处理效果较弱时，可以考虑使用后两者估计。

综上所述，在使用非重叠法效果量指标时，需要结合实际情况考虑多种因素。ECL 和 PND 等早期指标使用流行广泛、在历史上发挥了重要作用，因而值得了解和掌握。但由于易受极端值影响、鉴别力差、无法估计精度等缺点，不再建议研究者使用。随着统计分析方法的不断发展和完善，Tau-U 这样适用情况广、估计精度高的新兴指标逐渐出现了。然而由于 Tau-U 出现较晚和研究传统限制等原因，其应用还不够广泛，建议结合 IRD、NAP 等含义直观、应用较广的指标使用。

尽管各类指标都有不完善之处，但可以肯定的是，近年来基于非重叠法的效果量估计方法有了长足的发展。在众多研究者努力地完善下，越来越多的非重叠法效果量指标变得更规范，并且能够和诸如肯德尔等级相关分析、曼－惠特尼秩和检验等推断检验的结果进行相互转化，有利于对指标概念的解读和拓展(Parker et al.，2011)。这些进步丰富了单被试实验的统计分析方法，增强了单被试实验研究结果分析的客观性。在视图分析的同时应用基于非重叠法的效果量，将有利于单被试实验结果的推广和整合，重新发挥单被试实验的价值。

第二节 个体指向的统计方法[*]

▶▶**导言**：当前的心理学研究倾向于使用以变量为中心的统计方法，强调类别内的同质性，很少重视类别内的异质性。然而，每个类别内部可能存在巨大个体差异，需要使用个体指向的统计方法，识别具有同质性的个体亚组。本章详细介绍聚类分析、配置频次分析、ISOA、LICUR、潜在类别分析和混合增长模型等个体指向的统计方法及其理论内容和挑战。

    在过去几十年里，许多有影响力的心理学理论强调了从整体的和互动的视角研究个体发展的重要性（如 Magnusson，1985）。这种视角主张个体是一个整体，个体的先前行为、基因构成和环境因素作为一个统一整体而运作，因此不能孤立地看待它们对个体心理、行为与发展过程的影响。然而，作为当前科学心理学最普遍使用的方法，变量指向方法（常用技术是方差分析和回归分析等）没有将个体看作整体，而是假设个体是可互换的单元，除了随机误差之外，他们在行为发展上不存在质或量的差异（Block，1971，p.13），即总体具有同质性。事实上，在心理

---

  * 本节内容根据我们已发表的论文修改而成，原文参见：杨之旭，辛自强（2016）. 应用心理学中的个体指向方法：理论，技术与挑战. 心理技术与应用，4(12)，744—762.

学中，总体中的个体常常是异质的，因此应该重视以个体为中心的完整分析(辛自强，2013)。个体指向方法(person-oriented approach)是一种以个体为中心的分析方法，它的重要任务是确定心理或行为发展的个体差异或异质性(Bergman & Magnusson，1997)。本节旨在介绍个体指向的统计方法，包括其背后的个体指向理论、六种常用的统计方法以及这类方法面临的挑战与解决方案。

一、个体指向方法的理论观点

（一）理论基础： 整体互动观

个体指向方法是个体发展的整体互动系统观(a holistic interactionistic system view)的派生方法。整体互动系统观由瑞典斯德哥尔摩大学心理学系的马格努森(Magnusson，1999)提出，它将个体视为有机的不可分割的整体，其中互动的成分共同运作，在此过程中形成一个功能性的系统。因此，应该关注作为一个整体的个体而非变量。

该理论的提出受到三个来源的影响(Bergman & Magnusson，1997)：①生命科学的发展揭示了生物过程与行为、心理、社会因素相互作用，这使得整合行为的多重解释(如心理的、生物的与环境的视角)成为可能。②来源于自然科学(混沌理论、突变理论与一般系统论)的非线性发展系统方法和模型被引入心理学中。③纵向研究的复兴提供了综合的追踪数据，使得整体互动范式的实行成为可能。

整体主义(holism)和互动主义(interactionism)居于整体互动观的核

心。需要指出的是，"整体主义"和"互动主义"这两个术语在不同学科（如物理学、生物学、哲学和心理学等）已经有较长的历史，整体互动观中的一些观点并非马格努森首创，但是马格努森似乎是较早地将整体主义和互动主义整合进一个统一理论框架的心理学家（Lundh，2015）。

马格努森的整体主义主要涉及对整体和部分关系的理论认识。它包括三个假设：不可还原性、不可分解性和自组织性（Lundh，2015）。其中，不可还原性聚焦于整体，指"整体有超越属于它的部分的性质（Magnusson，1990，p.197）"，即整体性质不能还原为部分性质之和。不可分解性聚焦于部分，指"个体的不同方面的功能，因它们在完整个体的综合功能中发挥的作用而获得意义（Magnusson，2001，p.155）"，即各个部分的功能不能脱离其在整体功能中发挥的作用而独立存在。自组织性是"开放式系统的一个特征"，指"新的结构与模式从现有结构与模式中涌现的过程（Magnusson，1999，p.229）"。上述三种性质是一个整体性系统的基本性质。

马格努森的互动主义主要涉及实证问题，即不同因素如何互动，以导致在一个系统中有变化产生。他认为"互动是开放式系统在各个水平上的中心原则（Magnusson，1990，p.196）"，强调互动是复杂的、双向的。这意味着"区分自变量与因变量未必有意义，因为一个成分在与另一个成分关联的过程中，可能既是原因也是结果"（Magnusson，1990，p.197）。互动可能是同一系统之内的不同成分的交互影响，也可能是不同系统之间的交互影响。

（二）个体指向方法的理论原则

基于整体互动观，伯格曼与马格努森（Bergman & Magnusson，

1997)提出了个体指向方法的五个原则，后来被其他学者(Sterba & Bauer，2010)概括为六个关键词。据此，本文将个体指向方法的五个理论原则总结如下。

(1)个体独特性。在一定程度上，发展过程对个体是独特的，这暗示着不同个体的发展可能是异质的。

(2)复杂互动性。发展过程是复杂的，它包含许多在不同水平上的因素，这些因素以一种复杂的方式相互关联着。因为多种因素复杂地相互作用，不太可能找到足以解释某一心理或行为的单一因素。

(3)个体内变化的个体间差异性。不同个体的心理和行为发展可能形成几种不同的轨迹，同一轨迹之内的个体遵循的发展路径差异较小，不同轨迹之间的个体的发展路径差异较大。

(4)模式概括性与整体主义。模式概括性是指发展过程总是包含多个因素，多个因素的联合可以被描述为模式(patterns)或剖面(profiles)；模式或剖面通常被用来描述个体，不同的个体可能属于相同或不同的剖面组(profile groups)。整体主义是指某一因素在心理与行为发展中的作用取决于它和其他因素的互动，离开了其他因素和互动，无从理解这一因素的意义。因此我们只能通过研究多种因素的联合，即模式或剖面，来理解这些因素的意义。

(5)模式有限性。描述个体的模式或剖面的数量是有限的。一些模式比其他模式或预期的更经常出现，被称为典型(type)；一些模式比其他模式或预期的更不经常出现，被称为特例(antitype；Bergman，Magnusson，& El-Khouri，2003，p.65)。"典型"与"特例"这两个术语常常与一种具体的个体指向分析技术——配置频次分析，关联在一起。类似于"特例"，伯格曼与马格努森(1997)将更不经常发生的模式称为"白点"

（white spots）。寻找特例或白点常常是个体指向研究者感兴趣的内容。

关于最后一个原则中提到的特例，尽管是个体指向方法的兴趣点之一，但是并不是变量指向方法的关注点。变量指向方法一般会筛除异常值，计算不同个体的得分均值，最终得出最典型的结果。接下来，我们将对比这两种方法。

（三）变量指向方法与个体指向方法的比较

变量指向方法与个体指向方法的差异体现在目的、假设、优势与分析技术4个方面（见表6-4）。由表6-4可见，个体指向方法与变量指向方法互为补充，各有侧重地回答不同的研究问题。换言之，个体指向方法并不能替代变量指向方法，反之亦然。为了全面探讨某一问题，研究可以同时使用这两类方法。例如，我们为探讨2～5年级小学生类推理能力的发展，一方面使用变量指向方法，证明类推理能力随年级增长的规律；另一方面使用个体指向方法，识别出儿童在三种类推理任务中表现的典型与特例，确定了儿童刚刚开始掌握不同推理能力的时间点（Zhang，Xin，Ding，& Lin，2013）。个体指向方法包括六种主要的数据分析技术，从下文的介绍中可以体会出它们与各种变量指向方法的不同。

表6-4 变量指向方法与个体指向方法的比较

	变量指向方法	个体指向方法
目的	1. 描述变量关系	1. 识别被变量关联模式描述的个体亚组
	2. 使用一个或多个变量预测一个结果变量，或解释结果变量的变异	2. 识别基于纵向轨迹模式的个体亚组
	3. 描述一个变量的平均变化轨迹，或识别影响这一轨迹变化的其他变量	3. 识别在不同时间点上的个体亚组，以考察模式结构的稳定性或变化以及个体的稳定性或变化

	变量指向方法	个体指向方法
假设	就变量如何相互关联而言,总体是同质的,样本中发现的变量关系可以被推广到总体中	就变量如何相互关联而言,总体是异质的,样本中存在异质性的个体亚组
优势	1. 明确说明预测变量在解释结果变量变异上的重要性 2. 能够从样本中发现可被应用于总体的规律	1. 识别容纳 3 个或更多变量的复杂联合体 2. 在样本中识别亚组,将模式作为分析单位 3. 用整体的观点看待个体
分析技术	相关分析、方差分析、多元回归分析、因素分析、潜增长曲线模型、结构方程模型	聚类分析、配置频次分析、模式发展的探索式分析(ISOA 和 LICUR)、基于模型的聚类分析(潜在类别分析、潜在剖面分析、潜在类别增长分析、混合增长模型、潜在转变分析)

二、聚类分析

聚类分析(clustering analysis)根据个体在一组变量上反应的相似性,将个体分类到相同或不同的亚组,保证亚组内同质性较高,同时亚组间异质性较高。在个体指向背景中,聚类分析的主要目的是识别涌现出的典型模式,这些典型模式可以被看作一个过程的结果,即吸引子状态(Bergman & Magnusson,1997)。

（一）残差分析

在进行聚类分析之前，研究往往需要识别并删除多变量异常值，即残差个案。如上所述，典型模式是经常被观测到的模式，它们产生于待研究的过程的核心性质。此外，还有一些罕见的观察模式，它们产生于过程的边缘性质、不常见的个体生活事件，或者测量误差。这种模式下的个案是残差个案，它们一旦纳入聚类分析，就可能扭曲属于典型模式的个案的分类结构，因此应该删除这些残差个案。具体而言，需要对比成对被试的模式，如果一个个案没有表现出与预先确定数量的其他个案的相似性，即它与最临近个案之间的距离超过距离阈值，那么这个被试被确定为一个残差。这里所说的距离阈值越小越严格。残差数量一般不超过样本量的 3%（Bergman et al.，2003，p. 53）。

（二）执行程序

在个体指向背景下常用的聚类分析包括两种类型。

一类是层次聚类分析，尤其是 Ward 层次聚类分析。Ward 层次聚类分析的思想来源于方差分析，目的是使得各个类别中的离差平方和较小，而不同类别之间的离差平方和较大。其执行步骤是，首先确定距离的基本定义，以及类别之间距离的计算方式，然后按照距离的远近，把距离较近的数据依次合并，直到所有数据归为一个类别。聚类结果由于可能存在层次关系，因此被称为层次聚类法。该方法倾向于使得各个类别的样本量相近，同时允许变量是连续变量或分类变量。

另一类是非层次聚类分析，尤其是 K-means 重新定位分析。非层次聚类法要求变量是连续变量，并且对变量的多元正态性和方差齐性要求较高。其执行步骤如下。

首先，指定聚类的类别数量（K 的含义）；接着，根据分析者指定的聚类中心或数据本身结构的中心初步确定原始中心点。

其次，逐一计算各案例到类别中心点的距离，按照最近原则将各个案例归入各个类别，并计算各类别的新中心点（用均值表示，means 的含义）。

再次，按照新的中心位置，重新计算各案例离中心类别中心点的距离，并重新归类，更新类别中心点。

最后，重复上个步骤，直到达到一定的收敛标准。

在个体指向分析中，研究常常以 Ward 层次聚类分析为起点，进一步进行 K-means 重新定位分析，其中目标被重新定位，以便使被解释的误差平方和百分比（percent explained error sum of squares，EESS%）最大化、类别间异质性最小化（Bergman et al.，2003，p. 79）。

（三）聚类方案的质量评估与选择

不同于一般的聚类分析，在个体指向方法框架下，当检验聚类方案的内部效度时，类别内同质性往往比类别间异质性更重要。这是因为，基于个体指向理论的预期，典型模式的数值仅仅在变量的一个子集中有差别，这暗示着类别与类别可能离得不远。据此，研究者（Vargha，Bergman，& Takács，2016)总结了常用的三类聚类质量系数，这些指标可以用于选择最佳聚类数量。

最常用的聚类质量系数是 EESS% 和 HCmean。这两个指标本质上是会聚度（类别内的同质性）指标，仅取决于类别内的距离。会聚度越高，结构越好。EESS% 衡量聚类方案的类别内同质性，即相比总的样本中心，个案离它们各自的聚类中心更近的程度。HCmean 是平均聚类同质性，它通过计算个案的配对的类别内距离均值得到，最好小于 1，越接近 0 越好。

其次是点二列相关系数。这本质上是总体分离度（类别间的异质性）指标，分离度取决于类别内与类别间的配对距离。在好的聚类方案中，属于相同类别的配对客体之间的距离比属于不同类别的配对客体之间的距离更近。点二列相关系数的值越大越好。

只有在特殊情况下使用最小分离指标，如 Silhouette 系数。Silhouette 系数同时考虑内聚度与分离度，值越大，表示相比最近的其他类别中心，个案离自己所属类别的中心更近。Silhouette 系数大于 0.5 表示合理的分类，小于 0.2 表示数据没有显示出聚类结构。

此外，当使用多种方法进行聚类，需要对比不同聚类结果时，还可以使用下面的 3 种方法。

第一，使用 Rand 指数衡量两种聚类方法总的相似性。其计算原理是考虑所有配对的样本，并且计算被分配到相同或不同的类别中的配对数量。Rand 指数越接近 1，表明两种结果越相似；越接近 0，表明两种结果越不同。

第二，使用精确超几何检验，进一步对比不同聚类结果的差异。首先将两种聚类的不同分类进行交叉组合，每个组合有一定数量的个案，个案数量即观察频次。其次基础模型会产生出一个参照（一个估计的期望单元格频次），将其与观察单元格频次比较。如果某个单元格包含的观察频次比模型预期的频次显著更多，那么这个交叉类别构成一个典型；如果观察频次显著更少，那么这个交叉类别构成一个特例。

第三，使用单样本 t 检验对比原始数据的质量系数与模拟的随机数据的质量系数。首先通过数据模拟生成随机数据。随机数据可以由输入变量的独立随机组合的数值组成，或由独立随机均匀分布变量组成，或由独立随机正态分布变量组成。然后使用单样本 t 检验比较原始数据的质量系数是否都显著好于随机数据的质量系数均值。这种 t 检验的独立迭代次数最好超过 100(Vargha，Bergman，& Takács，2016)。

（四）软件使用

个体指向聚类分析比常规聚类分析包含更多方法与步骤，ROPstat 是较少的可满足需要的软件。具体而言，在该软件中：

①Residue 模块用于识别与删除残差；

②Hierarchal 模块和 K-means 模块分别用于进行层次和非层次聚类；

③K-means 模块用于计算聚类方案质量系数及其显著性；

④Exacon 模块计算 Rand 指数，并进行超几何精确检验以对比聚类方案(Vargha et al.，2016；Vargha，Torma，& Bergman，2015)。

由于聚类分析是一种启发式的聚类技术，有一定局限性，其替代方法是基于模型的聚类方法(model-based clustering methods)，如潜在类别分析(本节第六部分)和混合增长模型(本节第七部分)，这类技术通过比较统计模型确定最优聚类方案。尽管如此，聚类分析的优点是对数据模型不要求约束性假设，而且符合个体指向方法的理论原则。当变量是数值变量，且研究具有探索性质时，聚类分析仍是常用的个体指向数据分析技术。

三、配置频次分析

配置频次分析（configural frequency analysis，CFA）适用于多变量交叉分类的分析，变量是分类变量（von Eye，Mair，& Mun，2010，p.1）。"配置"指单元格所代表的模式。CFA 的目标是通过显著性检验，将单元格内的观察频次与期望频次比较，识别典型与特例：前者指观察频次比期望频次显著更高的配置，后者指观察频次比期望频次显著更低的配置。

（一）执行程序

一般 CFA 的执行程序包括五步（von Eye et al.，2010，pp.8-11）。

第一步，选择基础模型，估计期望频次。CFA 的基础模型是一个随机模型，该模型估计一个配置预期发生的概率。大多数 CFA 的基础模型是对数线性模型，该模型假设分类变量之间具有独立性（变量独立性假设）。与之相反，CFA 的前提假设是变量之间相互关联，旨在发现典型和特例。只有对数线性模型的变量独立性假设被拒绝时，才能进行 CFA。

第二步，确定偏离于模型的变量独立性假设的标准。当前大多数 CFA 采用的是依赖于边际频次的方法。其中一种依赖于边际频次的度量指标是 Pearson χ^2 检验中的 Φ 系数。Φ 系数衡量两个二分变量之间关系强度，即衡量偏离于两变量独立的基础模型的程度。

第三步，选择显著性检验的类型。在任意抽样方案之下，可使用的显著性检验包括 Pearson χ^2 检验、z 检验和精确二项式检验。在乘积一多项抽样方案之下，可使用的显著性检验包括 Lemacher 精确检验和近似超几何检验。

第四步，在控制 α 之后进行显著性检验，识别典型与特例。无论将 CFA 用于探索研究还是验证研究，都需要进行多个显著性检验，对每个配置分别进行观察频次与期望频次的比较。当研究对所有配置进行大量的显著性检验时，存在利用偶然机会的高风险。为了防止 α 膨胀，CFA 总是会使用控制显著性阈值 α 的程序。传统方法是 Bonferroni 法，调整后的 $\alpha* = \alpha/t$。其中 t 是所有变量的交叉分类的单元格数量。假如有 288 个单元格，将 α 设定为 0.05，那么 $\alpha* = 0.0001736$。由于这种方法比较保守，当前使用较多的方法是 Holm 法。

第五步，典型与特例的识别与解释。进行显著性检验之后会涌现出一定数量的典型和特例，研究需要解释这些典型和特例的含义。

CFA 适用于对横截面数据进行分析，确定典型或特例。此外，CFA 也适用于分析纵向数据，对预测变量和结果变量的关系，以及不同变量发展变化间的联系进行分析。例如，CFA 的变式之一，预测配置频次分析(von Eye et al.，2010，pp.69-83)。该模型也是一种识别典型和特例的分类数据分析技术，但是它被用于识别预测变量(一般按时间顺序重复测量)的一个特定配置与结果变量的关系。预测配置频次分析的基础模型中包括预测变量与结果变量，解释了重复测量之间的一阶和二阶自相关。与 CFA 的一般程序类似，当发现基础模型的独立性假设被拒绝时，可以认为结果不能被预测变量的主效应及预测变量之间的相关所解释，因此预期典型或特例存在，进而识别这些典型与特例。

（二）软件与实例

ROPstat 软件中的 CFA 模块可以执行 CFA，其基础模型是对数线性模型；关于偏离模型的变量独立假设的标准，采用的是依赖于边际频次的方法；显著性检验的类型是精确二项式检验；校正 α 的方法是 Holm 法。此外，可以使用 von Eye 开发的 CFA 程序（下载网址：http://www.dgps.de/fachgruppen/methoden/mpr-online/issue4/art1）。

CFA 的应用可以以我们的研究为例，这项研究使用 CFA 探讨儿童类推理能力的发展（Zhang et al.，2013）。来自小学 4 个年级（2～5 年级）的儿童完成了三种类推理任务，分别是类包含、替代包含与二元律任务，每种任务有 4 个题目，每个题目有 4 个选项。对于每个题目，两个变量（年级与答案）组成 16 个可能的配置（年级变量共 4 个水平，为 2、3、4、5；答案变量共 4 个水平，更多、一样多、更少、不确定）。为了方便比较，本文分别选取 3 类类推理任务中的第 1 个题目，将 CFA 的结果重新整理（见表 6-5）。

表 6-5 儿童类推理任务的答案与年级的配置频次分析

类型	年级	儿童的答案											
		更多			一样多			更少			不确定		
		f_o	f_e	p	f_o	f_e	p	f_o	f_e	p	f_o	f_e	p
CI 1	2	15	13.46		73	30.67	T	77	121.12	A	4	3.76	
	3	14	9.95		5	22.69	A	103	89.58	T	3	2.78	
	4	11	10.35		11	23.59	A	106	93.17	T	2	2.89	
	5	3	9.24		9	21.05	A	101	83.13	T	3	2.58	

$\text{LR}\chi^2 = 112.88$ （$df = 9$，$p < 0.001$）

类型 年级		儿童的答案											
		更多			一样多			更少			不确定		
		f_o	f_e	p	f_o	f_e	p	f_o	f_e	p	f_o	f_e	p
VI 1	2	28	27.85		39	20.03	T	73	98.27	A	29	22.85	
	3	28	20.60		9	14.82		74	72.69		14	16.90	
	4	19	21.43		10	15.41		85	75.59		16	17.57	
	5	14	19.12		6	13.75		82	67.45	T	14	15.68	
LRχ²=42.20 (df=9, p<0.001)													
LD 1	2	55	51.01		41	35.05		24	42.88	A	49	40.06	
	3	30	37.73		31	25.93		40	31.71		24	29.63	
	4	49	39.24		26	26.96		29	32.98		26	30.82	
	5	29	35.02		14	24.06		44	29.43	T	29	27.50	
LRχ²=34.77 (df=9, p<0.05)													

注：f_o＝观察频次，f_e＝期望频次，f_e＝边际行总数 × 边际列总数/总数（N）；A＝特例，T＝典型。如果 p 值小于 Bonferroni 校正 α，且 $f_o＞f_e$，该配置是一个典型；如果 p 值小于 Bonferroni 校正 α，且 $f_o＜f_e$，该配置是一个特例。

如表 6-5 所示，CI 1 是类包含任务，题目为"世界上的苹果比水果更多，苹果和水果一样多，还是苹果比水果更少，还是你不确定?"VI 1 是替代包含任务，题目为"世界上的梨子比非香蕉更多，梨子和非香蕉一样多，还是梨子比非香蕉更少，还是你不确定?"LD 1 是二元律任务，题目为"世界上的非水果比非梨子更多，非水果和非梨子一样多，非水果比非梨子更少，还是你不确定?"3 个题目的正确答案均是"更少"。

由表 6-5 结果可知，对于所有题目，一阶 CFA 模型的 χ^2 检验结果都是显著的，CFA 的基础模型被拒绝。这表明，对于所有项目，儿童的答案与年级均存在交互作用，因此进一步检验个体单元格。其中 Bonferroni 校正 $\alpha * ＝0.003125（\alpha * ＝0.05/t，t＝16）$。结果表明，在类包含任务上，2年级儿童在3类题目的正确答案上均出现特例，即更不可能回答正确，并且在错误答案（"一样多"）上出现典型，即更可能回答错误；3～5年级儿童在正确答案上出现典型，而在错误答案（"一样多"）上出现特例，即他们更可能回答正确，更不可能出错。在替代包含与二元律任务上，仅有5年级儿童的正确答案上出现典型，即他们比其他年级的儿童更可能给出正确答案。综上所述，2年级儿童还没有掌握3种类推理能力，儿童到了5年级才掌握二元律的类推理能力。

四、ISOA 技术

ISOA（i-states-as-objects-analysis；Bergman & El-Khouri，1999；Bergman，Nurmi，& von Eye，2012）技术适用于探究模式的短期发展问题，它假设随着时间推移，从属于每个类别的样本比例可能发生变化，即个体可能改变他们从属的类别，但是分类结构不随时间变化，即相同的分类结构在所有的时间点上保持一致。ISOA 处理的数据一般包括一个由不同个体组成的样本，这些个体在一系列相同的变量上被重复研究几次。关键的概念是 i 状态（i-state），即一个个体在一个特定时间上的变量数值模式。ISOA 技术旨在进行模式发展分析，即描述样本中的个体在不同时间点的不同典型模式的频率（结构的稳定性与变化）和一般发展模式（个体的稳定性与变化）。

（一）执行程序

ISOA 的执行步骤如下（Bergman & El-Khouri，1999）。

第一步，重新整理数据集，将同一个个体根据时间点的不同拆分成不同的子个体（subindividuals），即列出所有的 i 状态。如果有 k 个测量时间点，样本量为 N，那么每个个体被拆分成 k 个子个体，因此数据中有 N×k 个 i 状态。

第二步，进行残差分析，识别并删除残差集。残差集类似于一系列多变量异常值，指通过欧式距离平方的均值测得的与所有其他客体都不相似的 i 状态。

第三步，对所有剩余的 i 状态进行聚类分析，识别出一定数量的类型，其中每个 i 状态属于分类中的一个类型，这个类型被称为典型 i 状态（typical i-state）。

第四步，将数据从以每个 i 状态为一个个案调整为以一个被试为一个个案。

第五步，基于聚类分析的类别进行模式发展分析。这是 ISOA 技术的重点，其焦点有两个。

①频次（结构）稳定性/变化。如果频次稳定性高，那么在不同时间点上的、从属于不同典型 i 状态的样本比例应该类似。另外，也可以对比不同时间点涌现的典型/特例，如果相似度高，那么模式的频次稳定性高（Laursen，Furman，& Mooney，2006）。

②个体稳定性/变化。它指在不同的时间点，被试属于相同的/不同的类别。方法是检验所有的两个临近时间点的典型 i 状态的交叉表（Bergman et al.，2012）。如果有 k 个时间点，u 个典型 i 状态，那么有 k−1 个 u×u 交叉表。为了识别典型 i 状态的发展轨迹的典型/特例，需要对交叉表中的每个单元格进行精确超几何检验，观察不同时间点的哪些典型 i 状态组合比预期更可能发生（典型）或更不可能发生（特例）。

个体稳定性/变化的结果经常被描述为流程图，其中左侧为时间点1的典型 i 状态，右侧依次排列时间点 2，3，……，k 的状态，中间用线条连接，线条上标注典型 i 状态在不同时间点保持不变与发生转变的可能性，实线(虚线)表示比随机模型预期的更可能(不可能)发生。这种模式发展流程图的实例可参考一项持续两年的追踪研究，该研究考察了美国丹佛都会区青少年在 10 年级和 12 年级时感知到的社会支持模式的稳定性与变化(Laursen et al.，2006)。

（二）前提检验

ISOA 假定分类系统具有时间不变性，即同一套典型模式可描述不同时间点的所有数据。为了检验这个前提是否成立，可以使用 3 类指标(Bergman et al.，2012)。

(1)结构不变性。指 ISOA 涌现的典型 i 状态与在特定的时间点涌现类别的相似度。这里的"相似"是指一个典型 ISOA 的 i 状态的质心(centroid，即均值向量的中心)与在特定时间点涌现的一个类别的质心相似。相似度即两个质心的距离，通过计算两个质心之间的欧式距离平方的均值(averaged squared Euclidian distance，ASED)得来。结构不变性需要在每个时间点单独研究，首先观察每个时间点的每个典型 i 状态与对应的特定时间点的类别之间的 ASED 的中位数和数值范围，然后检验所有 ASED 是否足够小。对 z 标准化的数据，ASED 低于 0.25 是一个可接受的相似度。

(2)类别成员资格不变性。指 ISOA 的聚类方案和特定时间点的聚类方案之间的类别成员资格的相似度。这种相似度可以通过两类指标衡量：第一类使用个案的配对为分析的基本单位，如 Rand 系数和点二列相关系数；第二类指标基于两种聚类方案的交叉表，以被试个案为分析基本单位，如 Cramér's V。

（3）相对类别同质性。指从 ISOA 涌现出的典型 i 状态可以像特定时间点的聚类方案产生的同质性类别一样好的程度。衡量方式是对比在时间点 i 的 ISOA 聚类方案和时间点 i 的聚类方案产生的 EESS%。如果二者的 EESS% 相似，那么可以认为相对类别同质性较好。

如果上述前提得到支持，可以使用 ISOA。如果得不到支持，可使用一种替代性技术——LICUR。

（三）软件使用

在 ISOA 技术中，与聚类分析有关的软件实现方法在上文已做介绍。ROPstat 还可以实现：①Time separation 模块用于执行上述 ISOA 程序的第一步；②Time fusion 模块用于执行第四步；③Exacon 模块和 CFA 模块用于执行第五步；④Centroid 模块用于检验结构不变性假设；⑤K-means 模块检验成员资格不变性与相对同质性类别假设。

五、LICUR 技术

在使用 LICUR（linking of cluster after removal of residue；Bergman, et al., 2003）时，需要分别对每个时间点的变量进行聚类分析，之后通过对比一个时间点的聚类方案与其他时间点的聚类方案，评估模式发展的结构稳定性/变化与个体稳定性/变化。这两种稳定性/变化的概念与 ISOA 中类似。与 ISOA 类似，LICUR 中的稳定性/变化也可以通过流程图表示。

（一）执行程序

LICUR 的执行步骤如下（Bergman et al.，2003，pp.78-80）。

第一步，对每个时间点的数据分别进行残差分析，识别并删除聚类变量的数值模式与样本中其他个体都不匹配的个体。

第二步，对每个时间点的数据使用 Ward 层次聚类分析。聚类方案的有效性可以通过上文提到的检验方法评估。聚类数量的决定方法还可以参考伯格曼等人（Bergman et al.，2003，p.78，p.87）提出的如下四条标准。

①聚类方案在理论上有意义，而且明显不同且在理论上可区分的两个类别，没有在最后的聚类方案中被合并为一个类别。

②类别数量最好不超过 15 个，通常不少于 5 个。

③在聚类方案中，EESS％的突然降低可能代表这种方案包括的类别不够多，这种方案不是最理想的。

④EESS％最好超过 67％。参照上述标准，得到一种最佳聚类方案。如果想要尽可能地获得同质性类别，Ward 聚类方案可以被当作起点，进一步进行 K-means 重新定位聚类分析。

第三步，将两个临近时间点的聚类方案连接成为交叉表，检验结构与个体稳定性/变化。

①结构稳定性/变化指在不同时间点发现的模式的相似性/变化。如果这种相似性高，那么在两个时间点的聚类的质心距离（如欧式距离平方的均值，ASED）较小。

②个体稳定性/变化反映了个体的模式发展路径，即从一个时间点

的某个类别转变到后一个时间点的相同或不同类别。需要对交叉表中每个单元格进行精确超几何检验,这种检验中的比率是观察频次与期望频次的比值,表示从一个类别转换到相同/不同类别的可能性。这种检验可以发现模式发展路径中的典型与特例。

(二)软件使用

在 LICUR 技术中,与聚类分析有关的软件实现方法在上文已做了介绍。ROPstat 还可以实现:①Centroid 模块用于检验结构稳定性/变化;②Exacon 模块用于检验个体稳定性变化。

六、潜在类别聚类分析

潜在类别分析(latent class analysis,LCA)与潜在剖面分析(latent profile analysis,LPA)可以合称为潜在类别聚类分析。与聚类分析相比,潜在类别聚类分析用更多的拟合指数对不同的分类结果进行评价和比较,从中选出最合适的聚类方案,并计算相应的后验概率,将被试分配到各潜在类别中。LCA 与 LPA 的相同之处是潜变量都是分类变量,不同之处是 LCA 的外显变量是分类变量,LPA 的外显变量是连续变量;LCA 的模型是概率分布,LPA 的模型是密度分布。因为两种方法的原理和实行步骤相似,本文将主要介绍 LCA 的模型原理与实行程序。

(一)模型原理

LCA 的基本思想是用较少的、互斥的潜在类别变量来解释各外显变量的各种反应的概率分布，潜在类别变量中每种类别对外显变量的反应都有特定倾向（邱皓政，2008，p.29）。换言之，LCA 试图用一个潜分类变量 X 来解释 K 个外显类别变量的关系，使得外显变量的关系在经过 X 的估计后能够维持其局部独立性。

（二）执行程序

LCA 的执行步骤如下（邱皓政，2008，pp. 27-41）。

第一步，估计初始模型（只有一个类别的模型）。类别为 1 的模型即零模型，它没有在外显变量背后设定潜变量。此时使用卡方显著性检验（Pearson χ^2 检验、G^2 检验）进行模型适配度检验，显著的卡方值（如 $p<0.001$）代表外显变量之间的相互关联未能被解释，因此需要潜变量来解释。

第二步，逐步增加类别数目，进行不同模型的参数估计，计算模型适配性。关于参数估计，LCA 中模型求解的方法主要是极大似然法，其迭代过程一般采用 EM、NR 等不同算法。同时，需要计算不同类别数目的聚类方案对应的模型拟合的指标，包括如下方面。

①卡方检验的卡方值及其显著性。当潜变量类别数目由 1 继续增加，卡方统计量一般会逐步减少，当达到一定数目后，模型达到良好适配（$p>0.05$）。

②信息评价标准，如 AIC、BIC。AIC 适用于模型优劣的比较，其计算由极大似然算法来推导，值越小表明适配越好；BIC 弥补了 AIC 没有考虑样本量的问题，BIC 比 AIC 更适用于样本数达到数千人以上，或模型中参数数量较少时。

③Entropy。Entropy 指数是衡量分类精确程度的指标，取值介于 0

到 1，越接近 1 代表分类的精确度越高。有学者指出，Entropy 低于 0.6 一般表示错误地对大约 20％或更多的被试进行了分类，Entropy 等于 0.80 及以上表明对至少 90％的被试进行了正确分类(Lubke & Muthén，2007)。

④BLRT(bootstrap likelihood ratio test)和 LMR 检验。这两个指标用来比较潜在类别模型的拟合差异。BLRT 检验 bootstrap 抽样获得 k 个类别与 k−1 个类别的模型的对数似然比差异，LMR 方法检验 k 个类别与 k−1 个类别的模型的对数似然比差异，如果差异 p 值达到显著水平，那么可以认为 k 个类别比起 k−1 个类别的方案有了明显改善。有研究(Nylund，Asparouhov，& Muthén，2007)发现 LMR 检验倾向于高估类别的数目，BLRT 在识别类别的正确数目方面有更高的精确性。

第三步，进行模型适配性检验与差异检验，决定最优模型。通过综合比较第二步得出的卡方检验不显著的那些模型中的信息评价标准(越小越好)、Entropy(越大越好)、BLRT 和 LMR 检验(显著则代表 k 个类别优于 k−1 个类别)，同时兼顾理论、模型简约性和结果可解释性(Jung & Wickrama，2008)，决定最佳的类别数目。

第四步，进行类别的命名与参数估计结果整理。在决定最优模型之后，需要报告参数估计的结果，即报告潜在类别概率与条件概率，应用条件概率对潜在类别进行命名。

第五步，进行分类并决定各观察值的归属类别。经过上述步骤，可以得到潜在类别与外显变量的对应关系，进一步将观察值分到不同的类别中。此后，可以进行变量指向的分析，即检验不同类别的个体在其他变量上的差异。

（三）软件使用

LCA 各步骤可以使用的 Mplus 程序语句执行（邱皓政，2008，pp. 69-86）。

七、增长混合模型

增长混合模型（growth mixture modeling，GMM）用于处理群体异质增长问题（Muthén & Muthén，2000），它可以弥补潜增长曲线分析（latent growth curve analysis，LGCA）和潜在类别增长分析（latent class growth analysis，LCGA）的缺点。这是因为 LGCA 是一种变量指向方法，它无法描述遵循不同发展轨迹的个体亚组；LCGA 是一种个体指向方法，它尽管可以描述发展轨迹不同的个体亚组，但是不允许参数增长存在亚组内变异；相比而言，GMM 既可以描述不同的变化类，又能够自由估计类别内的变异。

具体而言，LGCA 使用的模型是潜增长曲线模型，它假定群体中所有个体来自同一个总体，因此可以用同一个平均增长轨迹（轨迹的截距和斜率相等）描述所有个体的心理或行为增长轨迹。然而，在更大的总体中，个体间的差异较大，其增长轨迹不能用同一个平均增长轨迹描述。这时，可以替代 LGCA 的方法是 LCGA。LCGA 使用的模型是潜在类别增长模型，LCGA 通过将潜在类别变量引入潜增长曲线模型，描述不同潜在类别的增长轨迹，即不同的潜变化类。此时，LCGM 将每个类别内的增长因子的方差和协方差估计值固定为 0，也就是假定同类别内的个体享有相同的平均增长轨迹。然而，同类别的增长轨迹仍然可能有个体间变异。这时候需要用 GMM 替代 LCGA，因为 GMM 既估计同一个类别内的平均增长轨迹，又估计增长因子的变异。上述分析表明，LGCA 往往是 GMM 分析的起点，LGCM 和 LCGM 均是 GMM 的特例。

（一）模型原理

GMM 通过两类潜变量描述个体之间增长趋势的差异（王孟成，毕向阳，叶浩生，2014）。

(1)分类潜变量。分类潜变量将群体分成互斥的潜在类别亚组，以描述群体的变化类。

(2)连续潜变量。连续潜变量描述初始差异（随机截距）和发展趋势（随机斜率）。包含这两种潜变量的模型是最基本的 GMM。GMM 也可以加入协变量和结局变量，协变量影响分类潜变量、增长截距/斜率和结局变量，分类潜变量影响结局变量。这里的协变量也可以称为自变量，其数据可以是任何类型（分类、连续或计数）。GMM 的观测变量一般是连续变量，此时默认的参数估计方法是稳健较大似然估计。

（二）执行程序

GMM 的执行程序如下（Jung & Wickrama，2008）。

第一步，估计初始模型。GMM 的初始模型一般只有一个类别，其中不包括协变量，相当于 LGCM。此时常用的模型拟合指数有：①CFI 和 TLI，建议参考值大于 0.90，越大越好；② RMSEA，建议参考值 0.05，越小越好；③AIC 和 BIC，越小越好。如果 LGCM 中截距或斜率因子的方差估计值显著，说明个体在初始水平或增长速度上存在个体间差异(王孟成等，2014)，有必要进行 GMM。

第二步，在初始模型的基础上增加类别数目，提取出不同类别的 LCGM，对于类别数目不同的模型进行参数估计，计算模型拟合度和模型拟合检验。在确定一个 GMM 模型之前，LCGM 是一个有用的初始模型；二者主要的差别在于，LCGM 假定在增长因子上没有类别内变异，GMM 可以自由估计类别内变异。LCGM 将类别内变异固定为 0 有助于识别出更清楚的类别，并且计算负担更少。GMM 可以将各亚组内的方差设定为跨类别组等同或自由估计。该步骤中的 LCGM 和 GMM 是不包括协变量的无条件模型。

第三步，综合模型适配性指标和实际意义，决定类别数量。一般需要报告不同模型的卡方统计量、BIC、AIC、Entropy、BLRT 和 LMR 检验结果。具体评估方法和 LCA 相似。

第四步，纳入协变量，估计有条件模型，即包含协变量的 LCGM 和 GMM 模型，重复上述第二步和第三步。这是因为，如果协变量对增长因子(截距和斜率)和潜在分类变量有直接的影响，那么观测变量与潜在分类变量的关联可能出错，上述步骤中使用的无条件模型可能导致歪曲的结果。因此，需要在上述的无条件模型后估计有条件模型。

第五步，进行类别的命名和参数估计结果整理。在决定最优模型之后，需要报告：①类别概率，即每个轨迹亚组的人数比例；②增长因子的估计值，即不同轨迹亚组的截距和斜率均值及其检验结果，根据这些信息对类别进行命名；③后验概率，即每个个体被正确分类的概率大小，越接近 1，说明正确分类的可能性越大；④协变量对轨迹增长的影响的系数估计值与显著性检验，这可以说明自变量对某一心理或行为特质的初始值(截距)和增长速度(斜率)的影响。

第六步，进行分类并决定各观察值的归属类别，以便进一步进行其他类型的分析。

（三）软件使用

有学者（Jung & Wickrama，2008，pp. 307-315）全面梳理了执行GMM各步骤的Mplus程序语句，可以参考使用。

八、问题与挑战

个体指向方法尽管具备上文提到的诸多优势，并且应用的领域也越来越广泛，但是仍然存在一些问题与挑战。主要包括以下四个方面：术语混淆、不能证明因果关系、方法的探索式性质与不重视预测，以及缺乏用户友好型的统计软件。

（一）术语混淆

术语"个体指向的"（person-oriented）有时候被称为"个体中心的"（person-centered），但是后者指代的并非总是前者。一些论文中提及的个体中心方法等同于个体指向方法（如 Laursen et al.，2006），这些论文不仅使用个体指向的数据统计方法，还遵循个体指向的理论观点。但是一些论文提及的"个体中心的视角"（person-centric perspective）并非指代个体指向方法，而是指组织行为学中的一种以员工为中心的研究视角。不幸的是，个体指向方法由于经常被称为"个体中心方法"，常被误认为是个体中心疗法（Laursen，2015），这可能造成"个体指向方法是非实证研究方法"的错误判断。为消除歧义，本文建议研究者使用"个体指向方法"（person-oriented approach）这一术语来代替"个体中心方法"这一术语。

（二）不能证明因果关系

因果陈述是心理学研究的目标，达成这个目标需要进行实验，即通过操纵自变量，控制无关变量，排除竞争性解释，最终找到自变量和因变量之间的因果关系（辛自强，2013）。在心理学的诸多分支学科中，发展心理学或许不是一门实验科学，因为发展心理学的历史独立于实验心理学，而且发展心理学关心的个体发展问题无法通过实验回答（辛自强，2009）。具体而言，个体发展的研究常常使用纵向数据，并且使用统计模型来控制混淆变量，这不足以达成因果陈述的目的。与之类似，个体指向方法经常被用于探究个体发展问题，在因果关系方面易受到质疑。

然而，根据整体互动观，个体发展是一个复杂的过程，很难设想操纵整体中的一个成分，同时却不影响其他的成分。例如，一名研究者相信小学生糟糕的学业成绩是后来犯罪的原因，那么他如何干预学业成绩，而同时不改变师生关系或亲子关系呢（Bergman & Lundh, 2015）？根据这一逻辑，因果关系中的"操纵"或许是有问题的。因此，研究者或许应该将更少的权重赋予因果关系证明，将更多的权重赋予描述稳定出现的模式与跨时间的有意义的联结。

（三）探索式研究及不重视预测

个体指向方法是一种探索式研究方法，并且相比预测更加重视描述，这两个问题导致研究者对该方法有所抵触（如 Laursen, 2015）。一个通常的科学程序需要构建一个或多个模型，然后予以检验或比较。这种程序常常不能推广到个体指向研究中，因为相关领域内的大多数研究都是变量指向的，即许多发现来自个体间变异的标准研究，根据这些研究不能对个体水平的研究做出理论假设。同时，个体指向理论或许暗示着我们对于复杂系统的理解还不够全面，也就是说，待研究的对象可能具有很高的复杂性，此时不大可能构建出一个野心勃勃的模型。综合上述两个原因，个体指向研究常常不遵循理论构建与假设检验的逻辑，而是采用一个替代性的解决方案，即采用自下而上的路径来探索待研究的问题。

另外，个体指向方法确实重描述而轻预测。事实上，预测很重要，但并非科学的首要目标。例如，在气象学中，天气系统的原理已经被很好地理解，但是对天气的长期预测力却相当有限（Bergman & Lundh，2015）。又如，天文学方面的自然历史学家为了回答"土星由什么组成"等问题，通常需要不断提高观测装置，寻找与思考解决问题的线索，从而得出可靠的结论（辛自强，2009）。上述案例说明描述在科研中同样重要。尽管如此，已有实证研究使用个体指向方法进行预测。例如，有人（Asendorpf，2003）比较了 4～5 岁儿童的大五人格类型（由个体指向方法确定）与维度（由变量指向方法确定）对他们 17 岁的认知能力和成绩的预测作用，发现个体指向的评估对长期预测更有优势。这启示未来的个体指向研究者应该更多地形成与检验预测。

（四）缺乏用户友好型的统计软件

标准化的统计分析软件难以进行个体指向分析，因此有必要使用其他的非标准化的统计软件。然而，因为学者对非标准化统计软件需求较低，而且缺少个体指向分析软件的开发者，因此一直以来都缺少进行个体指向分析的用户友好型统计软件包。最初出现的统计软件包是SLEIPNER(Bergman et al.，2003，p.1)，但是这个软件并不易于使用。基于模型的个体指向分析可以在一些一般性的统计软件包中进行。例如，Mplus可以实现潜在类别分析、潜在剖面分析和增长混合模型等，但是不能实行聚类分析、配置频次分析、ISOA和LICUR。

近期，有人(Vargha et al.，2015)开发出ROPstat，这在很大程度上解决了个体指向方法没有用户友好型软件的难题。这个软件是一个一般性的统计软件包，它既可以进行方差分析与线性回归分析等变量指向分析，也可以进行聚类分析与配置频次分析等个体指向分析。值得一提的是，在个体指向框架内，许多科学问题需要用到各种彼此关联的分析程序，ROPstat是唯一使得这些成为可能的软件包(Bergman，2015)。ROPstat的便捷性体现在，数据可以很容易地从SPSS或Excel中导入或导出。研究者可以在网站上(http：//www. ropstat. com)免费下载这个软件试用版，试用版最多处理5个变量与500个个案；想要处理变量更多与样本量更大的数据集，可以向作者发送电子邮件来免费获取注册码。对比而言，由于ROPstat不能进行基于模型的个体指向分析，我们建议读者使用Mplus进行基于模型的分析，使用ROPstat进行其他类型的个体指向分析。

第三节　有关心理统计的三个疑问 *

▶**导言**：统计方法在心理学研究中的作用似乎确定无疑，然而，本节提出了三个疑问：心理量能统计吗？统计结果"显著"就足够了吗？统计模型与理论模型相距有多远？在对三个问题的分析中，试图说明统计作为心理学的工具当然很重要，但更重要的是对心理进行有效测量，提高变量的测量水平和测量的有效性是心理学的根本任务。在数据分析过程中，应该加强对统计方法和结果的理论思考，纠正一些错误的统计规范和做法，弥补"零假设显著性检验"的不足。

技术的发展通常是以解放人的责任为目的的。比如，傻瓜相机是一种技术进步，其目的是让不懂照相原理的人也可以拍出不错的照片（景深、光圈、焦距、曝光时间等术语多烦琐啊），由此使照相机很快普及了。统计软件的发展也有类似的目的和功效。今天学习心理学的人几乎都要学习统计原理和统计软件（如 SPSS，LISREL，AMOS 等），无论

---

* 本节内容根据我已发表的论文修改而成，原文参见：辛自强(2010). 有关心理统计的三个疑问. 华南师范大学学报(社会科学版)，(1)，39－46.

本科生还是研究生都非常重视统计方法的学习，而且尤其热衷学习复杂的统计方法。目前，心理学乃至其他学科中的统计教育和统计应用，形势一片大好，然而也伴随着很多值得思考的问题。一个突出的表现是，在软件的帮助下统计分析越来越程式化、仪式化，我们在逐渐失去对统计原理和数字本身的敏感性，有时甚至忘记了为什么做统计。本节就目前的心理统计实践提出三点疑问，并阐述一些粗浅的看法。

一、心理量可以统计吗

（一）统计方法与测量水平的不匹配

随着统计软件的普及，做统计分析变得容易，似乎只要有数据就可以计算，就可以统计，以至于有的研究不再关心数据的测量学品质，而沉醉于摆弄统计的花样。目前整个学界应用的统计方法"进展"很快，且日趋"高级"，而所统计的数据本身的测量水平和质量却未必尽如人意。

每种统计方法对数据的性质都有明确的要求，但实际上，我们经常在测量水平达不到的情况下应用统计公式。几乎在每本教育统计学或心理统计学这类应用统计学教科书的开头都要讲清楚变量类型的划分。比如，根据斯蒂文斯(S. S. Stevens)在 1946 年对测量水平的划分，各变量严格区分称名变量、顺序变量、等距变量与等比变量。这些变量的性质不同，对数学运算的要求也不同：称名变量的数据只是事物代码，不能做数学四则运算，在统计上可以计算频次，做卡方检验；顺序变量表示的是等级和次序，也不能做四则运算，在统计上可以求中数、百分位数；等距变量，则可以做加减运算，本身不能被乘除，在统计上可以计算平均数、标准差、相关系数，能做回归分析、方差分析；等比变量，可以做加减乘除及其他数学运算，可以用于像等距变量那样的统计分析以及其他处理。这四类变量实际上是四种测量尺度的结果，称名变量测量水平最低，从前到后测量水平依次增高，最高的是等比变量。

根据斯蒂文斯(1946)的观点，心理学中没有等比变量，等距变量也几乎没有，顺序变量则比较常见。比如，能力测验分数、考试分数(百分制)严格讲属于顺序变量，还达不到等距变量水平，因为 80 分只表示比 60 分多(分数大小能表示顺序)，但从 60 分到 80 分的距离和从 80 分到 100 分的距离并不相等(分数没有相等单位，即无等距)。心理学用到的一些等比变量通常只是物理学变量，如反应时以及心理物理学实验中表示外界刺激强度的某些物理量(长度、体积)，但所有心理量都不是等比变量。总之，每本教科书关于变量测量水平的划分都言之凿凿。

然而，颇有讽刺意味的是，几乎所有的心理统计学教科书和统计方法的应用在变量测量水平问题上都没有"自我同一"：我们一方面坚信心理学中几乎没有等距和等比量尺意义上的数据，也就是说没有可以进行数学四则运算的数据，然而另一方面我们却在使用各种以四则运算为基础的统计方法，并不断追求使用更复杂的统计方法。说白了，大部分的心理统计都是建立在错误的假定基础上：我们收集的数据可以运算，然而，实则不可。

是不是心理学研究就不该做统计呢？至少不能对心理量计算平均数、标准差以及做以此为基础的各种推论统计呢？除了很多人严肃地支持斯蒂文斯(1946)的观点外，也有少数学者严肃地认为可以做统计，并试图提出主观感觉量可累加的证据。然而，绝大多数做心理统计的人，对此问题并不会做严肃的考虑，其结果就是：一方面斯蒂文斯关于数据测量水平划分的观点被广泛接受，另一方面实际做起统计时大家都不再理会或忘掉了这个观点。关于"心理量能不能做统计"这样一个极为复杂的问题，我无法提供简单肯定或否定的答案。之所以重提这样的疑问是想指出，心理学的根本困难不是统计而是测量，我们的任务是克服测量或量化的困难。这里必须先澄清一点：我不反对，而是鼓励学好并用好各种统计方法。

（二）心理学的根本任务不是统计而是测量

统计的前提是获得数据，没有数据，统计学就派不上用场。数据哪里来？测量。测量的本质是以数值度量并表达心理现象。如上所述，理论上讲，我们可以在不同的水平上测量心理，从而获得称名的、顺序的、等距的、等比的数据。对测量数据进行运算的前提是寻找单位，即至少保证数据是等距的，当然最好是等比的（不仅有单位，还存在绝对零点）。只有数据获得了单位时，我们才能说真正对心理做了"度量"，得到了皮亚杰(1999)所谓"度量量"，它包括等距和等比变量。所以皮亚杰讲，"度量和数的应用都必须以建立'单位'为前提，也就是要有为求同而可能忽视异质的那种对要素的考虑"(p.37)。心理学面临的最大困难是缺乏计量单位，而只能在顺序或等级意义上测量，有时只是用数字作为代码而已（即称名变量，这时数字只是一个代号，而非数值）。

虽然目前心理学广泛使用测量方法，但绝大多数心理学的数据还算不上度量量，虽然我们将其假设成（或错误地假设成）度量量来统计处理。正如皮亚杰(1999)指出的，"测验法和多种多样的'心理物理法'能够提供无数的所谓测量数据，因为这些数据只侧重于行为的当前可测量的方面，也就是说，侧重于反应的结果，或者如果人们愿意这样说的话，侧重于'性能'。但是，就这些结果而言，还谈不上是计量单位(p.39)"。就如前文我们举例说明的，能力测验分数没有共同的单位。皮亚杰接着指出："尤其重要的是，对结果的测量还不能告诉我们所观察的反应的内部机制，而要测量的正是这种内部机制。……总之，心理学的测量方法提供了一些数据，这些数据对细节的比较，从各种智力运算的结果这个观点来说都是有用的，但它们达不到智力运算本身，因为缺乏能够由果溯因的任何单位制(p.39)。"皮亚杰看到了心理学问题的本质：我们的研究通常只是测量外在结果，而无法测量内部过程和机制本身，只好基于对前者的测量推测后者，而后者却是我们最为关心的。这就是心理学面临的基本困难——我们无法直接测量心理过程本身，无法为心理找到"单位"，由此，心理学里没有度量衡，我们只好强行对不能做四则运算的数据进行统计。

换个角度说，所有的对心理的量化，量化的都不是心理过程本身，我们对心理过程的研究都是间接的、推测式的。如果能找到测量单位，以此直接度量心理本身，那么心理学才会出现真正的"革命"。能够带来根本意义上的心理学研究范式革命的不是统计学，而只可能是测量学。如果能将心理测量提高到更高的水平(等距水平、等比水平)，心理学将会获得和严格自然科学一样的地位。然而，这种可能性，目前几乎看不到。所以，基于数据统计来做研究的心理学家，都只好接受这个"掩耳盗铃"的假定：假定测得的数据是有单位的(等距或等比变量)，然后"坦然地"进行统计分析。

之所以指出统计和测量之间的这个矛盾，并不是说我能克服它，目前还没有解决这个问题的有效方法。这里只是强调，对于整个心理学学科而言，我们应该努力解决测量问题，而不是把主要精力放在统计方法上（不反对每个学者术业有专攻）。数据本身还是个问题呢，统计又有何用？虽然根本上提高数据测量尺度的水平是很困难的，但却可以想方设法提高数据本身的质量，即保证数据能代表我们理论上假定的变量，保证测量的效度。有了高质量的数据，统计并不是困难的事情，数学系或统计学系总有人会做，但数学家和统计学家不能帮助我们解决心理的测量问题。

（三）心理测量的改进

能像物理学家测量物体属性那样，精确量化人的心理事件，一直是心理学家的梦想。目前物理变量的测量大多是一种客观测量，不涉及主观判断，而且测量可以在等距和等比量尺上进行。但是心理变量不能直接由研究者进行客观测量，心理学家采用两类方式间接测量心理过程或心理活动（辛自强，2017）。

一是客观测量，用于测量心理活动的产物、外部条件以及伴随的生理活动。心理活动的产物是行为表现、作业或作品、痕迹等，常用的变量包括行为频次，行为速度（反应时、问题解决时间），行为强度（如博弈任务中的投资额度），作业正确率或错误模式，作品质量，行为轨迹等；心理活动的外部条件包括刺激特征（刺激的频次和结构、刺激的时间和强度、作业和任务类型），环境条件等（如城乡背景、社会阶层、家庭结构、文化类型）；心理活动伴随的生理活动或者生理基础方面的变量有很多，如眼动特征，呼吸与心跳频率，腺体和血流特征，电生理特征（皮肤电、脑电等），化学递质，基因结构等。这些变量基本都是与心理活动有关的"客观变量"，这些变量体现了心理活动的产物、条件和生理基础，心理学家通过对它们的测量或操控可以间接推知心理活动，实现对心理规律的间接考察。这里之所以称之为"客观变量"，是因为这些变量的测量通常不依赖于被试的主观报告，可由研究者的观测（包括操纵）直接确定，然而，这些客观变量都不是被试的心理活动本身，只代表其前因、后果或者伴生物。

二是主观测量，即通过被试的主观内省和自我报告，测量其心理感受或心理活动。例如，心理物理学实验中被试对主观感受的内省报告，认知心理学中的出声思维或口语报告，人格与社会心理学中填写自陈问卷和量表。所有这些测量方式，虽然看上去比客观测量更直接地测量了心理活动（也只是更直接"一些"而已，因为它依然依赖于"被试自我报告"，而非研究者直接观测），但其代价是测量的"主观性"，因为测量结果依赖于被试的主观内省和自我报告这样的心理行为活动。也就是说，在这种主观测量中，测量结果未必完全来自我们关注的心理活动本身，它很可能混入了被试主体对自身心理活动反思和体验的影响。

总之，无论是对心理的客观测量，还是主观测量，都具有很强的间接性质，都不是研究者对被试心理活动本身的直接观测，依然达不到物理学那样的直接观测水平。在客观测量中，虽然对很多客观变量，如反应时、投资额度，可以使用等距和等比量尺，这些量尺有统一单位，甚或绝对零点，但测量内容本身并不是心理活动。在主观测量中，虽然测量的内容是心理活动，但难以找到测量所需的统一单位，无法使用等距和等比量尺。例如，对一个问卷项目采用"1～5"的五点量尺做自陈报告后得到的数据并没有统一单位。对于一个被试而言，其赋予的数值 5 和 4 之间的差值未必与 4 和 3 之间的差值等同；而对于不同被试而言，同样的赋值 5，也未必是等同的。由于我们难以确定同一数字背后是否有等同的心理活动内容或心理含义，因此严格来讲，对于不同项目、不同被试的评分不应该做数学四则运算。虽然心理学家和社会科学家都默认可以将其近似地视作等距变量来统计，但这并不应让我们忘记在改进测量方法，尤其是测量尺度方面的责任。

在客观测量方面，心理学的努力包括两个层面：一是测量方法的整体改进，包括寻找与心理活动关联性更强、更直接的行为指标和生理指标，找到更有效测量或操纵心理活动的方法和任务。例如，Stroop任务的提出，就为测量注意选择和抑制功能提供了有效的方法；脑电仪的发明和改进，则有助于确定心理活动的时间模式。二是改进每一类变量测量的量尺，提高测量的水平和精度。例如，在对信任的测量中，议价博弈和投资博弈这两种决策任务都可以使用。议价博弈任务中，个体只可以做出"是"或"否"的二项迫选，表明自己同意哪种金钱分配方案，而投资博弈则允许个体表现出不同程度的信任。也就是说，前者适宜测量个体是否是信任者，后者适宜测量个体的信任程度。对于信任的测量，前者获得的是二分变量，后者提供了连续水平的测量（刘国芳，辛自强，2013），二者构造了测量信任的不同量尺。虽然每一类量尺都有各自的特殊价值，但一般而言，为便于精确量化和数学运算，我们通常选用更高测量水平的量尺。

在主观测量方面，首先也是整体上改进测量方法、工具和程序，这是整个心理测量学关心的事情，这里不展开论述；其次，就是改进量尺，尽量保证测量接近或达到等距量尺的水平。对此，本书第五章专有一节论述，这里仅举一例说明。今天在问卷调查中依然广泛使用李克特量尺，被试需要在这种量尺上表明自己是"赞成"还是"不赞成"这些项目。研究者常常用文字来表述五个不同的等级，如"完全不同意、不同意、说不准、同意、完全同意"，这五个选项分别被编码为 1、2、3、4、5 这五个数字，然而，让文字表述做到完全等距是很难的，况且"说不准"是否一定对应于 1 至 5 中间的数字"3"，也存在争议。若像语义分化量尺那样处理，即只在量尺两端标出两个对立的动词或形容词（如"反对"与"赞成"，或者"消极"与"积极"），并不给出这个量尺上每一点的具体含义，这样有助于保持量尺的等距性，因为被试作答时只要根据两端数字的含义，选择一个大小合适的数字直接标定自己的感受和态度就可以了，避免了对数字的文字解释可能造成的干扰。

概括而言，难以为心理事件本身找到统一单位并建立等距量尺，这是心理学研究面临的根本难题。面对这一难题，心理学家朝两个方向寻找出路：在客观测量方面，对心理活动的产物、外部条件以及伴随的生理活动的测量，大大提高了测量的客观性，也实现了所有测量尺度（称名量尺、顺序量尺、等距量尺与等比量尺）的运用，但难以解决"间接性"的问题，即如何让各种客观的测量指标与心理活动有效对应。目前的研究依然有较强的"推测"成分：虽然观测指标是客观的、精确量化的，但由此对心理活动做出的任何结论，都是间接的，包含推测成分（客观但不直接）。在主观测量方面，让心理活动的主体内省并报告自己的心理活动，虽然更直接地测量了心理活动本身，但测量水平较低，可以使用称名量尺、顺序量尺，而难以采用等距量尺与等比量尺，更难以解决"主观性"的问题（直接但不客观）。这种"主观性"也意味着另一种意义上的"间接性"，即无法由研究者直接观测被试的心理活动。而自我观测又面临着主观性和相对主义的悖论。这就是心理现象的复杂性，就是心理学研究面临的挑战。心理学家的根本任务就是尽量提高测量的"直接性"与"客观性"，力争使用更高测量水平的量尺，精确量化心理事件本身。

二、统计结果"显著"是否足够

（一）零假设的显著性检验

与上文的"心理量能否统计"这样的根本问题相比，这里关注的"统计结果'显著'是否足够"的问题，主要是个技术层面的问题。在心理学研究过程中，我们最担心的通常是能否找到梦寐以求的统计"显著性"，最关心的是找到几颗星号。通常，如果 p 小于 0.05、0.01、0.001 这些临界值时，我们会分别在统计量上标上一颗、两颗、三颗星号。所以，心理统计有点找星号游戏的味道，星号对于我们，就像制服上的星星对于军官一样重要。

在心理统计中，核心的逻辑是"零假设显著性检验"(null hypothesis significance testing，NHST)，即 p 值方法，根据 p 值大小决定是接受还是拒绝零假设(Wright，2003)。p 值是一种概率，是指在零假设成立的前提下，获得现有检验统计量值(如 t，z，F 等)以及比该值更为极端情况下的概率。判定 p 值大小的标准，就是人为确定的显著性水平，如 0.05、0.01、0.001 这些常用的临界值。如果统计得到的 p 值比临界值小，如小于 0.05，就在 0.05 的显著性水平上拒绝零假设，而接受备择假设；反之，不能拒绝零假设，只好接受它。我们只能表述某种结果"在统计上是否显著"，如果显著，则意味着随机因素不能解释这个结果，而只好归结为某种"必然性"(仍是统计上的必然性)。

然而，零假设显著性检验自身存在的缺陷一直被很多学者所诟病。

一方面，证明零假设"不对"，或者拒绝零假设的做法，本身没有实际意义。在统计检验时，我们通常期望通过拒绝零假设来获得对备择假设（这是我们期望证实的）的确证。比如，零假设是"随机分配到 A、B 两个实验条件下的样本来自的总体平均数是相等的"，然而，世界上有多少事物是完全相等的呢？有学者（Tukey，1991，p. 100）指出，"去问'A 和 B 的效应有不同吗'这是愚蠢的，它们总是不同的——在小数点后某个数位上。"哪怕两个样本的平均数之间只有细小的差异（如 0.2、0.02、0.0002），只要样本量足够大，我们就能证明差异是"显著的"，总是能拒绝零假设。实际上，如同有人（Cohen，1990，1994）认为的，"零假设总是错的"。既然零假设总是错的，我们为什么还要费力拒绝它呢？从心理学角度来看，拒绝零假设通常难以给我们增加多少有价值的专业知识。零假设通常假定两个变量的总体相关系数为 0，实验组和对照组来自总体的平均数相同。然而，证明相关不等于 0 又能说明什么？世界上相关的事物太多了。在个体内匹配数据，发现二者不相关倒是很奇怪的事情，共同方法效应（如答题风格、作答方式的影响）带来的误差都足以让一个人回答的两份问卷结果存在显著相关。在心理学实验中，难道我们就满足于实验组的平均数和对照组不一样吗？如果是干预实验，我们费了那么多人力物力去干预，如果只表明实验组和对照组得分不一样，而不是差异足够大，实验还有何"效益"可谈？

另一方面，有学者（Cohen，1990）指出的，现行的假设检验本身存在逻辑上的漏洞。很多教科书或教师都会这么表述"拒绝零假设"的逻辑：如果零假设是正确的，那么这样的统计结果（如 p 小于 0.05）就不会出现；然而，这样的统计结果已经出现了，因此零假设是错误的。如果"拒绝零假设"的逻辑果真是这样的，那么其通过"否定结果来否定前提"的逻辑在形式上是没问题的。不过，这个惯常的表述实际上是不准确的，它忽视了假设检验的概率性质。而准确的表述应该是：如果零假设是正确的，那么这样的统计结果（如 p 小于 0.05）就是很不可能的（不是完全不可能）；然而，这样的统计结果已经出现了，因此零假设是很不可能的。关键的问题是，在这种概率性的表述中，否定结果并不必然否定前提，可见现行"拒绝零假设"的逻辑存在漏洞。

除了上述逻辑问题外，还应指出，p 值的大小，并不能说明研究结果的重要性或变量关系的"显著性"。它只表示 p 值越小，拒绝零假设时可能犯错误的机会或概率越小。然而，人们在对统计结果的表述和理解上存在很多误解（Wright，2003）。

误解之一是，将统计检验的"显著性"错误地看作变量关系的强度。例如，将"无显著意义"误认为"两组均数基本相同"，或者"两个变量没关系"；将"差异显著"误认为"两均数差别很大"或"两个变量关系很强"（哪怕"统计结果极其显著"，也不能这么说）。零假设的显著性检验很容易受到样本大小的影响。以平均数的差异检验为例，在统计量（如 t）的计算中，样本大小部分决定了结果。当平均数的差异固定时，样本越大，获得的 p 值越小，样本越小，获得的 p 值越大。也就是说，样本大小将影响结果的显著性与否。可见，统计结果的显著性与否并不能推论到两个平均数差异的大小。当样本很大时，两个平均数之间细微的差异，都可能是"统计上显著的"，然而，这种差异可能没有实际意义。总之，统计上的"显著性"与变量关系强度并非一码事。然而，当得到统计上显著的结果（尤其是"非常显著"或"极其显著"），我们特别容易不自觉地相信变量关系是很强的，并做出类似表述或理解。

误解之二是，将显著性水平 0.05、0.01、0.001 这些取值神圣化。

实际上这些取值只是习惯的沿袭,没有多少数学上的必然性,更没有考虑到研究内容和领域的要求。在一定的条件下(如一个标准大气压下),水的沸点是 100 摄氏度,这个温度上的 100 是水从液态转为气态的临界值,具有实际的物理学意义。然而,统计检验的显著性水平只是人为的、武断的划定的标准。如果显著性水平定为 0.05,那么算出的 p 值为 0.055 就意味着不能拒绝零假设,这种根据显著性水平所做的二值判断(接受或拒绝)有时显得过于粗暴和无理,没有看到概率的连续意义(Cohen,1994)。所以,有研究者(Rosnow & Rosenthal,1989,p.1277)这样写道:"肯定的,上帝几乎和喜爱 0.05 一样喜爱 0.06。上帝将支持和反对零假设的证据的力量视作 p 值大小的一个非常连续的函数,这难道还有什么疑问吗?"

顺便说一下,在心理统计学中,存在许多类似的临界值或"标准"的神话。比如,因素分析中特征根大于 1 的标准,信度中 alpha 大于 0.7 的标准,结构方程模型拟合指标的标准(各种指标都有具体标准,如 GFI 要大于 0.9)。统计结果在标准的这边还是那边,似乎就决定了研究结果是否令人满意,决定了论文能否发表,决定了研究者的人生悲喜。在各种标准神话面前,研究者很容易放弃自己的理论思考,而把研究的责任交给计算机和这些机械的判定标准。以探索性因素分析为例,很多研究者根本不去对项目内容和维度的结构做理论分析,而只是让计算机抽取所有特征根大于 1 的因素,然后给每个因素想当然地取个名字,由此坚信自己找到了量表的结构,用该量表测试另一个样本时就再次采用"事后诸葛亮"的方法确定另一些因素及其结构。然而,研究者却不能回答这些项目构成一个因素的道理何在,因为很多隶属于一个因素的项目从内容上本来就"风马牛不相及",只是数据计算时碰巧有关联而已。我并非说完全不要考虑这些标准，但一定要在应用统计方法的同时加强理论的思考和说明。

（二）如何报告统计结果

由于零假设显著性检验本身的逻辑缺陷和诸多误解，有人甚至宣称，零假设显著性检验不仅没能推动心理学的进步，而且严重阻碍了它（Cohen，1994）。在心理学以及其他学科中，假设检验的使用都被过分强调了，这使我们的注意力偏离了核心的专业问题。

然而，目前零假设显著性检验依然被广泛使用，而且没有能替代它的"备择方案"，所以如何更好地分析并报告统计结果，就是个很重要的问题。在这方面，很多学者（如 Cohen，1990；Wright，2003)提出了一些共识性的建议。首要的事情是加强对数据的描述统计。比如，提供关于一个变量分布的基本描述统计(频次、百分数、平均数、标准差、峰度、偏态程度)，关于两个变量关系的散点图。现代统计学对推论统计的强调，在一定程度上导致了数据分析灵活性的降低(Cohen，1990)。我们容易不假思索地借助计算机进行推论统计，而很少认真地对数据进行描述统计，很少细致深入地理解数据的性质以及数据是否适合我们选定的推论统计方法。因此，我们应该努力避免这些问题。其次，要在论文的结果部分报告效果量的信息。如前面所述，零假设显著性检验存在一些根本的问题，而且容易被误解，也缺乏对变量关系强度的直接考察，所以，只报告检验所得的 p 值是不充分的，还要提供一些关于效果量的信息。

对于效果量，有很多文献做了介绍。效果量(effect size)表明了我们专业上所关心的效果和效应的大小，如实验处理效果如何，这是 p

值所不能传递的信息。因此，现在重要的学术刊物都要求既报告统计检验结果是否显著，又报告效果量指标（Wilkinson，1999），报告效果量的目的是便于不同研究所得效果量的比较。效果量指标很多，但应该采用容易被理解的、可比的、有意义的指标。要保证有意义，就要报告测量效果量的单位。效果量的单位可以采用原始变量的单位，也可以采用标准化的单位（Wright，2003）。例如，在某个测验上，10 岁组比 8 岁组多做对 4 道题，或者，每周增加 1 小时的作业练习在这个测验上就多答对 2 道题，这都是有意义的信息。然而，由于不同研究的原始变量单位的差异，为了保证可比性，大多数情况下需要报告有标准单位的效果量。比如，实验组比对照组得分高 1 个标准差，或者每周作业时间能解释答题正确率 30% 的变异。

　　常用的标准化的效果量指标大致可以分为两类，一类是反映各组平均数差异的，另一类是反映变量关联强度或变异解释率的。在实验研究中，我们通常关心的是实验组与控制组（对照组）平均数差异问题，除了对差异做"显著性检验"外，我们关心研究中实验处理效果的大小，即研究的效果量，其常用统计指标为 d（Glass，1976；Glass，McGaw，& Smith，1981）。d 主要说明实验研究中处理的效果量。用实验组平均数（M_e）减去控制组平均数（M_c）再除以两组共同标准差（S），所得结果即为效果量 d，因此它也可以理解为实验组与控制组平均数差异的标准分。能反映变量关联强度的指标就是 r 的平方，即决定系数，它表明了两个变量之间共享的变异的比例。实际上，d、r 以及其他各种统计量（如 F，t，卡方）都是相互关联的，具体的转换公式和报告方法可以参考有关文献（如 Rosnow & Rosenthal，2003；Wilkinson，1999）。

　　关于如何改进研究结果的报告，如何弥补或消除零假设显著性检验的不足和可能带来的误解，研究者还提出了其他一些措施，如报告置信区间、计算统计检验力等，这里不再一一阐述。

三、统计模型与理论模型相距有多远

（一）统计方法作为"科学环"的一部分

虽然统计方法本身可能存在问题，对统计方法的误解和误用更是普遍，但无论如何，统计方法的使用总是有些明确的规范，每个开始学习心理学的人都会接受这方面的专门教导。相比之下，关于如何在统计模型和理论模型之间进行合理推理的问题，非常缺乏"规范的"指导，甚至缺乏"指导性"的规范。然而，这个问题才是心理学真正的专业问题（毕竟统计的问题可以得到统计学家的帮助），它涉及如何将心理学的理论建立在坚实的经验资料基础上，它关乎心理学的理论建设。

为什么强调理论模型和统计模型的对接问题呢？因为在二者之间建立关联是科学研究最重要的环节之一，但是关于二者对接的逻辑却非常复杂，很容易出现思路错误。图 6-5 是社会学家华莱士（W. Wallace）1971 年提出的一个研究的流程模型——"科学环"，它描述了科学研究循环的逻辑（转引自袁方，王汉生，1997，p.93）。

这个科学环用方框表示五种状态的知识：①理论；②假设；③经验观察；④经验概括；⑤被检验的假设。一项科学研究工作可能从任意一种状态的知识开始，从而加入这种科学循环中，在往复循环的过程中，研究日益深入，对规律的认识从感性认识上升到理性认识，再上升到具

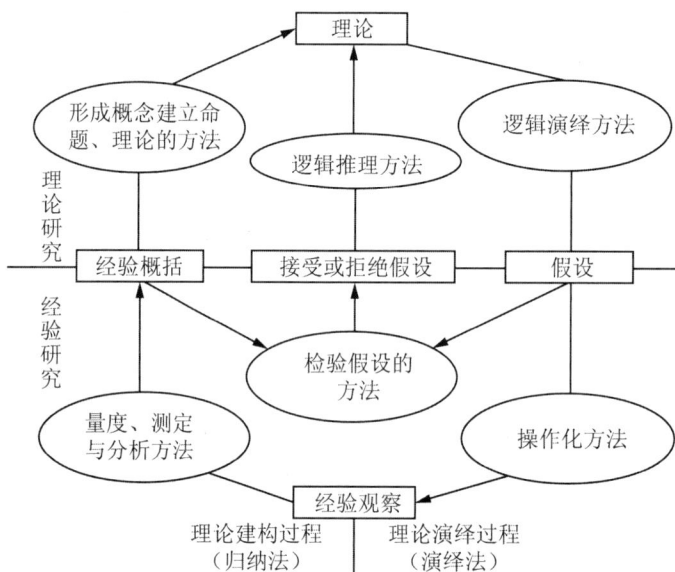

图 6-5 华莱士的"科学环"

(资料来源：转引自袁方，王汉生，1997)

体的理性认识。在科学环中，这五种状态的知识是由六套研究方法(以椭圆表示)连接起来的。它们是：①逻辑演绎的方法；②操作方法；③量度、测定与分析方法；④检验假设的方法；⑤逻辑推论方法；⑥建立概念、命题和理论的方法。各种状态的知识通过这些方法得以转换。垂直中轴线的右侧是从理论到经验的演绎过程，左侧是从经验到理论的归纳和概括过程。在水平中轴线的上侧是理论研究的过程，下侧则属于经验研究的过程。一个完整的科学循环或者科学研究过程应当包括所有的这些过程，只有这样才能建立起能够解释经验且经得起经验检验的理论。而实际上一个具体的研究过程可能会简单一些，只重点进行某个环节上的工作。

这个"科学环"模型刻画了研究的大致过程，说明了知识类型和方法类型及其关系。这里引用这个模型是想说明两点。第一点是统计方法的地位。统计方法的应用是这个科学环中的一部分，它非常重要，然而并非无它不可。在这个科学环模型的"外圈"的各种知识和方法已经构成完整的科学环。统计对于科学研究而言，是重要的，而非必要的，更非充分的。心理学非常鼓励统计方法的学习和应用，目前这方面做得比较好；然而，其他环节的方法训练却非常薄弱，这应该引起人们的重视，特别要加强理论思维方法的训练，也就是科学环上半部分提到的逻辑演绎的方法、逻辑推论方法，以及建立概念、命题和理论的方法等。我想说明的第二点是，应该深入理解统计工作与其前后相邻的环节之间的关联和差异。如前所述，测量学很重要，它主要提供了科学环中提及的操作方法，以及量度、测定与分析方法，这些都是经验研究的方法。如果不能通过测量获得高质量的数据，也就无所谓统计的意义。如果不能从统计结果有效推论到心理学的理论命题，就忘掉了统计的目的。统计仅仅是科学研究过程的一环，我们需要明白常用的假设检验的方法究竟有何用途，在科学环中处于什么地位。只有正确理解各种知识状态的差异和层次，并利用合理的方法解决知识状态的转化问题，科学才能发展。

（二）统计与理论的距离

当前心理学的大部分研究报告都建立在数据统计基础上。然而，在统计工作的前前后后还有很多环节，目前在统计与理论关系的认识上误区最多，通常人们会忽视统计模型与理论模型的距离。下面举例说明二者之间的复杂关系。

第一，统计能证明理论吗？我们经常可以在研究报告中看到"统计证明理论"的提法和做法。比如，在问题提出中，综述两种相互矛盾的理论，来看自己的统计结果支持哪种理论；在讨论中，声称自己的统计结果证明哪个理论是对的，哪个是错的。不过，这些提法值得商榷。心理学中有无数的理论，能够直接被数据证明的理论却寥寥无几。因为大部分理论都非常复杂，是由许多命题组成的庞大的理论体系，如皮亚杰理论、信息加工理论，这些理论难以直接由经验来证明，统计对这类理论几乎毫无用武之地。即便很小的理论，如韦伯定律，也只有限制好条件，对变量操作测量后，才能以数据统计来证明。而且理论命题并不都是关于经验问题的陈述，很多命题只表述了逻辑问题，并不需要经验研究去解决逻辑问题。数据代表经验，数据统计所能证明的只是由理论推导出来的研究假设（这里的"假设"和理论假定是不同的），研究假设必须具体地表述变量关系。从理论到研究假设，从理论概念到操作概念再到可测定的变量之间都有很大的距离。所以，我们不能轻易地声明数据统计能证明理论，除非在一些极端特定的情况下。这里我在最随便的意义上使用了"证明"一词，实际上，这个词以及一些类似的词语都要有区别地使用，如"证实""证伪""确证""确认"等，基于不同的科学哲学思想和研究的实际情况，我们要选择合适的词汇表述经验和理论之间的关系（具体可参考辛自强，2012，pp.299-303）。

第二，研究结果的表述要多具体？与理论和经验之间的距离有关，我们究竟应该在多么具体或抽象的程度上表述研究结果呢？举例来说，我们关心的是学生的智商和学业成就的关系。智商、学业成就都是理论概念，关于智商的操作定义和测量方法有很多，学业成就也是如此。一项研究所获得的直接统计结果通常都限定于特定的测量工具背景下，或许在研究报告的讨论部分，我们应该在一定的理论"高度"上抽象表达二者的关系。但无论如何，我们都不能忘记数据统计结果的限制条件，超出了这个条件的理论概括是存在风险的。当操作定义和测量方法改变后，统计结果或许是另外一回事，其理论含义也许不同。另外，过于具体的研究结果表述有时也可能是不妥的。比如，结果表明"大学生对高频词和低频词的反应时有差异"，这就是个非常具体的统计结果，然而，很多时候我们不能停留在如此技术化的层面，而是要根据反应时模型推论心理加工过程模型。否则，这类词频影响反应时的结果，只是一种表浅的废话。我们不能以统计结论代替心理学结论。总之，从统计结果到心理学结论，到心理学理论之间还有很多层次，我们究竟如何概括推论，如何表述结果，都是要慎重思考的，目前这方面还很难提出统一的规范，只能具体问题具体分析。

第三，统计模型与理论模型在术语上的差异。很多不同的概念因为字面的相似性经常会被混为一谈，出现统计术语和理论术语的混淆。举例说明，目前心理学中常用一个英文词"interaction"，这个词在不同背景下的含义有巨大差别，在统计学中，一般翻译为"交互作用"。以方差分析为例，若考察自变量 A、B 与因变量 C 的关系，通常要考察 A、B 各自单独对 C 的影响，即主效应，也要考察 A、B 二者如何与 C 交互作用。这里的交互作用，并非指两个自变量彼此的作用，而是指其中一个自变量对因变量的影响要以另一个自变量为条件，这时作为条件的自变量也称为"调节变量"，它调节着另一个自变量对因变量的影响程度和（或）方向。统计学所说的"交互作用"中，自变量 A、B 之间不存在因果关系，只是体现了 A、B 的乘积项能解释因变量变异的程度（比如，在线性回归中经常如此处理）。在讨论变量关系时，"interaction"还可指"相互作用"，如果我们说 A、B 之间存在相互作用，应该指二者互为因果，A 可以影响 B，B 也可以影响 A。比如，有攻击性的人选择观看暴力电视，而看暴力电视加强了攻击性。这就是一种"相互作用"，即两个变量互为因果（但如果仅发现 A、B 两个变量有相关，并不能说是"相互作用"，因为尚不知道作用的方向）。若是涉及时间维度的相互作用，则两个变量构成一个动态系统，如攻击性和观看暴力电视的相互加强过程。此外，在心理学中"interaction"还可以指人际"互动"、社会"交往"等含义，在物理学等其他学科"interaction"另有更多的其他含义。或许因为这方面英文词汇的贫乏，一个"interaction"表达了如此多的含义，但我们应该准确地使用中文指代不同的含义。然而，经常有人把貌似相同而实则不同的概念混用。比如，以统计上的"交互作用"推论两个变量的"相互作用"，却忘掉了无论是方差分析还是回归分析中，都要假定自变量之间彼此独立，不存在相互作用，更错误地将自变量之间的条件关系（对应于统计上的"调节模型"）等同于自变量之间的因果关系。若自变量之间还存在因果关系，就要考察"因果链"问题，这时可以借用统计上的中介模型来考察。但要指出的是，统计上成立的中介模型可能但不必然意味着"因果性"。如果我们不能清晰区分各种貌似而实异的统计术语，不能理解统计模型和理论模型的关系，其结果便是我们写出的文章，在很多术语使用上"言不由衷"，因为我们根本没有深入考虑这些术语究竟是什么意思，是否能代表我们要表达的含义。所以，李其维（2008）建议仔细区分这些概念，并明确指出行为遗传学中，往往以统计上的"交互作用"错误地推论遗传与环境"相互作用"这类理论命题。

最后，在从统计结果推论到理论的过程中还容易出现诸多这样那样的问题，这里再简单列举一些。比如，有的研究者在分类变量基础上做统计，却按照连续变量表述结论。例如，以焦虑分数分布的前后 27%，确定高焦虑组和低焦虑组，然后统计考察两组在某种认知作业上表现有无差异，就下结论说"焦虑得分越高，认知表现就如何"，这种结论实则不妥。又如，发现两个年龄组某种得分差异显著，就推论说发展出现"质变"或者出现"阶段"，而实则不明白究竟什么是"阶段"，以及能否由"量上的差异"（哪怕差异极其显著）推论出"质变"。只有真正理解这些理论概念，理解所得统计结果的本质，才不致草率地做推论。

四、结束语

综上所述，我认为，对于心理学而言，统计学无疑是研究所需的一种重要工具，应该加强心理统计学的学习与教育，规范统计实践。但真正的难点和突破口似乎不在于统计学，而是如何找到有价值的变量和数据，这是测量学问题。有了数据，统计并不难，难的是如何在统计模型和心理学理论模型之间建立有效的联系，让数据统计服务于心理学理论建设的需要。

目前，心理学中对统计方法特别是所谓"高级"统计方法的热衷，部分上掩蔽了心理学的核心目的，助长了"数字游戏"的倾向。方法本来无所谓高下，能解决问题就行。现在我们借助统计软件可以很容易地分析变量关系，但是统计本身不能解决变量是什么的问题，也不能解决如何有效测量心理的问题。心理统计学几乎和任何一门应用统计学都没有多少根本差异，统计工作可以交给统计专家做，但心理测量问题却只能由心理学家来完成。所以我们的基本责任是弄清心理是什么以及如何测量和量化，而统计只是其后或"其次"的工作。如果能在心理变量的测量水平上和测量的有效性上有所改进的话，将大大推动心理学的发展。

我始终认为，心理学研究的目标不仅是发现某个变量和其他变量的关系，更根本的是告诉人们心理究竟是什么，如何刻画它，如何测量它，如何说明它的内在结构。但关于"是什么"的问题，缺乏现成的思维模型，而统计方法对此基本帮不上忙。然而，在这个统计方法统治心理学的时代，很多人能够思考变量关系，但未必擅长思考变量究竟是什么。看起来当前研究的思维方式在走向复杂化（如处理多变量关系），但实际上思维在简化，在惰化。

研究者思维的惰化，很大程度上与统计软件的应用有关。各种现成的统计软件的存在虽然推动了统计方法的应用和普及，但它们在带来方便的同时，也很容易培养人们的依赖性和思考的惰性。比如，我们花几个月、甚至几年时间设计研究并做研究，得到数据后，只用几分钟、几小时就做完了统计。在研究者的头脑中很少再思考统计方法教科书上的那些基本要求，如变量的类型、分布形态、变量关系的线性程度，好像我们只要有数据，只要点几下鼠标，一切就交给计算机处理好了。由此，统计分析这类复杂的认知活动，就退化成了点击鼠标的身体动作，一切都轻松搞定，然而，便捷的同时增加了犯错误的风险。

如今做统计，被有人讥讽为一种"统计仪式"。以零假设的显著性检验为例，其存在的问题已经被讨论了几十年，然而人们在撰写研究报告时依然未能充分考虑那些补救措施，因为已经形成的统计仪式、统计规范依然有强大的惯性，左右着人们的观念和行为。虽然有了统计软件的帮助，但真正用好统计方法实属不易，我们应该加强对统计方法和结果的理论思考，纠正一些流传已久的错误观念和做法。统计软件的应用带来了方便，但我们不能因此丧失了对数据的深入思考，研究者有责任正确使用统计方法并合理报告统计结果及其意义。统计不是心理学，只是心理学的工具。就像有人（Cohen，1990）提醒我们的那样，别忘了历史上那些真正出色的心理学家都是不做统计推论的，如冯特、苛勒、皮亚杰、勒温、巴特莱特、弗洛伊德……所以我们应该反思：如果不做统计，我们还会研究心理学吗？如果做统计，怎样才能做得更好？

参考文献

第一章　第一节

林崇德，辛自强（2010）. 发展心理学的现实转向. 心理发展与教育，26(1)，1-8.

卢文格（1998）. 自我的发展. 韦子木译. 杭州：浙江教育出版社.

彭凯平（2014）. "幸福中国"大数据研究. 心理技术与应用，(8)，3-4.

万维钢（2014）. 万万没想到：用理工科思维理解世界. 北京：电子工业出版社.

辛自强（2010）. 有关心理统计的三个疑问. 华南师范大学学报（社会科学版），(1)，39-46.

辛自强（2012）. 心理学研究方法. 北京：北京师范大学出版社.

辛自强（2013）. 实证社会科学中的因果关系与理论解释：我们需要理解的十对概念. 清华大学教育研究，(3)，7-15.

辛自强（2015）. 理解并改变：师生共进的治学之道. 中央财经大学校报，11月23日第3版.

辛自强（2016）. 同心协力谱写杂志发展新篇章. 心理技术与应用，4(4)，193-194.

辛自强，辛素飞（2014）. 被信任者社会身份复杂性对其可信性的影响. 心理学报，46(3)，415-426.

杨之旭，辛自强（2016）. 应用心理学中的个体指向方法：理论、技术与挑战. 心理技术与应用，4(12)，744-762.

张玥，辛自强（2016）. 社会心理学中的启动研究：范式与挑战. 心理科学进展，24(5)，844-854.

Barker，J.，McCarthy，P.，Jones，M.，& Moran，A.（2011）. *Single-case research methods in sport and exercise psychology*. London：Routledge.

Baumeister，R. F.，Vohs，K. D.，& Funder，D. C.（2007）. Psychology as the science of self-reports and finger Movements：Whatever happened to actual behavior? *Perspectives on Psychological Science*，*2*(4)，396-403.

Glaser，B. G.，& Strauss，A. L.（1967）. *The discovery of grounded theory：Strategies for qualitative research*. New York：Aldine.

Gneezy，A.，Gneezy，U.，Nelson，L. D.，& Brown，A.（2010）. Shared social responsibility：A field experiment in pay-what-you-want pricing and charitable giving. *Science*，*329*(5989)，325-327.

Kotrlik，J. W.，Williams，H. A.，& Jabor，M. K.（2011）. Reporting and interpreting effect size in quantitative agricultural education research. *Journal of Agricultural Education*，*52*(1)，132-142.

Yarnold P. R.（1992）. Statistical analysis for single-case designs. In F. B. Bryant，J. Edwards，R. S. Tindale，E. J. Posavac，L. Heath，& E. Henderson，et al.（Eds.），*Methodological issues in applied social psychology*(pp. 177-196). New York：Plenum Press.

第一章 第二节

巴比（2002）. 社会研究方法基础. 邱泽奇译. 北京：华夏出版社.

本斯利（2005）. 心理学批判性思维. 北京：中国轻工业出版社.

哈瑞（1998）. 科学哲学导论. 邱任宗译. 沈阳：辽宁教育出版社.

荆其诚（1990）. 现代心理学发展趋势. 北京：人民出版社.

李其维（1999）. 破解"智慧胚胎学"之谜：皮亚杰的发生认识论. 武汉：湖北教育出版社.

皮亚杰（1999）. 人文科学认识论. 郑文彬译. 北京：中央编译出版社.

瓦西纳（2007）. 文化和人类发展. 孙晓玲，罗萌等译. 上海：华东师范大学出版社.

王重鸣（1990）. 心理学研究方法. 北京：人民教育出版社.

王坚红（1991）. 学前儿童发展与教育科学研究方法. 北京：人民教育出版社.

王天夫（2006）．社会研究中的因果分析．社会学研究，（4），132-156．

辛自强（2010）．有关心理统计的三个疑问．华南师范大学学报（社科版），（1），39-46．

辛自强（2012）．心理学研究方法．北京：北京师范大学出版社

袁方，王汉生（1997）．社会研究方法教程．北京：北京大学出版社．

Cairns，R. B．，& Cairns，B. D.（2006）．The making of developmental psychology．In R. M. Lerner（Ed．），*Theoretical models of human development*（Volume 1 of *Handbook of Child Psychology*，6th ed.）．Hoboken，NJ：John Wiley & Sons．

第一章　第三节

艾布拉姆斯（1989）．镜与灯．郦稚牛，张照进，童庆生译．北京：北京大学出版社．

比历克（2000）．社会心理学的措辞．见 麦克洛斯基等（编），社会科学的措辞（pp. 33-55）．许宝强，刘建芝等编译．北京：生活·读书·新知三联书店．

郭贵春（2004）．科学隐喻的方法论意义．中国社会科学，（2），92-101．

加德纳（1999）．多元智能．沈致隆译．北京：新华出版社．

李建会（2004）．从计算的观点看．哲学研究，（3），66-71．

刘振前，时小英（2002）．隐喻的文化认知本质与外语教学．外语与外语教学，（2），17-20．

麦克洛斯基（2000）．经济学专业的措辞．见麦克洛斯基等（编），社会科学的措辞（pp. 133-152）．许宝强，刘建芝等编译．北京：生活·读书·新知三联书店．

尼尔逊，梅基尔，麦克洛斯基（2000）．学问寻绎的措辞学．见 麦克洛斯基等（编），社会科学的措辞（pp. 7-32）．许宝强，刘建芝等编译．北京：生活·读书·新知三联书店．

佩塞施基安（1998）．积极心理治疗：一种新方法的理论和实践．白锡堃译．北京：社会科学文献出版社．

施铁如（2009）．隐喻和故事的思维方法论意义．广东教育学院学报，29（2），39-44．

斯腾伯格（1999）．成功智力．吴国宏，钱文译．上海：华东师范大学出版社．

梯利（2000）．西方哲学史（增补修订版）．葛力译．北京：商务印书馆．

吴夏娜（2016）．心理学术语中隐喻性典故的文化空缺及翻译补偿策略——从 Oedipus Complex 说起．辽宁医学院学报（社会科学版），*14*(2)，125-128．

张祥云（2002）．人文教育：复兴"隐喻"价值和功能．高等教育研究，*23*(1)，31-36．

Billig，M.（1990）．Rhetoric of social psychology．In I. Parker，& J. Shotter （Eds.），*Deconstructing social psychology*（pp. 47-60）．London：Routlege．

Goodrow，K. K.，Lim，M. G.，Murphy，S. D.，& Eddy，J. P.（1997）．A new metaphor：Individuals as the sculptors．*Journal of Instructional Psychology*，*24*(3)，191-195．

Lakoff，G.，& Johnson，M.（1980）．*Metaphors we live by*．Chicago：University of Chicago Press．

Polkinghorne，D. E.（1988）．*Narrative knowing and the human sciences*．Albany，NY：State University of New York Press．

Rossiter，M.（1999）．A narrative approach to development：Implications for a-dult education．*Adult Education Quarterly*，*50*(1)，56-71．

Sternberg，R. J.（2002）．The search for criteria：Why study the evolution of in-telligence．In R. J. Sternberg，& J. C. Kaufman（Eds.），*The evolution of in-telligence*（pp. 1-5）．Mahwah，NJ：Lawrence Erlbaum Associates．

第二章　第一节

巴斯（2007）．进化心理学．熊哲宏译．上海：华东师范大学出版社．

巴特利特（1998）．记忆：一个实验的与社会的心理学研究．黎炜译．杭州：浙江教育出版社．

刘国芳（2014）．经济人信念对信任的影响及其传递．博士学位论文，北京师范大学．

刘国芳，辛自强，林崇德（2017）．人际信任中的坏苹果效应及其传递．心理与行为研究，*15*(5)，691-696．

辛素飞（2015）．潜规则认同及其对信任的影响．博士学位论文，北京师范大学．

Baum, W. M. , Richerson, P. J. , Efferson, C. M. , & Paciotti, B. M. (2004). Cultural evolution in laboratory microsocieties including traditions of rule giving and rule following. *Evolution and Human Behavior*, *25*(5), 305–326.

Bettinger, R. L. , & Eerkens, J. (1999). Point typologies, cultural transmission, and the spread of bow-and-arrow technology in the prehistoric Great Basin. *American Antiquity*, 64(2), 231–242.

Byrne, R. W. , & Whiten, A. (1988). *Machiavellian intelligence: Social expertise and the evolution of intellect in monkeys, apes and humans*. Oxford: Clarendon Press.

Caldwell, C. A. , & Millen, A. E. (2009). Social learning mechanisms and cumulative cultural evolution. *Psychological Science*, *20*(12), 1478–1486.

Caldwell, C. A. , & Millen, A. E. (2010). Conservatism in laboratory microsocieties: Unpredictable payoffs accentuate group-specific traditions. *Evolution and Human Behavior*, *31*(2), 123–130.

Dunbar, R. (1998). *Grooming, gossip, and the evolution of language*. Boston: Harvard University Press.

Gerard, R. W. , Kluckhohn, C. , & Rapoport, A. (1956). Biological and cultural evolution some analogies and explorations. *Behavioral Science*, *1*(1), 6–34.

Gino, F. , Ayal, S. , & Ariely, D. (2009). Contagion and differentiation in unethical behavior. *Psychological Science*, *20*(3), 393–398.

Henrich, J. , & Henrich, N. (2006). Culture, evolution and the puzzle of human cooperation. *Cognitive Systems Research*, *7*(2/3), 220–245.

Jacobs, R. C. , & Campbell, D. T. (1961). The perpetuation of an arbitrary tradition through several generations of a laboratory microculture. *The Journal of Abnormal and Social Psychology*, *62*(3), 649–658.

Kirby, S. , Cornish, H. , & Smith, K. (2008). Cumulative cultural evolution in the laboratory: An experimental approach to the origins of structure in human language. *Proceedings of the National Academy of Sciences*, *105*(31), 10681–10686.

McElreath, R. , Lubell, M. , Richerson, P. J. , Waring, T. M. , Baum, W. ,

& Edsten, E., et al. (2005). Applying evolutionary models to the laboratory study of social learning. *Evolution and Human Behavior*, 26(6), 483–508.

Mesoudi, A. (2005) *The transmission and evolution of human culture*. Unpublished doctoral dissertation, University of St Andrews.

Mesoudi, A. (2007). Using the methods of experimental social psychology to study cultural evolution. *Journal of Social, Evolutionary, and Cultural Psychology*, 1(2), 35–58.

Mesoudi, A., & O Brien, M. J. (2008). The cultural transmission of Great Basin projectile point technology I: An experimental simulation. *American Antiquity*, 73(1), 3–28

Mesoudi, A., Whiten, A., & Dunbar, R. (2006). A bias for social information in human cultural transmission. *British Journal of Psychology*, 97(3), 405–423.

Tan, R., & Fay, N. (2011). Culture transmission in the laboratory: Agent interaction improves the intergenerational transfer of information. *Evolution and Human Behavior*, 32(6), 399–406.

第二章　第二节

布迪厄, 华康德 (1998). 实践与反思: 反思社会学引导. 李猛, 李康译. 北京: 中央编译出版社.

侯佳伟, 黄四林, 辛自强, 孙铃, 张红川, 窦东徽 (2014). 中国人口生育意愿变迁: 1980-2011. 中国社会科学, (4), 78-97.

侯佳伟, 辛自强, 黄四林, 张梅, 窦东徽 (2015). 横断历史元分析的原理, 方法及人口学应用. 人口研究, 39(1), 104-112.

米尔斯 (2001). 社会学的想象力. 陈强, 张永强译. 北京: 生活·读书·新知三联书店.

桑普森, 劳布 (2006). 犯罪之形成: 人生道路及其转折点. 汪明亮, 顾婷, 牛广济等译. 北京: 北京大学出版社.

辛自强 (2012). 心理学研究方法. 北京: 北京师范大学出版社.

辛自强, 池丽萍 (2008). 社会变迁中的青少年. 北京: 北京师范大学出版社.

辛自强, 张梅 (2009). 1992年以来中学生心理健康的变迁: 一项横断历史研究. 心理学报，*41*(1)，69-78.

辛自强，张梅，何琳（2012）. 大学生心理健康变迁的横断历史研究. 心理学报，*44*(5)，664-679.

辛自强，周正（2012）. 大学生人际信任变迁的横断历史研究. 心理科学进展，*20*(3)，344-353.

Bond，R.，& Smith，P. B. (1996). Culture and conformity：A meta-analysis of studies using Asch's (1952, 1956) line judgment task. *Psychological Bulletin*，*119*(1)，111-137.

Glass，G. V. (1976). Primary, secondary and meta-analysis of research. *Educational Researcher*，*10*(5)，3-8.

Glass，G. V.，McGaw，B.，& Smith，M. L. (1981). *Meta-analysis in social research*. Beverly Hills, CA：Sage.

Liu，D.，& Xin，Z. Q. (2015). Birth cohort and age changes in the self-esteem of Chinese adolescents：A cross-temporal meta-analysis, 1996-2009. *Journal of Research on Adolescence*，*25*(2)，366-376.

Twenge，J. M. (2000). The age of anxiety? Birth cohort change in anxiety and neuroticism, 1952-1993. *Journal of Personality and Social Psychology*，*79*(6)，1007-1021.

Twenge，J. M. (2001). Changes in women's assertiveness in response to status and roles：A cross-temporal meta-analysis, 1931-1993. *Journal of Personality and Social Psychology*，*2001*，*81*(1)，133-145.

Twenge，J. M. (2011). The duality of individualism：Attitudes toward women, generation me, and the method of cross-temporal meta-analysis. *Psychology of Women Quarterly*，*35*(1)，193-196.

Twenge，J. M.，& Im，C. (2007). Changes in the need for social approval, 1958-2001. *Journal of Research in Personality*，*41*(1)，171-189.

Uttl，B.，& Alstine，C. L. V. (2003). Rising verbal intelligence scores：Implications for research and clinical practice. *Psychology and Aging*，*18*(3)，616-621.

Wells，B. E.，& Twenge，J. M. (2005). Changes in young people's sexual behavior and attitudes, 1943-1999：A cross-temporal meta-analysis. *Review of*

General Psychology，9(3)，249-261.

Xin，Z. Q. ，Niu，J. H. ，& Chi，L. P. (2012). Birth cohort changes in Chinese adolescents' mental health. *International Journal of Psychology*，47(4)，287-295.

Xin，Z. Q. ，Zhang，L. ，& Liu，D. (2010). Birth cohort changes of Chinese adolescents' anxiety：A cross-temporal meta-analysis，1992-2005. *Personality and Individual Differences*，48(2)，208-212.

Xin，S. F. ，& Xin，Z. Q. (2016). Birth cohort changes in Chinese college students' loneliness and social support：One up，as another down. *International Journal of Behavioral Development*，40(5)，398-407.

第二章　第三节

Bambulyaka，M. ，Plotka，I. ，Blumenau，N. ，Igonin，D. ，Ozola，E. ，& Shimane，L. (2012). The measurement of Latvian and Russian ethnic attitudes，using evaluative priming task and self-report methods. *World Academy of Science，Engineering and Technology*，6(11)，2983-2994.

Bargh，J. A. ，& Chartrand，T. L. (2000). The mind in the middle. In H. T. Reis，& C. M. Judd (Eds.)，*Handbook of research methods in social and personality psychology* (pp. 253-285). Cambridge：Cambridge University Press.

Bargh，J. A. ，Chen，M. ，& Burrows，L. (1996). Automaticity of social behavior：Direct effects of trait construct and stereotype activation on action. *Journal of Personality and Social Psychology*，71(2)，230-244.

Bargh，J. A. ，Gollwitzer，P. M. ，Lee-Chai，A. ，Barndollar，K. ，& Trötschel，R. (2001). The automated will：Nonconscious activation and pursuit of behavioral goals. *Journal of Personality and Social Psychology*，81(6)，1014-1027.

Bargh，J. A. ，Raymond，P. ，Pryor，J. B. ，& Strack，F. (1995). Attractiveness of the underling：An automatic power-sex association and its consequences for sexual harassment and aggression. *Journal of Personality and Social Psychology*，68(5)，768-781.

Bones, A. K. , & Gosling, S. D (2009). *Do social psychologists cause priming research or does priming research cause social psychologist?* Retrieved on April 1, 2009, from http://www. psychologytoday. com/blog/psyched/200904/do-social-psychologists-cause-priming-research?

Chen, S. , Shechter, D. , & Chaiken, S. (1996). Getting at the truth or getting along: Accuracy-versus impression-motivated heuristic and systematic processing. *Journal of Personality and Social Psychology*, 71(2), 262–275.

Davis, D. F. , & Herr, P. M. (2014). From bye to buy: Homophones as a phonological route to priming. *Journal of Consumer Research*, 40(6), 1063–1077.

Descheemaeker, M. , Spruyt, A. , & Hermans, D. (2014). On the relationship between the indirectly measured attitude towards beer and beer consumption: the role of attitude accessibility. *PloS One*, 9(4), e95302.

Dijksterhuis, A. , Preston, J. , Wegner, D. M. , & Aarts, H. (2008). Effects of subliminal priming of self and God on self-attribution of authorship for events. *Journal of Experimental Social Psychology*, 44(1), 2–9.

Doyen, S. , Klein, O. , Pichon, C. L. , & Cleeremans, A. (2012). Behavioral priming: it's all in the mind, but whose mind? *PloS One*, 7(1), e29081.

Freitas, A. L. , Gollwitzer, P. , & Trope, Y. (2004). The influence of abstract and concrete mindsets on anticipating and guiding others' self-regulatory efforts. *Journal of Experimental Social Psychology*, 40(6), 739–752.

Fujita, K. , & Carnevale, J. J. (2012). Transcending temptation through abstraction the role of construal level in self-control. *Current Directions in Psychological Science*, 21(4), 248–252.

Gino, F. , & Mogilner, C. (2014). Time, money, and morality. *Psychological Science*, 25(2), 414–421.

Gollwitzer, P. M. , Heckhausen, H. , & Steller, B. (1990). Deliberative and implemental mind-sets: Cognitive tuning toward congruous thoughts and information. *Journal of Personality and Social Psychology*, 59(6), 1119–1127.

Herr, P. M. , Sherman, S. J. , & Fazio, R. H. (1983). On the consequences of priming: Assimilation and contrast effects. *Journal of Experimental Social*

Psychology, 19 (4), 323–340.

Higgins, E. T., Rholes, W. S., & Jones, C. R. (1977). Category accessibility and impression formation. *Journal of Experimental Social Psychology*, 13 (2), 141–154.

Kahneman, D. (2012). A proposal to deal with questions about priming effects. *Nature*, Retrieved September 26, 2012, from http://www. nature. com/ polopoly_fs/7.6716.1349271308! /suppinfoFile/Kah neman%20Letter.pdf.

Karremans, J. C., Stroebe, W., & Claus, J. (2006). Beyond Vicary's fantasies: The impact of subliminal priming and brand choice. *Journal of Experimental Social Psychology*, 42 (6), 792–798.

Kimel, S. Y., Grossmann, I., & Kitayama, S. (2012). When gift-giving produces dissonance: Effects of subliminal affiliation priming on choices for one's self versus close others. *Journal of Experimental Social Psychology*, 48 (5), 1221–1224.

Meyer, D. E., & Schvaneveldt, R. W. (1971). Facilitation in recognizing pairs of words: Evidence of a dependence between retrieval operations. *Journal of Experimental Psychology*, 90 (2), 227–234.

Neely, J. H. (1977). Semantic priming and retrieval from lexical memory: Roles of inhibitionless spreading activation and limited-capacity attention. *Journal of Experimental Social Psychology*, 106 (3), 226–254.

Schwarz, N., & Clore, G. L. (1983). Mood, misattribution, and judgments of well-being: Informative and directive functions of affective states. *Journal of Personality and Social Psychology*, 45 (3), 513–523.

Shah, J. Y., & Kruglanski, A. W. (2002). Priming against your will: How accessible alternatives affect goal pursuit. *Journal of Experimental Social Psychology*, 38 (4), 368–383.

Shalev, I. (2014). Implicit energy loss: Embodied dryness cues influence vitality and depletion. *Journal of Consumer Psychology*, 24 (2), 260–270.

Storms, L. H. (1958). Apparent backward association: A situational effect. *Journal of Experimental Psychology*, 55 (4), 390–395.

第二章　第四节

古学斌（2013）. 行动研究与社会工作的介入. 中国社会工作研究，（10），1-30.

李小云，齐顾波，徐秀丽（2008）. 行动研究：一种新的研究范式. 中国农村观察，79（1），2-10.

曲映蓓（2017）. 基于影像发声法的社区参与项目设计及效果评估. 硕士学位论文，中央财经大学.

谢卫（2015）. 基于影像发声法的图书馆用户需求调查研究. 图书馆论坛，（1），63-67.

辛自强（2017）. 改变现实的心理学：必要的方法论变革. 心理技术与应用，5（4），245-256.

朱眉华，吴世友，Chapman，M. V.（2012）. 社会工作介入与研究的新方法：影像发声法—以 T 村外来务工家庭的母亲形象项目为例. 社会学与社会工作，27（4），1-8.

朱眉华，吴世友，Chapman，M. V.（2013）. 流动家庭母亲的心声与社会工作的回应—基于 T 村母亲形象影像发声项目的分析. 中国青年政治学院学报，（5），86-91.

Burke，D.，& Evans，J.（2011）. Embracing the creative：The role of photo novella in qualitative nursing research. *International Journal of Qualitative Methods*，*10*（2），164-177.

Chonody，J.，Ferman，B.，Amitrani-Welsh，J.，& Martin，T.（2013）. Violence through the eyes of youth：A photovoice exploration. *Journal of Community Psychology*，*41*（1），84-101.

Freire，P.（1973）. *Education for critical consciousness*. New York：Continuum

Julien，H.，Given，L. M.，& Opryshko.（2013）. Photovoice：A promising method for studies of individual's information practices. *Library and Information Science Research*，*35*（4），257-263.

Lewin，K.（1947）. Action research and minority problems. *Journal of Social Issues*，*2*（4），34-46.

Rowbotham，S.（1973）. *Woman's consciousness，man's world*. London：Penguin

Books.

Streng, J. M., Rhodes, S. D., Ayala, G. X., Eng, E., Aroceo, R., & Phipps, S. (2004). Realidad Latina: Latino adolescents, their school, and a university use photovoice to examine and address the influence of immigration. *Journal of Interprofessional Care*, *18*(4), 403-415.

Wang, C. C., & Burris, M. A. (1994). Empowerment through photo novella: Portraits of participation. *Health Education and Behavior*, *21*(2), 171-186.

Wang, C. C., Burris, M. A., & Xiang, Y. P. (1996). Chinese village women as visual anthropologists: A participatory approach to reaching policymakers. *Social Science and Medicine*, *42*(10), 1391-1400.

Wang, C. C., Yuan, Y. L., & Feng, M. L. (1996). Photovoice as a tool for participatory evaluation: The community's view of process and impact. *Journal of Contemporary Health*, *1*(1), 47-49.

Wang, C. C., & Burris, M. A. (1997). Photovoice: Concept, methodology, and use for participatory needs assessment. *Health Education and Behavior*, *24*(3), 369-387.

Wang, C. C. (1999). Photovoice: A participatory action research strategy applied to women's health. *Journal of Women's Health*, *8*(2), 185-192.

Wang, C. C., & Redwood-Jones, Y. A. (2001). Photovoice ethics: Perspectives from flint photovoice. *Health Education and Behavior*, *28*(5), 560-572.

Wang, C. C., & Pies, C. A. (2004). Family, maternal, and child health through photovoice. *Maternal and Child Health Journal*, *8*(2), 95-102.

第三章 第一节

皮亚杰 (1995). 发生认识论原理. 王宪钿等译. 北京: 商务印书馆.

维果茨基 (1997). 思维与语言. 李维译. 杭州: 浙江教育出版社.

辛自强 (2006). 知识建构研究: 从主义到实证. 北京: 教育科学出版社.

辛自强, 林崇德 (2002). 微观发生法: 聚焦认知变化. 心理科学进展, *10*(2), 206-212.

辛自强, 俞国良 (2003). 问题解决中策略的变化: 一项微观发生研究. 心理学报，*35*(6)，786-795.

辛自强，张丽 (2006). 表征变化及其影响因素的微观发生研究. 心理学报，*38*(4)，532-542.

辛自强，张丽，林崇德，池丽萍 (2006). 练习背景下表征水平的变化. 心理学报，*38*(2)，189-196.

张春兴 (1989). 张氏心理学辞典. 台北：东华书局.

张晓，辛自强 (2015). 儿童表征深度的微观变化：路线、速度及来源. 心理发展与教育，*31*(2)，137-148.

张梅，辛自强，林崇德 (2013). 两人问题解决中惯例的测量及其微观发生过程. 心理学报，*45*(10)，1119-1130.

朱智贤 (1989). 心理学大词典. 北京：北京师范大学出版社.

Alibali, M. W. (1999). How children change their minds: Strategy change can be gradual or abrupt. *Developmental Psychology*, *35*(1), 127-145.

Feldon, D. F., & Gilmore, J. (2006). Patterns in children's online behavior and scientific problem-solving: A large-N microgenetic study. In G. Clarebout & J. Elen (Eds.), *Avoiding simplicity, confronting complexity: Advances in studying and designing (computer-based) powerful learning environments* (pp. 117-125). Rotterdam, Netherlands: Sense Publishers.

Flavell, J. H. (1972). An analysis of cognitive-developmental sequences. *Genetic Psychology Monographs*, *86*(2), 279-350.

Flynn, E., & Siegler, R. (2007). Measuring change: Current trends and future directions in microgenetic research. *Infant and Child Development*, *16*(1), 135-149.

Siegler, R. S. (1995). How does change occur: A microgenetic study of number conservation. *Cognitive Psychology*, *28*(3), 225-273.

Siegler, R. S., & Chen, Z. (1998). Developmental differences in rule learning: A microgenetic analysis. *Cognitive Psychology*, *36*(3), 273-310.

Siegler, R. S., & Crowley, K. (1991). The microgenetic method: A direct means for studying cognitive development. *American Psychologist*, *46*(6), 606-620.

Siegler, R. S. , & Stern, E. (1998). Conscious and unconscious strategy discoveries: A microgenetic analysis. *Journal of Experimental Psychology General*, *127* (4), 377–397.

Siegler, R. S. , & Svetina, M. (2002). A microgenetic/cross-sectional study of matrix completion: Comparing short-term and long-term change. *Child development*, *73*(3), 793–809.

Siegler, R. S. , & Svetina, M. (2006). What leads children to adopt new strategies? A microgenetic/cross-sectional study of class inclusion. *Child Development*, *77*(4), 997–1015.

第三章　第二节

张丽, 辛自强 (2009). 类推理的发展序列与年龄特点. 心理学探新, *29*(5), 27–31.

张丽, 辛自强, 林崇德 (2010). 儿童类推理发展的非连续性. 心理科学, *33* (6), 1352–1356.

Bond, T. G. (1995). Piaget and measurement II: Empirical validation of the Piagetian model. *Archives de Psychologie*, *63*(246), 155–195.

Bond, T. G. , & Fox, C. M. (2001). *Applying the Rasch model: Fundamental measurement in human sciences*. Mahwah, NJ: Erlbaum.

Corrigan, R. (1976). *Patterns of individual communication and cognitive development*. Unpublished doctoral dissertation, University of Denver.

Emde, R. N. , & Harmon, R. J. (1984). Entering a new era in the search for developmental continuities. In R. N. Emde, & R. Harmon (Eds.), *Continuities and discontinuities in development* (pp. 1–11). New York: Plenum.

Fischer, K. W. , & Kenny, S. L. (1986). The environmental conditions for discontinuities in the development of abstractions. In R. Mines, & K. Kitchener (Eds.), *Adult cognitive development: Methods and models* (pp. 57–75). New York: Praeger.

Fischer, K. W. , Pipp, S. L. , & Bullock, D. (1984). Detecting discontinuities in development: Method and measurement In R. N. Emde, & R. Harmon

(Eds.), *Continuities and discontinuities in development*. New York: Plenum.

Fischer, K. W., & Rose, S. P. (1999). Rulers, models and non-linear dynamics: Measurement and method in developmental research. In G. Savelsbergh, H. van der Maas, & P. van Geert (Eds.), *Nonlinear developmental processes* (pp. 197 – 212). Amsterdam: Royal Netherlands Academy of Arts and Sciences.

Fischer, K. W., Yan, Z., & Stewart, J. (2003). Adult cognitive development: Dynamics in the developmental web. In J. Valsiner, & K. Connolly (Eds.), *Handbook of developmental psychology* (pp. 491–516). Thousand Oaks, CA: Sage.

Flavell, J. H. (1971). Stage-related properties of cognitive development. *Cognitive Psychology*, 2(4), 421–453.

Gilmore, R. (1981). *Catastrophe theory for scientists and engineers*. New York: Wiley.

Guttman, L. (1950). The basis of scalogram analysis. In S. A. Stouffer, L. Guttman, & E. A. Suchman, et al (Eds.). *Measurement and prediction* (pp. 60–90). Princeton NJ: Princeton University Press.

Müller, U., Sokol, B., & Overton, W. (1999). Developmental sequences in class reasoning and propositional reasoning. *Journal of Experimental Child Psychology*, 74(2), 69–106.

Noelting, G., Rousseau, J. P., Bond, T., & Brunel, M. L. (2000). Can qualitative stage characteristics be revealed quantitatively? *Archives de Psychologie*, 68(3), 259–275.

Rasch, G. (1960). *Probabilistic models for some intelligence and attainment tests*. Chicago: University of Chicago Press.

Ruhland, H. G. (1998). *Going the distance: A non-linear approach to change in language development*. Unpublished doctoral dissertation, University of Groningen, The Netherlands.

Sternberg, R. J., Okagaki, L. (1989). Continuity and discontinuity in intellectual development are not a matter of 'either-or'. *Human development*, 32(3–

4），158-166.

Thatcher，R. W. (1991). Maturation of the human frontal lobes: Physiological evidence for staging. *Developmental Neuropsychology*，7(3)，397-419.

Thom，R. (1975). *Structural stability and morphogenesis: An outline of a general theory of models*. Reading，Mass: Benjamin.

Van der Maas，H. L. J.，& Molenaar，P. C. M. (1992). Stagewise cognitive development: An application of catastrophe theory. *Psychological Review*，99(3)，395-417.

Van Geert，P.，Savelsbergh，G.，& van der Maas，H. (1999). Transitions and non-linear dynamics in developmental psychology. In G. Savelsbergh，H. van der Maas，P. van Geert (Eds.)，*Non-linear developmental processes* (Vol 175，XI-XX). Amsterdam: Royal Netherlands Academy of Arts and Sciences.

Van Dijk，M.，& Van Geert，P. (2007). Wobbles，humps and sudden jumps: A case study of continuity，discontinuity and variability in early language development. *Infant and Child Development*，16(1)，7-33.

Wilson，M. (1989). Saltus: A psychometric model of discontinuity in cognitive development. *Psychological Bulletin*，105(2)，276-289.

第三章　第三节

珀文 (2001). 人格科学. 周榕等译. 上海: 华东师范大学出版社.

陈立 (1997). 平话心理科学向何处去. 心理科学，*20*(5)，385-389.

皮亚杰 (2002). 人文科学认识论. 郑文彬译. 北京: 中央编译出版社.

瓦西纳 (2007). 文化和人类发展. 孙晓玲，罗萌等译. 上海: 华东师范大学出版社.

辛自强，池丽萍 (2008). 社会变迁中的青少年. 北京: 北京师范大学出版社.

辛自强，池丽萍 (2008). 横断历史研究: 以元分析考察社会变迁中的心理发展. 华东师范大学学报 (教育科学版)，*26*(2)，44-51.

俞国良，辛自强 (2004). 社会性发展心理学. 合肥: 安徽教育出版社.

张春兴 (2002). 心理学思想的流变——心理学名人传. 上海: 上海教育出版社.

朱智贤，林崇德（2002）. *儿童心理学史*. 北京：北京师范大学出版社.

Cairns，R. B. ，& Cairns，B. (2006). The making of developmental psychology. In R. M. Lerner (Ed.)，*Theoretical models of human development* (Volume 1 of *Handbook of Child Psychology*，6th ed.，Editors-in-chief: W. Damon，& R. M. Lerner). Hoboken，NJ: Wiley.

Lerner，R. M. (1995). Developing individuals within changing contexts: Implications of developmental contextualism for human development research，policy and programs. In T. A. Kindermann，& J. Valsiner (Eds.)，*Development of person-context relations* (Chapter 1，pp. 13–37). Hillsdale，NJ: Lawrence Erlbaum Associates.

Thorngate，W. (1995). Accounting for person-context relations and their development. In T. A. Kindermann，& J. Valsiner (Eds.)，*Development of person-context relations* (Chapter 2，pp. 39–54). Hillsdale，NJ: Lawrence Erlbaum Associates.

Valsiner，J. (1995). Processes of development，and search for their logic: An introduction to Herbst's co-genetic logic. In T. A. Kindermann，& J. Valsiner (Eds.)，*Development of person-context relations* (Chapter 3，pp. 55–65). Hillsdale，NJ: Lawrence Erlbaum Associates.

van Haaften，W. (1997). The concept of development. In W. van Haaften，M. Korthals，& T. Wren (Eds.)，*Philosophy of development*：*Reconstructing the foundations of human development and education* (Chapter 2，pp. 13–30). Dordrecht，The Netherlands: Kluwer Academic Publishers.

第四章　第一节

辛自强，辛素飞（2014）. 被信任者社会身份复杂性对其可信性的影响. *心理学报*，46(3)，415–426.

Al Ramiah，A. ，Hewstone，M. ，& Schmid，K. (2011). Social identity and intergroup conflict. *Psychology Study*，56(1)，44–52.

Brewer，M. B. (2000). Reducing prejudice through cross-categorization: Effects of multiple social identities. In S. Oskamp (Ed.)，*Claremont symposium on*

applied social psychology: *Reducing prejudice and discrimination* (pp. 165-183).
Thousand Oaks, CA: Sage.

Brewer, M. B. , & Pierce, K. P. (2005). Social identity complexity and outgroup
tolerance. *Personality and Social Psychology Bulletin*, *31*(3), 428-437.

Crisp, R. J. , & Hewstone, M. (1999). Differential evaluation of crossed catego-
ry groups: Patterns, processes, and reducing intergroup bias. *Group Processes
and Intergroup Relations*, *2*(1), 1-27.

Crisp, R. J. , Turner, R. N. , & Hewstone, M. (2010). Common ingroups and
complex identities: Routes to reducing bias in multiple category contexts.
Group Dynamics: Theory, Research, and Practice, *14*(1), 32-46.

Gresky, D. M. , Ten Eyck, L. L. , Lord, C. G. , & McIntyre, R. B. (2005).
Effects of salient multiple identities on women's performance under mathe-
matics stereotype threat. *Sex Roles*, *53*(9), 703-716.

Hewstone, M. , Islam, M. R. , & Judd, C. M. (1993). Models of crossed cate-
gorization and intergroup relations. *Journal of Personality and Social Psychology*,
64(5), 779-793.

Linville, P. W. (1985). Self-complexity and affective extremity: Don't put all of
your eggs in one cognitive basket. *Social Cognition*, *3*(1), 94-120.

Macrae, C. N. , Bodenhausen, G. V. , & Milne, A. B. (1995). The dissection
of selection in person perception: Inhibitory processes in social stereotyping.
Journal of Personality and Social Psychology, *69*(3), 397-407.

Miller, K. P. , Brewer, M. B. , & Arbuckle, N. L. (2009). Social identity
complexity: Its correlates and antecedents. *Group Processes & Intergroup Rela-
tions*, *12*(1), 79-94.

Roccas, S. , & Brewer, M. B. (2002). Social identity complexity. *Personality
and Social Psychology Review*, *6*(2), 88-106.

Smith, E. R. (1998). Mental representation and memory. In D. T. Gilbert,
S. T. Fiske, & G. Lindzey (Eds.), *The handbook of social psychology* (4th ed. ,
Vol. 1, pp. 391-445). New York: McGraw-Hill.

Xin, S. F. , Xin, Z. Q. , & Lin, C. D. (2016). Effects of trustors' social identity complexity on interpersonal and intergroup trust. *European Journal of Social Psychology*, *46*(4), 428−440.

Xin, Z. Q. , & Zhang, Y. (2018). The impact of the number of a trustee's social identities on their trustworthiness. *Journal of Pacific Rim Psychology*, *12*, e30.

第四章　第二节

辛自强，池丽萍（2007）. 社会认知复杂性的量化指标及其关系. 心理科学，*30*(4)，919−923.

张梅，辛自强，林崇德（2011）. 青少年社会认知复杂性与同伴交往的相关分析. 心理科学，*34*(2)，354−360.

Bannister，D. (1960). Conceptual structure in thought disordered schizophrenics. *Journal of Mental Science*, *108*, 1230−1249.

Bell，R. C. (2004). *GRIDSTAT：A program for analyzing the data of a repertory grid*[Computer software] (Version 4. 0). Melbourne, Australia：University of Melbourne, Department of Psychology.

Bieri，J. (1955). Cognitive complexity-simplicity and predictive behavior. *Journal of Abnormal and Social Psychology*, *51*(2), 263−268.

Bieri，J. (1956). The generality of cognitive complexity in the perception of people and inkblots. *Journal of Abnormal Psychology*, *53*(1), 112−117.

Crockett，W. H. (1965). Cognitive complexity and impression formation. In B. A. Maher (Ed.), *Progress in experimental personality research* (Vol. 2, pp. 47−90). New York：Academic Press.

Fiedler，F. (1967). *A theory of leadership effectiveness*. New York ：McGraw-Hill.

Kelly，G. (1955). *The psychology of personal constructs*. New York：Norton.

Scott，W. A. (1962). Cognitive complexity and cognitive flexibility. *Sociometry*, *25*(4), 405−414.

Scott，W. A. (1963). Cognitive complexity and cognitive balance. *Sociometry*, *26*(1), 64−74.

Seaman，J. M.，& Koenig，F.（1974）．A comparison of measures of cognitive complexity．*Sociometry*，*37*(3)，375－390．

Zhang，M.，Xin，Z. Q.，& Lin，C. D.（2012）．Measures of cognitive complexity and its development in Chinese adolescents．*Journal of Constructivist Psychology*，*25*(2)，91－111．

第四章　第三节

窦东徽，金萍，蔡亮（2007）．基于线索的顿悟问题解决：图式和表征操作的影响．心理发展与教育，*23*(4)，9-14．

傅小兰（2006）．表征、加工和控制在认知活动中的作用．心理科学进展，*14*(4)，551-559．

郭兆明，宋宝和，张庆林（2006）．数学应用题图式层次性研究．数学教育学报，*15*(3)，27-30．

胡清芬，辛自强，张莉，张丽（2008）．儿童图形表征能力测验编制的初步报告．心理发展与教育，*24*(1)，113-118．

李桢（2005）．高中生化学问题解决中的表征与策略研究．博士学位论文，吉林大学．

刘春晖，辛自强（2008）．小学生数学问题表征发展与流体智力的关系．心理与行为研究，*6*(3)，206-211．

罗玛，王祖浩（2016）．教育考试中试题难度的测评研究：影响因素、评估方法及启示．考试研究，(9)，52-57．

任红艳，姜海娟，李广洲（2013）．基于 KPARC 模型的试题绝对难度研究．中国考试，(3)，12-15．

斯腾伯格（2000）．*超越 IQ：人类智力的三元理论*．俞晓琳，吴国宏译．上海：华东师范大学出版社．

辛自强（2002）．儿童在数学问题解决中图式与策略的获得．博士学位论文，北京师范大学．

辛自强（2003）．关系-表征复杂性模型的检验．心理学报，*35*(4)，504-513．

辛自强（2004）．问题解决中图式与策略的关系：来自表征复杂性模型的说明．心理科学，*27*(6)，1344-1348．

辛自强（2005）．问题解决与知识建构．北京：教育科学出版社．

辛自强（2006）．知识建构研究：从主义到实证．北京：教育科学出版社．

辛自强（2007）．关系-表征复杂性模型．心理发展与教育，*23*(3)，122-128．

辛自强，韩玉蕾（2014）．小学低年级儿童的等值分数概念发展及干预．心理
学报，*46*(6)，791-806．

辛自强，张莉（2009）．基于关系-表征复杂性模型的数学应用题表征能力测
验．心理发展与教育，*25*(1)，34-40．

辛自强，张梅（2008）．建构主义教学与长方形面积问题表征．数学教育学报，
17(3)，45-48．

张晓，辛自强（2015）．儿童表征深度的微观变化：路线、速度及来源．心理
发展与教育，*31*(2)，137-148．

张晓，辛自强，陈英和，胡卫平（2016）．集合关系特征对小学生分数乘法应
用题表征的影响．数学教育学报，*25*(1)，43-46．

张丽，辛自强（2006）．关系复杂性理论述评．心理与行为研究，*4*(4)，312-
317．

张丽，辛自强（2008）．平衡秤任务复杂性的事前与事后分析．心理发展与教
育，*24*(2)，46-53．

张莉，辛自强，古丽扎伯克力（2010）．5-9岁儿童在不同复杂性任务上类比推
理的发展特点．心理发展与教育，*26*(6)，584-591．

张夏雨（2010）．基于关系-表征复杂性模型的有背景问题难度研究．数学教育
学报，*19*(3)，46-49．

张夏雨，喻平（2009）．基于关系-表征复杂性模型的问题图式等级性研究．数
学教育学报，*18*(4)，46-49．

仲宁宁，陈英和，张晓龙（2009）．儿童数学应用题表征水平的特点研究．心
理科学，*32*(2)，293-296．

Bell，R. C.（2004）．When is my grid cognitively complex and when is it simplc?
Some approaches to deciding．*Personal Construct Theory* & Practice，*1*(1)，28-
32．

Berch，D. B，& Foley，E. J.（1998）．Processing demands associated with relational
complexity：Testing predictions with dual-task methodologies．*Behavioral and*

Brain Sciences, *21*(6), 832–833.

Bieri, J. (1955). Cognitive complexity-simplicity and predictive behavior. *Journal of Abnormal and Social Psychology*, *51*(2), 263–268.

Biggs, J. B. (1992). Modes of learning forms of knowing and ways of schooling. In A. Demetriou, M. Shayer, & A. Efklides (Eds.), *Neo-Piagetian theories of cognitive development* (pp. 31–51). London: Routledge.

Case, R., & Edelstein, W. (1993). *The new structuralism in cognitive development: Theory and research on individual pathways*. Basel, Switzerland: Karger.

Ceci, S. J. (1990). *On bio-ecological treatise on intellectual development*. Englewood Cliffs, NJ: Prentice Hall.

Commons, M. L., & Richards, F. A. (2002). Four postformal stages. In J. Demick (Ed.), *Handbook of adult development* (pp. 2–20). New York: Plenum.

Commons, M. L., Trudeau, E. J., Stein, S. A., & Richards, F. A. (1998). Hierarchical complexity of tasks shows the existence of developmental stages. *Developmental Review*, *18*(3), 237–278.

Halford, G. S., Andrews, G., Dalton, C., Boag, C., & Zielinski, T. (2002). Young children's performance on the balance scale: The influence of relational complexity. *Journal of Experimental Child Psychology*, *81*(4), 383–416.

Halford, G. S., Wilson, W. H., & Phillips, S. (1998). Processing capacity defined by relational complexity: Implications for comparative, developmental, and cognitive psychology. *Behavioral and Brain Sciences*, *21*(6), 803–831.

Kelly, G. A. (1955). *The psychology of personal constructs*. New York: Norton.

Kintsch, W., & Greeno, J. G. (1985). Understanding and solving word arithmetic problems. *Psychological Review*, *92*(1), 109–129.

Lewis, A., & Mayer, R. E. (1987). Students' miscomprehension of relational statements in arithmetic word problem. *Journal of Educational Psychology*, *79*(4), 363–371.

Markman, A. B., & Dietrich, E. (2000). Extending the classical view of representation. *Trends in Cognitive Sciences*，*4*(12)，470-475.

Mayer，R. E. (1986). Mathematics. In R. F. Dillon，& R. J. Sternberg (Eds.)，*Cognition and instruction*(pp. 127-154). Orlando：Academic Press.

Miller，G. A. (1956). The magical number seven，plus of minus two：Some limits on our capacity for processing information. *Psychological Review*，*63*(2)，81-97.

Pascual-Leone，J. (1998). To appraise developmental difficulty or mental demand，relational complexity is not enough. *Behavioral and Brain Sciences*，*21*(6)，843-844.

Rafaeli-Mor，E.，Gotlib，I. H.，& Revelle，W. (1999). The meaning and measurement of self-complexity. *Personality and Individual Differences*，*27*(2)，341-356.

Selman，R. L.，& Byrne，D. (1974). A structural development analysis of role-taking in middle childhood. *Child Development*，*45*(3)，803-806.

Stankov，L. (1999). Complexity，metacognition，and fluid intelligence. *Intelligence*，*28*(2)，121-143.

Sweller，J. (1988). Cognitive load during problem solving：Effects on learning. *Cognitive Science*，*12*(2)，257-285.

Wood，R. E. (1986). Task complexity：Definition of the construct. *Organizational Behavior and Human Decision Processes*，*37*(1)，60-82.

Xin，Z. Q. (2008). Fourth through sixth graders' representations of area-of-rectangle problems：Influences of relational complexity and cognitive holding power. *The Journal of Psychology*，*142*(6)，581-600.

Zclazo，P. D.，& Frye，D. (1998). Cognitive complexity and control：The development of executive function. *Current Directions in Psychological Science*，7(4)，121-126.

第五章　第一节

池丽萍，辛自强 (2006). 大学生学习动机的测量及其与自我效能感的关系. 心理发展与教育，*22*(2)，64-70.

顾红磊，温忠麟（2014）. 项目表述效应对自陈量表信效度的影响——以核心自我评价量表为例. *心理科学*，*37*(5)，1245-1252.

辛自强（2017）. *心理学研究方法（第 2 版）*. 北京：北京师范大学出版社.

Bruckmüller，S.，& Abele，A. E.（2010）. Comparison focus in intergroup comparisons：Who we compare to whom influences who we see as powerful and agentic. *Personality & Social Psychology Bulletin*，*36*(10)，1424-1435.

Bruckmüller，S.，& Hoorens，V.（2015）. Less is more? Think again! A fluency-based more-less asymmetry in evaluations，agreements，and judgments of truth. *Indian Journal of Pediatrics*，*75*(12)，1272-1272.

Christian，L. M.（2007）. *How mixed-mode surveys are transforming social research：The influence of survey mode on measurement in web and telephone surveys*. Unpublished doctorial dissertation，Washington State University.

De Leeuw，E.，Hox，J. J.，& Scherpenzeel，A.（2011）. *Mode effect or question wording? Measurement error in mixed mode surveys*. Retrieved on April 1，2016 from：http://www.amstat.org/sections/srms/proceedings/y2010/Files/400117.pdf

DiStefano，C. & Motl，R. W.（2006）. Further investigating method effects associated with negatively worded items on self-report surveys. *Structural Equation Modeling：A Multidisciplinary Journal*，*13*(3)，440-464.

Höhne，J. K.，& Lenzner，T.（2015）. Investigating response order effects in web surveys using eye tracking. *Psihologija*，*48*(4)，361-377.

Krosnick，J. A.，& Alwin，D. F.（1987）. An evaluation of a cognitive theory of response-order effects in survey measurement. *Public Opinion Quarterly*，*51*(2)，201-219.

Lehman，D. R.，Krosnick，J. A.，West，R. L.，& Li，F.（1992）. The focus of judgment effect：A question wording effect due to hypothesis confirmation bias. *Personality & Social Psychology Bulletin*，*18*(6)，690-699.

Lindwall，M.，Barkoukis，V.，Grano，C.，Lucidi，F.，Raudsepp，L.，Liukkonen，J.，& Thøgersen-Ntoumani，C.（2012）. Method effects：The problem with negatively versus positively keyed items. *Journal of Personality Assessment*，*94*(2)，196-204.

Manstead，A. S. R.，& Parker，D.（1995）. Evaluating and extending the theory of planned behavior. *European Review of Social Psychology*, *6*(1), 69–95.

Marsh, H. W. (1996). Positive and negative global self-esteem: A substantively meaningful distinction or artifactors? *Journal of Personality and Social Psychology*, *70*(4), 810–819.

Mayo, R. , Schul, Y. , & Burnstein, E. (2004). "I am not guilty" vs "I am innocent": Successful negation may depend on the schema used for its encoding. *Journal of Experimental Social Psychology*, *40*(4), 433–449.

Podsakoff, P. M. , MacKenzie, S. B. , Lee, J. Y. , & Podsakoff, N. P. (2003). Common method biases in behavioral research: A critical review of the literature and recommended remedies. *Journal of Applied Psychology*, *88* (5), 879–903.

Pratto, F. , Sidanius, J. , Stallworth, L. M. , & Malle, B. F. (1994). Social dominance orientation: A personality variable predicting social and political attitudes. *Journal of Personality & Social Psychology*, *67*(4), 741–763.

Rois, J.& Wells, C. (2014). Validity evidence based on internal structure. *Psicothema*, *26*(1), 108–116.

Saris, W. E. , Revilla M. , Krosnick, J. A. , & Shaeffer E. M. (2010). Comparing questions with agree/disagree response options to questions with construct-specific response options. *Survey Research Methods*, *4*(1), 61–79.

Schmitt, D. P. , & Allik, J. (2005). Simultaneous administration of the Rosenberg self-esteem scale in 53 nations: Exploring the universal and culture-specific features of global self-esteem. *Journal of Personality & Social Psychology*, *89*(4), 623–42.

Schweizer, K. , Rauch, W. , & Gold, A. (2011). Bipolar items for the measurement of personal optimism instead of unipolar items. *Psychological Test & Assessment Modeling*, *53*(4), 399–413.

Skov, R. B. , & Sherman S. J. (1986). Information-gathering processes: Diagnosticity, hypothesis-confirmatory strategies, and perceived hypothesis confirmation. *Journal of Experimental Social Psychology*, *22*(2), 93–121.

Tilburt, J. C. , Emanuel, E. J. , Kaptchuk, T. J. , Curlin, F. A. , & Miller, F. G. (2008). Prescribing "placebo treatments": Results of national survey of

US internists and rheumatologists. *British Medical Journal*, 337, 1097-1100.

Xin, Z. Q. , & Chi, L. P. (2010). Wording effect leads to a controversy over the construct of the social dominance orientation scale. *The Journal of Psychology*, *144*(5), 473-488.

第五章 第二节

杜雪蕾，许洁虹，苏寅，李纾（2012）. 用文字概率衡量不确定性：特征和问题. 心理科学进展，*20*(5)，651-661.

李艳玲（2006）. 五点量表中极端用词对大学生的选择影响研究. 硕士学位论文，苏州大学.

马谋超（1981）. 心理模糊性的测量. 心理学报，13(1)，64-75.

马谋超（1990）. 词义赋值的模糊统计分析. 心理学报，*22*(1)，51-57.

辛自强（2012）. 心理学研究方法. 北京：北京师范大学出版社.

Biernat, M. , Manis, M. , & Nelson, T. E. (1991). Stereotypes and standards of judgment. *Journal of Personality & Social Psychology*, *60*(4), 485-499.

Borgers, N. , Sikkel, D. , & Hox, J. (2004). Response effects in surveys on children and adolescents: The effect of number of response options, negative wording, and neutral mid-point. *Quality & Quantity*, *38*(1), 17-33.

Dimofte, C. V. , & Johansson, J. K. (2009). Scale-dependent automatic shifts in brand evaluation standards. *Journal of Consumer Psychology*, *19* (2), 158-170.

Feng, Y. H. , Gutiérrez-Salomón, A. L. , Angulo, O. , O'Mahony, M. , & Wichchukit, S. (2015). Data from 'words only' and 'numbers only' 9-point hedonic scales are not interchangeable for serial monadic as well as rank-rating protocols: Aspects of memory and culture. *Food Quality & Preference*, *41*, 12-19.

Gannon, K. M. , & Ostrom, T. M. (1996). How meaning is given to rating scales: The effects of response language on category activation. *Journal of Experimental Social Psychology*, *32*(4), 337-360.

Gurmankin, A. D. , Baron, J. , & Armstrong, K. (2004). The effect of numerical statements of risk on trust and comfort with hypothetical physician risk communication. *Medical Decision Making*, *24*(3), 265-271.

Heise, D. R. (1970). The semantic differential and attitude research. In G. F. Summers (Ed.), *Attitude Measurement* (pp. 235-253). Chicago: Rand McNally.

Hodge, D. R., & Gillespie, D. (2003). Phrase completions: An alternative to Likert scales. *Social Work Research*, *27*(1), 45-54.

Mayo, R., Schul, Y., & Burnstein, E. (2004). "I am not guilty" vs "I am innocent": Successful negation may depend on the schema used for its encoding. *Journal of Experimental Social Psychology*, *40*(4), 433-449.

Nagata, C., Ido, M., Shimizu, H., Misao, A., & Matsuura, H. (1996). Choice of response scale for health measurement: Comparison of 4, 5, and 7-point scales and visual analog scale. *Journal of Epidemiology*, *6*(4), 192-197.

Nicolas, L., Marquilly, C., & O'Mahony, M. (2010). The 9-point hedonic scale: Are words and numbers compatible? *Food Quality & Preference*, *21*(8), 1008-1015.

Preston, C. C., & Colman, A. M. (2000). Optimal number of response categories in rating scales: Reliability, validity, discriminating power, and respondent preferences. *Acta Psychologica*, *104*(1), 1-15.

Raaijmakers, Q. A. W., van Hoof, J. T. C., Hart, H., Verbogt, T. F. M. A., & Vollebergh, W. A. M. (2000). Adolescents' midpoint responses on Likert-type scale items: Neutral or missing values? *International Journal of Public Opinion Research*, *12*(2), 208-216.

Rubin, M., Paolini, S., & Crisp, R. J. (2013). Linguistic description moderates the evaluations of counterstereotypical people. *Social Psychology*, *44*(4), 289-298.

Ter Doest, L., Semin, G. R., & Sherman, S. J. (2002). Linguistic context and social perception: Does stimulus abstraction moderate processing style? *Journal of Language and Social Psychology*, *21*(3), 195-229.

Weijters, B., Cabooter, E., & Schillewaert, N. (2010). The effect of rating scale format on response styles: The number of response categories and response category labels. *International Journal of Research in Marketing*, *27*(3),

236-247.

第六章　第一节

魏玉婷（2016）. 感觉统合基础干预对自闭症谱系障碍儿童自动强化行为的影响研究. 硕士学位论文，陕西师范大学.

辛自强（2017）. 心理学研究方法（第2版）. 北京：北京师范大学出版社.

Brossart, D. F., Vannest, K. J., Davis, J. L., & Patience, M. A. (2014). Incorporating nonoverlap indices with visual analysis for quantifying intervention effectiveness in single-case experimental designs. *Neuropsychological Rehabilitation*, *24*(3/4), 464-491.

Beretvas, S. N., & Chung, H. (2008). A review of meta-analyses of single-subject experimental designs：Methodological issues and practice. *Evidence-Based Communication Assessment and Intervention*, *2*(3), 129-141.

Fahoome, G. (2002). Twenty nonparametric statistics and their large-sample approximations. *Journal of Modern Applied Statistical Methods*, *1*(2), 248-268.

Lenz, A. S. (2013). Calculating effect size in single-case research：A comparison of nonoverlap methods. *Measurement and Evaluation in Counseling and Development*, *46*(1), 64-73.

Ma, H. H. (2006). An alternative method for quantitative synthesis of single-subject researches：Percentage of data points exceeding the median. *Behavior Modification*, *30*(5), 598-617.

Olive, M. L, & Smith, B. W. (2005). Effect size calculations and single subject designs. *Educational Psychology*, *25*(2-3), 313-324.

Parker, R. I., & Vannest, K. J. (2009). An improved effect size for single case research：Nonoverlap of all pairs (NAP). *Behavior Therapy*, *40*(4), 357-367.

Parker, R. I., Vannest, K. J., & Brown, L. (2009). The improvement rate difference for single case research. *Exceptional Children*, *75*(2), 135-150.

Parker, R. I., Vannest, K. J., & Davis, J. L. (2011). Effect size in single-case research：A review of nine nonoverlap techniques. *Behavior Modification*, *35*(4), 303-322.

Parker, R. I., Vannest, K. J., Davis, J. L., & Sauber, S. B. (2011). Combining non-overlap and trend for single case research: Tau-*U*. *Behavior Therapy*, 42(2), 284-299.

Rakap, S., Snyder, P., & Pasia, C. (2014). Comparison of nonoverlap methods for identifying treatment effect in single-subject experimental research. *Behavioral Disorders*, 39(3), 128-145.

Rakap, S. (2015). Effect sizes as result interpretation aids in single-subject experimental research: Description and application of four nonoverlap methods. *British Journal of Special Education*, 42(1), 11-33.

Rispoli, M., Lang, R., Neely, L., Hutchins, N., Camargo, S., Davenport, K. et al. (2013). A comparison of within-and across-activity choices for reducing challenging behavior in children with autism spectrum disorders. *Journal of Behavioral Education*, 22(1), 66-83.

Scruggs, T. E., Mastropieri, M. A., & Casto, G. (1987). The quantitative synthesis of single-subject research methodology and validation. *Remedial and Special Education*, 8(2), 24-33.

Shadish, W. R. (2014). Statistical analyses of single-case designs: The shape of things to come. *Current Directions in Psychological Science*, 23(2), 139-146.

Vannest, K. J., Parker, R. I., Gonen, O., & Adiguzel, T. (2016). *Single case research: Web-based calculators for SCR analysis*. (Version 2.0) [Web-based application]. Retrieved May 20, 2017, from http://www. singlecaseresearch. org

White, O. R. & Haring, N. G. (1980). *Exceptional teaching* (2nd ed.). Columbus, OH: Charles Merrill.

Wilcox, R. R. (2010). *Fundamentals of modern statistical methods: Substantially improving power and accuracy* (2nd ed.). New York, NY: Springer.

Wolery, M., Busick, M., Reichow, B., & Barton, E. (2010). Comparison of overlap methods for quantitatively synthesizing single-subject data. *Journal of Special Education*, 44(1), 18-28.

第六章 第二节

邱皓政 (2008). 潜在类别模型的原理和技术. 北京: 教育科学出版社.

王孟成，毕向阳，叶浩生（2014）．增长混合模型：分析不同类别个体发展趋势．社会学研究，（4），220-241.

辛自强（2009）．发展心理学并非实验科学．首都师范大学学报（社会科学版），（6），73-79.

辛自强（2013）．实证社会科学中的因果关系与理论解释：我们需要理解的十对概念．清华大学教育研究，34(3)，7-15.

Asendorpf，J. B.（2003）. Head-to-head comparison of the predictive validity of personality types and dimensions. *European Journal of Personality*，17（5），327-346.

Bergman，L. R.（2015）. Challenges for person-oriented research：Some considerations based on Laursen's article "I don't quite get it…：Personal experiences with the person-oriented approach". *Journal for Person-oriented Research*，1（3），163-169.

Bergman，L. R.，& El-Khouri，B. M.（1999）. Studying individual patterns of development using I-states as objects analysis（ISOA）. *Biometrical Journal*，41（6），753-770.

Bergman，L. R.，& Lundh，L. G.（2015）. The person-oriented approach：Roots and roads to the future. *Journal for Person-oriented Research*，1(1-2)，1-6.

Bergman，L. R.，& Magnusson，D.（1997）. A person-oriented approach in research on developmental psychopathology. *Development and Psychopathology*，9(2)，291-319.

Bergman，L. R.，Magnusson，D.，& El-Khouri，B. M.（2003）. *Studying individual development in an interindividual context：A person-oriented approach*. Mahwah，NJ：Lawrence Erlbaum Associates.

Bergman，L. R.，Nurmi，J. E.，& von Eye，A. A.（2012）. I-states-as-objects-analysis（ISOA）：Extensions of an approach to studying short-term developmental processes by analyzing typical patterns. *International Journal of Behavioral Development*，36(3)，237-246.

Block，J.（1971）. *Lives through time*. Berkeley，CA：Bancroft.

Jung，T.，& Wickrama，K. A. S.（2008）. An introduction to latent class growth analysis and growth mixture modeling. *Social and Personality Psychology*

Compass, *2*(1), 302−317.

Laursen, B. (2015). I don't quite get it…: Personal experiences with the person-oriented approach. *Journal for Person-oriented Research*, *1*(1−2), 42−47.

Laursen, B., Furman, W., & Mooney, K. S. (2006). Predicting interpersonal competence and self-worth from adolescent relationships and relationship networks: Variable-centered and person-centered perspectives. *Merrill-Palmer Quarterly*, *52*(3), 572−601.

Lubke, G., & Muthén, B. O. (2007). Performance of factor mixture models as a function of model size, covariate effects, and class-specific parameters. *Structural Equation Modeling*, *14*(1), 26−47.

Lundh, L. G. (2015), Combining holism and interactionism: Towards a conceptual clarification. *Journal for Person-oriented Research*, *1*(3), 185−194.

Magnusson, D. (1985). Implications of an interactional paradigm for research on human development. *International Journal of Behavioral Development*, *8*(2), 115−137.

Magnusson, D. (1990). Personality development from an interactional perspective. In L. Pervin (Ed.), *Handbook of personality* (pp. 193−222). New York: Guilford.

Magnusson, D. (1999). Holistic interactionism: A perspective for research on personality development. In L. Pervin & O. John (Eds.), *Handbook of personality* (pp. 219−247). New York: Guilford.

Magnusson, D. (2001). The holistic-interactionistic paradigm: Some directions for empirical developmental research. *European Psychologist*, *6*(3), 153−162.

Muthén, B., & Muthén, L. K. (2000). Integrating person-centered and variable-centered analyses: Growth mixture modeling with latent trajectory classes. *Alcoholism: Clinical and experimental research*, *24*(6), 882−891.

Nylund, K. L., Asparouhov, T., & Muthén, B. O. (2007). Deciding on the number of classes in latent class analysis and growth mixture modeling: A Monte Carlo simulation study. *Structural Equation Modeling*, *14*(4), 535−569.

参考文献

Sterba，S. K.，& Bauer，D. J. (2010). Matching method with theory in person-oriented developmental psychopathology research. *Development and Psychopathology*，22(2)，239-254.

Vargha，A.，Bergman，L. R.，& Takács，S. (2016). Performing cluster analysis within a person-oriented context：Some methods for evaluating the quality of cluster solutions. *Journal of Person-oriented Research*，2(1-2)，78-86.

Vargha，A.，Torma，B.，& Bergman，L. R. (2015). ROPstat：a general statistical package useful for conducting person-oriented analyses. *Journal of Person-oriented Research*，1(1-2)，87-97.

von Eye，A.，Mair，P.，& Mun，E. Y. (2010). *Advances in configural frequency analysis*. New York：Guilford Press.

Zhang，L.，Xin，Z.，Ding，C.，& Lin，C. (2013). An application of configural frequency analysis：The development of children's class reasoning. *Swiss Journal of Psychology*，72(2)，61-70.

第六章　第三节

李其维 (2008). "认知革命"与"第二代认知科学"刍议. 心理学报，40(12)，1306-1327.

刘国芳，辛自强 (2013). 二项迫选对信任和可信赖性的非对称性影响. 心理研究，6(5)，31-37.

皮亚杰 (1999). 人文科学认识论. 郑文彬译. 北京：中央编译出版社.

辛自强 (2012). 心理学研究方法. 北京：北京师范大学出版社.

辛自强 (2017). 改变现实的心理学：必要的方法论变革. 心理技术与应用，5(4)，245-256.

袁方，王汉生 (1997). 社会研究方法教程. 北京：北京大学出版社.

Cohen，J. (1990). Things I have learned (so far). *American Psychologist*，45(12)，1304-1312.

Cohen，J. (1994). The earth is round (p<.05). *American Psychologist*，49(12)，997-1003.

Glass，G. V. (1976). Primary, secondary and meta-analysis of research. *Educational Researcher*，10(5)，3-8.

Glass, G. V., McGaw, B., & Smith, M. L. (1981). *Meta-analysis in social research*. Beverly Hills, CA: Sage.

Rosnow, R. L., & Rosenthal, R. (1989). Statistical procedures and the justification of knowledge in psychological science. *American Psychologist*, *44* (10), 1276–1284.

Rosnow, R. L., & Rosenthal, R. (2003). Effect sizes for experimenting psychologists. *Canadian Journal of Experimental Psychology*, *57*(3), 221–237.

Stevens, S. S. (1946). On the theory of scales of measurement. *Science*, *103* (2684), 677–680.

Tukey, J. W. (1991). The philosophy of multiple comparisons. *Statistical Science*, *6*(1), 100–116.

Wilkinson, L. (1999). Statistical methods in psychology journals: Guidelines and explanations. *American Psychologist*, *54*(8), 594–604.

Wright, D. B. (2003). Making friends with your data: Improving how statistics are conducted and reported. *British Journal of Educational Psychology*, *73*(1), 123–136.